Vie d'un musée
1937-2005

Du même auteur

Nuptialité et alliance. Le Choix du conjoint dans une commune de l'Eure, Paris, Maisonneuve et Larose, 1972.

Les Confréries dans la France contemporaine : les Charités, Paris, Flammarion, 1975.

Le Cycle de la vie familiale dans les sociétés européennes, sous la direction de Jean Cuisenier et Martine Segalen, Paris, La Haye, Mouton, 1977.

Mari et femme dans la société paysanne, Paris, Flammarion, Champs, 1984.

Amours et mariages de l'ancienne France, Paris, Berger-Levrault, 1981 (en collaboration avec Josselyne Chamarat).

Sociologie de la famille, Paris, Armand Colin, 5ᵉ édition, 2000.

Quinze générations de Bas-Bretons. Parenté et société dans le pays bigouden sud (1720-1980). Paris, PUF, 1985.

Ethnologie de la France, Paris, PUF, Que sais-je ? n° 2307 (en collaboration avec Jean Cuisenier), 1993.

Direction de : *Histoire de la famille* (en collaboration avec André Burguière, Christiane Klapisch-Zuber et Françoise Zonabend), Paris, Le Livre de poche, 1994.

Direction de : *L'Autre et le Semblable. Regards sur l'ethnologie des sociétés contemporaines*, Paris, Presses du CNRS, 1989.

Nanterriens : les familles dans la ville. Une ethnologie de l'identité, Toulouse, PUM, 1990.

Direction de : *Jeux de familles*, Paris, Presses du CNRS, 1991.

Direction de : *Chez soi. Objets et décors : des créations familiales ?* (en collaboration avec Béatrix Le Wita), Autrement, série « Mutations », n° 137, 1993.

Direction de : *Les Cadets* (en collaboration avec Georges Ravis-Giordani), Paris, Presses du CNRS, 1994.

Les Enfants d'Achille et de Nike. Une ethnologie de la course à pied ordinaire, Paris, Métailié, 1994.

Direction de : *La Famille en Europe. Parenté et perpétuations familiales en Europe* (en collaboration avec Marianne Gullestad), Paris, La Découverte, 1995.

Rites et rituels contemporains, Paris, Nathan, 1998.

Grands-parents. La famille à travers les générations (en collaboration avec Claudine Attias-Donfut), Paris, Odile Jacob, 1998.

Direction de : *Ethnologie. Concepts et aires culturelles*, Paris, Armand Colin, 2001.

Le Siècle des grands-parents. Une génération phare ici et ailleurs (en collaboration avec Claudine Attias-Donfut), Paris, Autrement, série « Mutations », n° 210, 2001.

Le Nouvel Esprit de famille (en collaboration avec Nicole Lapierre et Claudine Attias-Donfut), Paris, Odile Jacob, 2002.

Éloge du mariage, Paris, Gallimard, collection « Découvertes », 2003.

Martine Segalen

Vie d'un musée
1937-2005

Stock

Un ordre d'idées
Collection dirigée
par Nicole Lapierre

Introduction

Soit un grand bâtiment de verre et d'acier situé dans le bois de Boulogne à quelques mètres de la porte Maillot, à quelques pas de l'entrée principale du jardin d'Acclimatation, le parc d'attractions de l'Ouest parisien destiné aux enfants : c'est le musée national des Arts et Traditions populaires [1].

Son architecture austère contraste avec le décor de verdure et les élégants immeubles de style posthaussmannien situés boulevard Maurice-Barrès et boulevard Maillot à Neuilly. Leurs occupants ont craint un moment qu'une foule populaire attirée par le musée vienne troubler leur quiétude bourgeoise. Ils ont d'ailleurs contribué à en retarder l'édification, craignant – à juste titre – que la magnifique vue sur les luxuriantes frondaisons ne fût gâchée par l'édifice.

La gestation de ce musée a été aussi lente et douloureuse que fut rapide et conflictuel son déclin. Conçu et voulu par Georges Henri Rivière, dès la fin des années 1930, inauguré en 1972, en crise depuis la fin des années 1980, il ferme ses portes en juin 2005, et ses collections partent pour Marseille, où le nouveau musée national des Civilisations de l'Europe et de la Méditerranée doit ouvrir en 2010.

C'est l'histoire d'un projet original, de sa difficile mise

---

1. Nous le désignerons généralement sous le terme Atp.

en œuvre, de la folle ambition de l'homme qui le portait, et finalement de la « chute de la maison Rivière[1] » que j'entreprends de conter ici. À travers cette histoire, se révèlent aussi les transformations de l'ethnologie, les avatars des politiques culturelles, l'effervescence patrimoniale et l'évolution des conceptions muséales.

La première partie de l'ouvrage suit donc la lente genèse du musée, qui s'est voulu vitrine du peuple pour le Front populaire, refuge des traditions pour le gouvernement de Vichy et lieu de modernité scientifique et muséale dans l'après-guerre. Pour analyser ce parcours, j'ai utilisé essentiellement les excellentes archives du musée et secondairement celles des musées de France. Elles couvrent la première période, notamment dans sa partie la moins connue, de la fin de la guerre à l'ouverture de la maison.

Faire une large part aux correspondances et aux multiples rapports qui figurent dans les dossiers d'archives[2] est une façon de rendre hommage au savoir et au pouvoir du fondateur. On sait que Georges Henri Rivière a peu écrit ; il n'a laissé aucun texte majeur, et ce sont ses épigones qui se sont chargés de rapporter sa doctrine muséographique. C'est bien regrettable, car, outre son immense savoir, il avait la plume talentueuse et usait de comparaisons lumineuses, dans un style quasi proustien. Tout en témoignant de ses qualités littéraires, ces documents restituent pleinement certains traits de son caractère qui n'apparaissaient pas au premier abord : ténacité et persévérance, charme et entregent lorsqu'il faut à tout prix convaincre ou remercier politiques, administrateurs ou mécènes, mais aussi opportunisme qui ne recule pas devant les

---

1. Emmanuel de Roux, *Le Monde*, 9 janvier 1992.
2. Je ne saurais assez remercier Jacqueline Christophe, directeur du service historique du Mnatp/Cef de son aide en ce domaine : ces documents sont référencés : Atp Mus. Ma seconde source archivistique fut puisée aux archives des musées de France et présentée sous la rubrique Amn.

revirements idéologiques quand il s'agit de faire aboutir son « grand dessein ».

Donner à lire ses correspondances administratives, la plupart rehaussées de touches personnelles, et les innombrables rapports qu'il dut produire permet aussi de corriger, ou plutôt de compléter, certaines images qui lui collent désormais à la peau : celle de « dandy surdoué », selon la formule d'Hubert Landais en 1986, alors directeur des musées de France, ou celle de « parvenu de la science » qu'il aimait à s'appliquer à lui-même comme un masque[1] – en rappelant qu'il n'avait eu aucune formation dans le domaine dont il était devenu le spécialiste.

Toutes les personnalités qui le côtoyèrent ont souligné les aspects complexes du personnage. Alfred Métraux, l'ethnologue américaniste, aux côtés de qui Rivière se fit connaître lors d'une exposition sur l'art précolombien[2] et avec qui il resta en contact étroit, tenta ainsi de le cerner : « Rivière se définit comme un agglomérat de contradictions. Distinction incarnée, il est attiré par la vulgarité ; homme d'action, il souhaiterait faire de la recherche scientifique ; poète, il est avide de précision ; épris du présent et des formes de la vie moderne, il s'occupe de traditionalisme, et les séminaristes vont à ses expositions[3]. » André Desvallées, qui travailla à ses côtés pour mener à bien le chantier du musée, souligne qu'il avait « le sérieux d'un amateur et la légèreté d'un professionnel[4] ». Quant à Claude Lévi-Strauss, il évoque une « personnalité aux multiples

1. Hubert Landais, allocution, hommage à Georges Henri Rivière, *Ethnologie française*, 16, 2, 1986, p. 126.

2. « Les arts anciens de l'Amérique », 1928.

3. Alfred Métraux, *Itinéraires I (1935-1953). Carnets de notes et journaux de voyage*, Paris, Payot, 1978, p. 528-529. Note du lundi 5 octobre 1953, citée par Daniel Fabre, « Le *Manuel de folklore français* d'Arnold Van Gennep », in Pierre Nora (dir.), *Les Lieux de mémoire. Les France. 2. Traditions*, Paris, Gallimard, Quarto, 1997, p. 3594.

4. André Desvallées, *Le Monde d'aujourd'hui*, 31 mars-1er avril 1985.

facettes qui, par quelque côté, échappera toujours à qui veut le saisir[1] ».

En fait Georges Henri Rivière était tout cela à la fois : un dandy, un homme qui savait manier la distance et l'ironie, un charmeur au charisme irrésistible, et également, on l'oublie trop souvent, un travailleur infatigable, un habile politique doté d'une grande souplesse idéologique, acharné à la réalisation de son unique but, la fondation du musée, se battant contre les institutions et les politiques[2].

Nommé sous-directeur du musée d'Ethnographie du Trocadéro en 1930, à l'âge de trente-trois ans, aux côtés du Dr Paul Rivet, fondateur du musée de l'Homme, Georges Henri Rivière[3] a contribué à fonder la muséologie ethnographique moderne, en rompant avec l'esthétisme d'une présentation des œuvres qui les « ampute arbitrairement de tout ce qui peut justifier leur caractère juridique, religieux, magique ou tout humblement et saintement utilitaire[4] ». Auprès de Rivet, il organisa une série d'expositions temporaires présentées entre 1930 et 1935 qui firent accourir tout Paris. Ensemble, ils réalisèrent la réfection de plusieurs salles : le musée d'Ethnographie s'assignait pour objectif de montrer l'unité de l'homme dans la pluralité des cultures[5], sans négliger pour autant la dimension esthétique – jouant en quelque sorte sur les deux tableaux.

---

1. Claude Lévi-Strauss, allocution, hommage à Georges Henri Rivière, *Ethnologie française*, 16, 2, 1986, p. 127.
2. Centré sur le musée des Atp, l'ouvrage n'épuise pas – et de loin – l'œuvre de Rivière que d'autres devront étudier, notamment son immense aura internationale acquise dans le cadre de ses fonctions à l'Icom (International Council on Museums).
3. Sa bibliographie a été retracée en détail dans Jean-François Leroux-Dhuys, « Georges Henri Rivière, un homme dans le siècle », in *La Muséologie selon Georges Henri Rivière*, Paris, Dunod, 1989, p. 11-31.
4. Citation de Rivière de 1931 reprise de Christine Laurière, « Georges Henri Rivière au Trocadéro. Du magasin de bric-à-brac à la sécheresse de l'étiquette », *Gradhiva*, 33, 2003, p. 64.
5. Christine Laurière, « Georges Henri Rivière au Trocadéro. Du magasin de

Ayant été ainsi à bonne école, Georges Henri Rivière voulait assumer pleinement ses responsabilités d'homme de musée. C'est le folklore et l'ethnographie de la France qu'il allait mettre au service de son ambition personnelle et servir de son talent. Il s'agissait d'appliquer la doctrine élaborée et mise en œuvre au musée du Trocadéro à un musée dédié aux cultures populaires de la France.

La seconde partie de ce livre est une lecture personnelle et passionnelle de cette histoire, qui est aussi en partie mon échec. Pour l'écrire, j'ai dépouillé et analysé documents, entretiens, archives publiques et privées, presse, en faisant appel à mon expérience de près de trente années dans l'établissement. Histoire et mémoire se recoupent ici. Je revendique pleinement la subjectivité de mon analyse, puisque j'ai été membre de la maison Rivière de 1967 à 1996 et que j'ai eu la responsabilité de son laboratoire de recherches, le Centre d'ethnologie française, entre 1986 et 1996.

Tout avait commencé (bien sûr) par une histoire de famille. Après la mort de Victor Segalen en 1919, sa femme Yvonne et ses trois enfants sont restés sans grandes ressources et Yvonne a travaillé comme secrétaire de Daniel Halévy. C'est dans ce contexte qu'elle fit la connaissance de Jean Brunhes, professeur de géographie au Collège de France, directeur des Archives de la planète du Centre Albert-Kahn, veuf lui aussi depuis 1914 ; il la courtisa discrètement[1]. Les deux familles restèrent en contact, et c'est ainsi qu'apprentie ethnologue, en 1967, je fus[2] invitée par Mariel, fille de Jean Brunhes et

bric-à-brac à la sécheresse de l'étiquette », *Gradhiva*, 33, 2003, p. 66. Pour une biographie complète de Georges Henri Rivière, lire Nina Gorgus, *Le Magicien des vitrines. Le muséologue Georges Henri Rivière*, Paris, éditions de la Maison des sciences de l'homme, 2003.

1. Sa fille m'apporta un jour copie d'une lettre de Jean Brunhes adressée à Annie Joly, fille d'Yvonne Segalen, qui contenait des paroles très affectueuses pour sa chère maman – reflet du regret d'un mariage qui ne se fit point ?

2. Mon mari est le petit-fils de Victor Segalen.

membre actif de l'équipe des Atp, à rejoindre celle-ci, d'abord pour recopier des fiches dans son « service », puis pour l'assister dans la publication des volumes de l'enquête Aubrac. À cette occasion, j'eus la chance de connaître et d'éprouver le charme de celui que tous dénommaient GHR, Géhacherre. Lui-même prit d'ailleurs l'habitude de désigner les membres de son équipe sous leurs initiales, ainsi Mariel était-elle MJBD. Je ne fis pas assez longtemps partie de son équipe pour devenir MS.

Je vécus ainsi les derniers mois de l'équipe au sous-sol du palais de Chaillot – y compris la glorieuse période de mai 1968 – et la suivis dans les locaux flambant neufs du bois de Boulogne. Je me souviens de l'immense galerie du rez-de-chaussée alors vide de toute structure, au centre de laquelle trônait bizarrement le bateau de Berck, penché sur son flanc, qu'on avait fait réaliser[1] spécialement pour le musée et qui était arrivé en remontant la Seine. Recrutée au Cnrs en 1971 comme membre du Centre d'ethnologie française, j'en fus nommée directeur en 1986. J'ai donc connu la période la plus passionnante du musée, celle du montage des vitrines et de l'ouverture des galeries, comme la période la plus noire de l'histoire d'une maison rongée par les conflits où j'ai assisté, impuissante, à ses convulsions et à son déclin. Je fus responsable sans moyens autres que moraux pour faire face aux errements de politique de la direction des musées de France et j'ai tenté, avec plus ou moins de bonheur, de coopérer avec les cinq conservateurs qui eurent la charge de l'établissement à partir de 1988. Des critiques, il en pleuvait de tous bords, mais Georges Henri Rivière n'était plus (il est mort en 1985). Démolir son œuvre au bois de Boulogne : ses enfants s'y refusaient, et d'ailleurs par quoi la remplacer ? Le musée

---

1. François Beaudoin, conservateur du musée de la Batellerie à Conflans-Sainte-Honorine, s'en était chargé.

devait-il se convertir en musée historique de cette société défunte ? Quelle muséographie substituer à des présentations, qui, admirées encore cinq ans auparavant, devenaient la cible de critiques de plus en plus acerbes ? Devait-il assumer, aux côtés des multiples vrais et faux écomusées, la place d'un « musée central de société », parlant du présent social, dans son quotidien, ses tensions et ses violences, comme de ses fêtes et de ses jeux ? Faute de choix clair, il a sombré.

Aux incertitudes internes de l'institution s'ajoutaient les contradictions de la tutelle du ministère et de la direction des musées de France, choisissant tel ou tel axe en vertu des changements de majorité politique. D'abord totalement absente et sourde aux demandes du musée lorsqu'il était en régime de croisière, celle-ci mena des actions volontaristes mais sans suite qui conduisirent au naufrage final.

Ce musée, tout neuf en 1969, avait mobilisé une folle énergie et un investissement affectif considérable : Georges Henri, avec son charisme, savait vous persuader que vous participiez à une grande tâche nationale. Ce fut pour moi un privilège, comme jeune membre associée à l'équipe fondatrice, de réaliser une petite section de la « rue » des « Coutumes et croyances » de la Galerie d'étude[1], de donner matière à une vitrine de la Galerie culturelle et de réaliser la seconde exposition temporaire. Lorsque les choses se gâtèrent, combien d'entre nous n'en ont pas eu alors « plein le dos », au cours de ces interminables années de latence, entre colloques, bonnes paroles, silences administratifs et élections politiques ? Et pour quel résultat ? Voir couper les fils des objets suspendus dans la Galerie d'étude est un crève-cœur, la fin d'une aventure et l'enterrement d'un grand projet. Écrire ce livre est, pour moi, une façon de faire le deuil d'une partie de ma vie.

---

1. Sous la houlette de Marcelle Bouteiller et en compagnie de Françoise Loux.

Au-delà de cet aspect personnel, je souhaite que cet ouvrage soit une contribution à la réflexion contemporaine sur l'histoire des musées d'ethnographie en France et à l'analyse des politiques du patrimoine culturel. Les « musées de société » n'ont guère plus de trente ans pour les plus anciens, mais déjà le temps des bilans, parfois en forme de crise [1], est venu.

Parcourir l'histoire du musée des Atp, c'est donc se pencher sur l'histoire complexe des politiques publiques en cette matière. Car, comme le rappelle Carol Duncan [2], « les musées ne sont point les lieux neutres qu'ils prétendent être. À l'image des monuments cérémoniels dont ils s'inspirent souvent – temples classiques, cathédrales médiévales, palais de la Renaissance –, un musée est une expérience complexe qui implique l'architecture, les programmations des vitrines, et des pratiques rationalisées d'installation. Et, à l'image des structures cérémonielles du passé, en affichant clairement ses fonctions (conserver et exposer des objets d'art [ici on pourrait ajouter populaire]), le musée a d'importantes fonctions politiques et idéologiques, parfois moins évidentes ».

En effet, la triste histoire des Atp nous parle, au-delà de son devenir spécifique, des politiques publiques de la culture en France, des liens ambigus entre la nation, l'État et la société populaire qui fut très longtemps une société rurale. La France jacobine a installé des rapports directs entre le centre et les individus, en supprimant les intermédiaires que pouvaient être les régions. Dès qu'elles ont pris forme à la Révolution et au cours de la monarchie de Juillet, les politiques culturelles du patrimoine devant fonder l'identité collective tournèrent le

---

1. Emmanuel de Roux, « Les écomusées, une utopie en crise », *Le Monde*, 19 novembre 2004.

2. Carol Duncan, « Art museums and the ritual of citizenship », in Ivan Karp et Steven D. Lavine (eds), *Exhibiting Cultures. The Poetics and Politics of Museum Display*, Washington and London, Smithsonian Institution Press, 1991, p. 90.

dos aux cultures et aux identités rurales. Ce que raconte le naufrage des Atp, c'est la politique culturelle d'un État nation toute tendue vers la construction d'une identité incarnée dans l'universalisme des grandes œuvres et peu intéressée par la « France d'en bas ».

Rivière était parfaitement conscient de la fragilité de son œuvre. Lors d'une soirée passée aux « Treilles » la propriété qu'Anne Gruner-Schlumberger voulait vouer à la science, le vieil homme, alors âgé de quatre-vingts ans, déclarait, fort lucide : « Je ne me fais aucune illusion sur ce que j'ai pu réaliser, même si je veux reconnaître que ce doit être assez nouveau puisqu'on me le dit. Tout cela passera vite, en une ou deux générations, tandis que les peintures magdaléniennes, les œuvres de Poussin, les traditions orales asiatiques, tout cela restera[1]. »

---

1. Anne Gruner-Schlumberger, « Avant-propos », in *La Muséologie selon Georges Henri Rivière*, Paris, Dunod, 1989, p. 7.

1

Un musée sans murs

Georges Henri Rivière était un homme ambitieux ; après avoir fait brillamment ses classes auprès du Dr Paul Rivet, fondateur du musée de l'Homme, il lui fallait être maître chez lui. L'ethnographie de la France lui en donna l'occasion. Depuis la fin des années 1930, il avait suivi la mise en valeur du folklore français avant d'en être un acteur. Afin de séparer celui-ci de l'ethnographie indigène, en rompant ainsi le lien qui avait initialement associé l'« ailleurs » et le « paysan » au sein d'une même institution, il choisit de s'appuyer d'une part sur les anciens courants régionalistes et d'autre part sur les nouveaux courants socialistes qui se manifestèrent à partir de 1935.

Il est vrai que, dans les années 1930, l'« ailleurs » brillait des mille feux des expéditions issues de l'Institut d'ethnographie du Trocadéro, sous la direction de Marcel Mauss, tandis que le folklore était encore en quête de méthodes, de concepts et même de bonnes collections. Était-il pensable de développer les études dites de folklore – nommées plus tard d'ethnographie métropolitaine [1] – au sein du musée de l'Homme ? Probablement pas, car les différentes aires culturelles n'étaient point à égalité et les réseaux s'intéressant qui à l'Afrique ou

---

1. Expression de Marcel Maget qui fut membre des Atp et directeur de son laboratoire de recherches de 1950 à 1962.

17

l'Asie, qui à la France ne se recoupaient plus dans les années 1930. Rivière vit là l'occasion de créer un établissement à lui, en faisant vibrer la fibre nationale auprès d'éventuelles futures institutions de tutelle.

LA DIFFICILE GESTATION DU MUSÉE

Le retard de la France en matière
de musée national de folklore

Le musée de « folklore » – entendu comme l'étude (voire la science) du peuple, selon la façon dont on lit le mot anglais [1] – est né en même temps que le musée d'ethnographie, créé pour recueillir et exposer les collections issues des missions dans les pays en voie de colonisation. En 1878, sous la direction du Dr Hamy, s'ouvrait le musée d'Ethnographie du Trocadéro, le « musée des mœurs de toutes les nations », dans un Palais bâti pour l'exposition universelle de 1877. Les galeries d'Afrique, d'Asie et d'Océanie furent montées les premières. C'est seulement en 1884 que fut inaugurée la « salle de France », à l'initiative d'Armand Landrin, assistant d'Hamy, représentative de la conception muséographique de l'époque : hautes vitrines noires dans lesquelles s'entassaient de petits objets ; au centre des podiums sur lesquels étaient présentés des mannequins revêtus de costumes régionaux. On visitait cette salle régulièrement. Installée sur cent trente mètres carrés, Hamy la jugeait trop exiguë et réfléchit même en 1889 à la possibilité de créer un musée des Provinces françaises présentant toute la diversité géographique et ethnographique du pays ; Landrin rêvait d'un temple de l'« idée nationale » [2].

---

1. *Folk-lore* : savoir du peuple, savoir sur le peuple.
2. Daniel Fabre, « Le *Manuel de folklore français* d'Arnold Van Gennep », in Pierre Nora (dir.), *Les Lieux de mémoire. Les France. 2. Traditions*, Paris, Gallimard, Quarto, 1997, p. 3584.

Les collections du musée et les collections françaises (particulièrement riches en éléments bretons) souffrirent considérablement des mauvaises conditions de conservation, puis de la guerre. La salle de France fut fermée au public en 1928[1]. La multiplication des musées régionaux, créés dans la mouvance du courant régionaliste, au tournant du siècle, rendait d'autant plus frappante l'absence de musée national.

Dans un premier temps, Rivière pensait seulement à un « département » de folklore et, dans l'argumentaire qu'il a développé en vue d'une telle création, il soulignait combien la situation française était en sa défaveur si on la comparait à celle d'autres pays européens : « La France n'a pas encore rendu cet hommage au génie de son peuple. Si d'assez nombreux musées régionaux ont sauvé bien des reliques du passé populaire, ce n'est pas méconnaître un tel effort que de constater l'absence de tout plan d'ensemble et les immenses lacunes qui en résultent [...] N'est-il pas offensant pour la dignité de notre pays que l'Alsace-Lorraine et la Corse soient méthodiquement étudiées du point vue culturel dans des atlas publiés à Francfort et à Gênes[2] ? »

Le temps des musées qu'on n'appelait pas encore d'ethnologie était en effet venu. Kenneth Hudson rappelle que l'intérêt pour ces établissements, conçus comme des « Temples of Art », « Tempel der Kunst », s'était porté au XVIII° siècle sur l'histoire de la Grèce, de Rome et du Moyen-Orient biblique, au XIX° sur le Moyen Âge et à la fin du XIX° sur l'histoire des coutumes nationales du « homeland », du pays[3].

1. Marie-France Noël, « Du musée d'Ethnographie du Trocadéro au musée national des Arts et Traditions populaires », in Jean Cuisenier (dir.), *Muséologie et Ethnologie*, Paris, éditions de la Réunion des musées nationaux, 1987, p. 144-145.

2. Archives. Atp Mus. « Rapport sommaire sur la création du département de folklore des musées nationaux, au musée français des Arts et Traditions populaires, et sur les musées de plein air », 29 novembre 1936.

3. Kenneth Hudson, *Museums of Influence*, Cambridge, Cambridge University Press, 1987.

Les musées scandinaves ont ouvert le mouvement avec la création par Arthur Hazelius du musée de Drottninggatan en 1872 où furent réunies des collections de costumes et présentés des « dioramas » avec des mannequins de cire costumés, situés dans des intérieurs paysans, dont plusieurs furent montrés à l'Exposition internationale de Paris en 1878. Le premier musée de plein air rassemblant des maisons et divers bâtiments ruraux de plusieurs régions suédoises ouvrit en 1891, tandis que Drottninggatan devenait en 1901, sous le nom de Nordisk Museum, un monument majestueux abritant diverses collections. Suivant l'exemple de Hazelius, Bernhard Olsen fonda au nord de Copenhague en 1901 le « musée des Bâtiments à Kongens Lyngby », rassemblant des spécimens de maisons rurales, principalement originaires des provinces qui avaient été occupées par la Prusse, ainsi qu'une copie d'une maison des îles Féroé. Les fermes danoises semblaient alors trop « modernes » à Olsen qui cherchait à construire une conscience nationale à travers les traces d'un passé plus primitif et d'une histoire culturelle marquée par la montée vers la modernité. Il faut aussi citer les musées de terroir, « Heimat Museen » allemands, un modèle pour Arnold Van Gennep qui, dès le début du siècle, s'indignait de l'absence de musées d'ethnographie dignes de ce nom : « Il serait temps – écrivait-il en 1907 – qu'en France aussi l'ethnographie et le folklore reçoivent des particuliers et de l'État des marques plus effectives d'intérêt et que les bonnes volontés se groupent pour doter enfin Paris d'un musée qui nous fasse, en ce domaine, passer du dernier rang au premier[1] ».

Dans les pays scandinaves, ces musées furent des instruments de la construction de l'identité nationale, de

---

1. Cité par Daniel Fabre, « Le *Manuel de folklore français* d'Arnold Van Gennep », in Pierre Nora (dir.), *Les Lieux de mémoire. Les France*. 2. *Traditions*, Paris, Gallimard, Quarto, 1997, p. 3586.

l'invention d'un sentiment patriotique. Le rapport entre culture savante et culture populaire se posait en effet dans ces pays dans des termes tout différents de ceux qui concernaient la France. Pays très pauvre, pays d'émigration, sans substrat de culture noble ou bourgeoise, la Suède fonde son identité nationale, fraîchement construite, dans les traits d'une paysannerie idéalisée. Skansen, comme les musées de plein air de Norvège ou des Pays-Bas, sont plus le reflet d'une interprétation romantique de la part d'élites sociales urbaines que l'image représentative de la réalité paysanne [1]. Pour avoir longuement voyagé dans les pays européens entre 1929 et 1936, Rivière connaissait donc bien ces rassemblements artificiels de maisons paysannes ; s'il a subi l'influence de ce principe muséal, il souhaitait aussi s'en écarter, se débarrasser de l'aspect factice des présentations pour mettre en valeur l'aspect scientifique de l'étude des bâtiments vernaculaires.

Une doctrine muséale forte

Lorsque les actes fondateurs du département des arts et traditions populaires furent signés par Jean Zay – inscription dans la loi de finances du 31 décembre 1936 et par décret en date du 1er mai 1937 –, le nouvel établissement de la République du Front populaire ne disposait pas de locaux. Or, il importait à Rivière de marquer immédiatement sa séparation physique d'avec sa puissante ancienne tutelle, le musée de l'Homme sis dans l'aile Passy (droite). Il obtint dans l'aile Paris (gauche) du nouveau Trocadéro [2], le palais de Chaillot, quelques bureaux et l'espace d'une galerie. Et, en faisant passer

---

1. Bjarne Stoklund, « Between Scenography and Science. Early Folkmuseums and their Pioneers », *Ethnologia Europaea*, 33, 1, 2003, p. 21-36.
2. L'ancien palais du Trocadéro qui abritait le musée d'Ethnographie a été démoli en 1935 pour faire place en 1937 aux nouvelles constructions destinées à faire partie de l'Exposition universelle.

l'ethnographie folklorique sous la tutelle des musées nationaux (direction des Beaux-Arts du ministère de l'Éducation nationale), il rompit définitivement les amarres institutionnelles avec le musée de l'Homme et son rattachement de tutelle, le Muséum d'histoire naturelle. Cette décision devait avoir deux conséquences graves tout au long de la vie des Arts et Traditions populaires : ils seraient sans cesse confrontés à la logique des Beaux-Arts et, étant coupés institutionnellement de l'ethnologie générale, devraient défendre leur vocation scientifique. Une fois désolidarisés, les deux musées ne pouvaient collaborer, se privant mutuellement de la possibilité d'agir de concert, notamment dans les périodes de crise qu'ils traversèrent plus tard.

Nommé conservateur le 26 mai 1937, Rivière était déjà tout occupé par son objectif : réaliser rapidement un musée. Son projet comme sa méthode muséographique étaient précis et nourris de son expérience, puisqu'il avait réalisé, pour le compte du Dr Rivet, les expositions temporaires et la réfection des galeries du musée de l'Homme. Il avait pu également se forger une idée claire du champ de l'ethnographie française, puisqu'il avait visité nombre de musées de folklore à l'étranger. Doctrine détaillée dans une conférence[1] prononcée le 23 mars 1936, lors d'un cours de muséologie de l'École du Louvre, « Les musées de folklore à l'étranger et le futur musée français des Arts et Traditions populaires ». Il y classait les différents types de musées, et louangeait notamment un des « Heimat Museen » d'Allemagne, celui de Cologne, « synthèse grandiose de la Rhénanie, allant de l'État et de ses princes au plus humble paysan, en passant par les seigneurs, le clergé séculier et régulier, les bourgeois, les artisans » (p. 5). Mais ceux qui l'enthousiasmaient le plus étaient les musées de plein air,

---

1. Publiée dans la *Revue de folklore français et colonial*, mai-juin 1936, p. 58-71. La pagination citée renvoie à la conférence elle-même.

que la Scandinavie avait développés et qui avaient pour but de « faire étudier par les yeux la vie et la civilisation des temps anciens » (p. 6), avec cependant certaines réserves en ce qui concernait l'authenticité des reconstructions. Après avoir ainsi souligné tout l'apport scientifique du folklore, Rivière se lançait dans l'exposé de son projet muséal idéal : « Tout d'abord, il faut créer, à Paris, un musée central qui sera le successeur vigoureux et jeune de la défunte section française du musée d'Ethnographie du Trocadéro [...] projet qui ne peut qu'aider l'action des musées régionaux. [...] J'ai conçu pour l'établissement de Paris un plan et une activité qui soient, non pas une réplique, mais un complément des musées régionaux : que chacun d'eux se développe dans son cadre topographique ou méthodique, selon ses ressources et son génie ; créons à Paris non pas une somme des musées régionaux, mais un musée de synthèse. »

Puis il détaillait les stades différents de constitution des musées : accumulation (ou fourre-tout), rassemblement méthodique, sélection et enfin le « stade de synthèse : le seul valable pour les masses. Une documentation graphique et photographique, des textes à grande échelle accompagnent les spécimens ultra-sélectionnés. Un musée qu'on peut parcourir sans guide. Ce stade est atteint notamment par de nombreux musées soviétiques. Un musée idéal réunira les trois derniers stades : le stade de rassemblement dans ses magasins, le stade de sélection dans une série de salles publiques parallèles aux galeries publiques destinées à la synthèse. En tête de chaque galerie, une initiation à son contenu. En fin de chaque galerie, les hypothèses et comparaisons relatives à ce qui précède.

« Revenons à notre musée de Paris : je ne vois, dans cette institution naissante, qu'un musée de synthèse, par suite du très grand nombre et de la proximité des musées régionaux de folklore ; doublons-le d'une vaste salle de documentation qui aiguillera vers la province les recherches du spécialiste.

« Comment nommer ce musée ? J'écarte le mot de "folklore" d'usage purement scientifique. Je propose : "musée français" (comme on dit : musée basque, musée lorrain, musée breton) des "Arts et Traditions populaires". Voisin du futur musée de l'Homme, il pourra ainsi jouer son rôle dans ce centre de toutes les sciences de l'homme qu'a voulu et réalisé le Dr Rivet. »

Et ces musées de plein air dont il avait tant admiré les présentations en Suède ? Il en écartait le projet et préférait à un musée rassemblant tous les spécimens de bâtiments dans un même lieu une multiplication des musées : « installés de préférence dans les domaines de l'État ou des collectivités (châteaux historiques, forêts domaniales, réserves naturelles) et combinés le cas échéant à des auberges de jeunesse[1] ».

Et Rivière d'insister tout particulièrement sur la dimension pédagogique du musée, s'inscrivant ainsi dans l'esprit du Front populaire. Avec des accents des plus modernes, il insistait aussi sur son rôle en tant qu'acteur culturel comme sur sa vocation scientifique, pas toujours garantie dans les musées de plein air, et à ses yeux primordiale : « rassembler et classer des objets regardés comme présentant un intérêt folklorique, c'est-à-dire comme les témoins de certains faits sociologiques. Dans un tel musée, l'objet ne sera pas considéré comme une simple curiosité ou une valeur purement esthétique, mais comme le signe matériel de quelque chose de vivant, en l'occurrence des techniques, coutumes, traditions, représentations qui ont cours dans les milieux proprement populaires[2] ».

Les prémices de ce qui sera réalisé quelque trente ans

---

1. *Revue de folklore français et colonial*, mai-juin 1936, p. 11-12.
2. *Ibid.*, p. 13.

plus tard sont déjà là, telle l'idée d'une galerie destinée au grand public doublée d'une salle réservée au spécialiste, distinction que l'on retrouvera dans le musée du bois de Boulogne entre la Galerie culturelle et la Galerie d'étude.

Soutenu par le directeur général des Beaux-Arts, Georges Huisman, David David-Weil, président du conseil d'administration des musées nationaux, Henri Verne, directeur des musées nationaux[1] et Paul Rivet, Georges Henri Rivière, dès sa nomination, met son projet en route. Mais créer un nouveau musée est une entreprise longue et pénible : en atteste la très lente émergence des musées de province, qu'il s'agisse du musée « de la vie vivante et de la race d'Arles » dit *Museon Arlaten*, du Musée basque ou du musée de Bretagne, plusieurs dizaines d'années s'écoulant entre l'idée et la réalisation, le temps de mobiliser les énergies, les capitaux et la volonté politique. À l'échelon national, c'est encore plus complexe, car les interlocuteurs de l'administration sont nombreux et divers. L'article cité ci-dessus doit être resitué dans le contexte politique du Front populaire. Dans ces années-là, sans mésestimer l'intérêt de l'« art populaire », Rivière insiste moins sur la dimension esthétique des objets que sur leur aspect sociologique. Et son éloge des musées soviétiques fait évidemment écho aux sensibilités politiques de l'époque. Il y revient dans diverses publications comme dans ce courrier enthousiaste adressé à Paul Rivet en août 1936 depuis Leningrad : « Je ne parle pas que des musées qui sont *humains*, profonds, fertiles, mais du genre de vie, de la conception sociale. Je ne dirais pas que j'ai choisi, c'était depuis longtemps à mon insu, mais j'ai compris. Nous en reparlerons à Paris. Mais quelle joie pour moi de trouver ici en réalité les musées dont j'avais rêvé, dont j'avais laborieusement

---

1. La direction n'était pas encore « direction des musées de France », elle le deviendra en 1945.

ces derniers mois esquissé une théorie : mes thèmes sur les musées d'accumulation, de rassemblement, de sélection et de synthèse rejoignent ceux de ces musées-ci, un vocabulaire plus précis et plus ferme vient à mon secours [1]. »

Pour comprendre le cheminement de Rivière, il faut prendre la mesure de son obsession qui sera celle de toute une vie : créer un espace muséal pour donner une vitrine au folklore puis à l'ethnologie. Au cours des périodes d'attente, plus longues à vrai dire que les périodes de réalisation et de fonctionnement, il n'a de cesse d'occuper le terrain, de faire parler de l'institution, d'exposer une doctrine muséographique qui se raffermissait avec le temps en organisant les expositions temporaires parisiennes tout en participant à la mise en place de musées régionaux.

LES PREMIERS SUCCÈS

L'Exposition universelle de 1937

L'exposition internationale de 1937 (1ᵉʳ mai-novembre) donna à Rivière et sa petite équipe, André Varagnac et Agnès Humbert [2], l'occasion de démontrer leur talent et de mettre en œuvre les nouveaux credos de la muséographique ethnographique : documenter le social.

Les présentations furent réalisées dans la classe 3 du groupe 1 (intitulée « Expression de la pensée ») sous la direction d'Albert Demangeon, célèbre géographe,

---

1. Lettre publiée par Jean Jamin, *Gradhiva*, 1986, 1, p. 26 et citée par Daniel Fabre, « Le *Manuel de folklore français* d'Arnold Van Gennep », in Pierre Nora (dir.), *Les Lieux de mémoire. Les France*. 2. *Traditions*, Paris, Gallimard, Quarto, 1997, p. 3592.

2. Archives des Musées nationaux, Amn Atp U1, note du 26 mai 1937. L'équipe est constituée par décret. Georges Henri Rivière, encore sous-directeur du laboratoire d'histoire naturelle, est nommé conservateur, assisté d'André Varagnac, conservateur adjoint, d'Agnès Humbert, attachée, pour des salaires respectifs de 3 500, 2 750 et 1 250 francs et de six gardiens auxiliaires.

auteur de la première thèse sur la maison rurale. Rivière, aidé d'André Varagnac et de Guy Pison, se vit offrir un espace dans les nouveaux bâtiments édifiés à l'occasion de l'Exposition universelle afin d'exposer la « maison rurale en France ». Celle-ci devait préfigurer la « salle de la maison » dans le futur musée. Par ailleurs, un « musée de terroir », celui de Romenay (commune de Saône-et-Loire), est installé dans la mairie du Centre rural de l'Exposition, annexe située près de la porte Maillot.

Les expositions sont saluées comme des manifestes dans un double registre : celui, social et idéologique, du développement des loisirs populaires et celui du musée scientifique. La presse ne ménage pas ses louanges à Rivière, insistant tantôt sur l'un, tantôt sur l'autre aspect. Mais on apprécie aussi l'esthétique de la présentation, et son côté attrayant. L'article du *Temps*[1], par exemple, salue la « manière choisie, ingénieuse, élégante » des « hommes de goût » qui ont organisé cette exposition, dont le contenu est l'œuvre d'un folkloriste fort connu du Mâconnais, Gabriel Jeanton.

Cette muséographie moderne, très portée sur le commentaire écrit, la mise en contexte, surprit cependant certains qui y virent, selon les sensibilités politiques, une influence stalinienne ou fasciste. C'est dire à quel point les conflits de l'avant-guerre et les extrémismes politiques contaminaient tous les domaines jusqu'à la culture. Il devenait en tout cas clair pour tous qu'une nouvelle « science » était née, celle de la muséographie, saluée avec enthousiasme par René Huyghe dans un article intitulé « Le rôle des musées dans la vie moderne » : « L'exposition de l'habitation rurale est un modèle didactique. D'une remarquable clarté, elle réduit cependant le texte à l'extrême. Certains ont protesté avec quelque véhémence contre l'envahissement des salles par les commentaires. On s'étonne qu'un type d'exposition si

---

1. 20 octobre 1937.

parfaitement adapté à ses fins puisse susciter quelque contestation. Peut-être sera-t-il permis de supposer que l'obsession politique qui brime la pensée de tant de Français a fait suspecter là une tentative d'introduction chez nous du "musée soviétique" ? C'est oublier que, si la Russie, devinant tout le pouvoir expressif que prend ainsi le musée, a utilisé cette méthode à des fins de propagande, l'Allemagne hitlérienne et l'Italie mussolinienne en ont donné aussi quelques exemples très poussés. C'est oublier aussi que ces excès de "pensée dirigée" sont très différents d'une simple présentation explicative [1]. »

Dans un article du journal *Ce soir* intitulé « La vie plus belle. Les musées pour tous », Louis Chéronnel insistait sur la nécessité de repenser le musée en raison du temps libre et d'une « politique des loisirs » ouverte à de nouveaux publics. La muséographie lui apparaissait comme la nouvelle science susceptible de répondre aux attentes populaires : « Une conception étrange de la beauté veut qu'elle paraisse diminuer aux yeux de quelques-uns si elle est accessible à tous. [...] La muséographie, c'est l'ensemble des méthodes qui permettent aujourd'hui d'organiser les musées matériellement et idéologiquement de façon à leur donner leur maximum d'efficience. C'est une science qui pose des problèmes d'architecture, d'éclairage, d'hygrométrie, de chauffage, d'optique. C'est un art subtil et intelligent qui réclame de ceux qui le pratiquent (je veux dire des conservateurs qui font plus que conserver des bric-à-brac de richesses) des qualités de goût et de logique, un sens de la mise en valeur de la culture particulièrement vivant [2]. »

L'article saluait notamment l'exposition de la « maison rurale », présentée dans le nouveau palais des Beaux-Arts de la Ville de Paris (ou palais de Tokyo) qui

---

1. *Revue des Deux Mondes*, 15 octobre 1937, p. 785. Pour comprendre cet enthousiasme, il importe de préciser que René Huyghe était responsable avec Georges Henri Rivière de l'exposition muséographique du palais de Tokyo.
2. 10 juillet 1937.

« procède, elle, par reproductions photographiques, réparties en tableaux synoptiques et comparatifs. Les textes, très brefs, n'expriment que les faits comme des légendes sous une illustration. On conçoit qu'on puisse traiter des documents autrement que les produits de l'art le plus élevé. Cet ensemble est d'une clarté attirante aux sens propre et figuré du mot ».

Le Temps du 20 octobre 1937, cité ci-dessus, soulignait également la modernité de la présentation, qui mettait en évidence de façon très claire les types morphologiques de maisons, « bloc à terre », « bloc en hauteur », « cour fermée », classifications élaborées par Albert Demangeon : « On a rendu sensibles avec clarté, avec agrément ces catégories fondamentales. Des inscriptions dont la signification rayonne véritablement, s'élèvent sur fond vert ; les photographies, sur fond bleu ; un fond gris aère le rassemblement des images et des notions, etc. [...] On nous invite à raisonner sur cette forme fondamentale de la civilisation qu'est la demeure humaine. »

La nouvelle muséographie semblait d'autant plus prometteuse que ses capacités à essaimer étaient supposées importantes. Le musée organisé au Centre rural devait en effet servir de modèle pour ces communes souhaitant se doter de leurs propres expositions. Le journal *La Solidarité,* saluant la présentation « intelligente et attrayante » du musée communal de la porte Maillot, rappelait qu'il s'agissait pour M. Georges Henri Rivière d'« encourager la réalisation de "musées du terroir" qui préciseraient et exalteraient dans toute la France les caractères du folklore, de la vie économique, du passé historique, qui pénétreraient, en un mot, dans l'intimité des régions, alors que les touristes et les habitants eux-mêmes n'aperçoivent actuellement que la surface, l'aspect extérieur de ces régions [1] ».

---

1. 15 décembre 1937.

Les autres expositions

En décembre 1937, le musée organisa une nouvelle exposition, « Potiers et imagiers de France », qui devait initialement être montrée au musée de l'Homme, mais fut finalement programmée au musée des Arts décoratifs du pavillon de Marsan. Là encore, les commentaires furent très élogieux dans la presse, y compris internationale, tandis que les journaux annonçaient l'ouverture quasi imminente du musée.

L'année suivante, Rivière continua sa politique de musée hors les murs afin d'être présent sur plusieurs scènes, en France, mais aussi à l'étranger, et notamment à l'Exposition internationale de New York, où il présenta un musée paysan, au titre de la section française, en octobre 1938[1]. Une gageure, il en était conscient : « Présenter à New York un musée paysan pose des problèmes délicats : éviter de favoriser à l'excès un village de France, rester dans un domaine concret sous peine de tomber dans les plus stériles généralisations, arrêter son choix sur une contrée dont la paysannerie soit particulièrement évoluée dans un sens progressif, tout en demeurant savoureusement folklorique. » Il opta pour la Provence où s'effectuaient alors des missions de recherches : « La Provence et le comtat Venaissin, pays ensoleillé de civilisation antique et raffinée, comme de belle et vibrante jeunesse, ont semblé parfaitement convenir au but cherché et en particulier, le charmant village de Barbentane[2] (2 700 habitants), situé entre la riche plaine de la Durance et la virgilienne Montagnette, où s'écoula une partie de l'enfance de Mistral. La population laborieuse de Barbentane a, au cours du XIXᵉ siècle, courageuse-

---

1. Dans les termes de GHR, présentation « à la World's Fair de New York, du folklore d'un village provençal ». Georges Henri Rivière, « Le folklore paysan. Notes de doctrine et d'action », *Études agricoles d'économie corporative* n° 4, octobre-novembre-décembre 1942, p. 294.
2. Le bateau qui convoyait ces objets, le *Paris*, a brûlé en rade du Havre ou de New York, mais les objets de Barbentane ont été épargnés.

ment transformé son genre de vie : renonçant à l'exploitation des carrières, quittant la plupart à regret les mas de la Montagnette dont la terre est difficile, elle a donné presque toute son énergie à assainir la plaine de la Durance et à y faire prospérer les cultures maraîchères. Travaux acharnés qui n'empêchent pas le village d'être fidèle à son folklore : le feu de la Saint Jean y est un des plus pittoresques du Sud-Est, les farandoleurs de Barbentane sont renommés jusqu'à l'étranger. »

À travers ces lignes, perce le souci de donner une vision dynamique de la société qui guidera toujours les projets de recherche.

En juin 1939, le musée participa à une exposition de la Bibliothèque nationale organisée sous les auspices des chambres d'agriculture par le Comité national Olivier-de-Serres sous le titre « Les travaux et les jours dans l'ancienne France » ; des objets ou outils populaires exposés dans des miniatures anciennes étaient présentés à côté des ouvrages qui les illustraient. Un article du *Temps* du 11 juillet 1939 vantait l'originalité de cette démarche alliant les textes, les dessins anciens et les objets dans une union réussie de l'histoire et du folklore, qui démontrait fort bien la longue continuité des outils et des techniques agricoles et artisanales pendant près de dix siècles.

Une telle mise en perspective historique sera d'ailleurs reprise dans la Galerie d'étude où seront présentées des images reproduisant les manuscrits enluminés répondant aux objets présentés dans les vitrines, et mettant en scène historique les travaux et les jours de l'agriculture traditionnelle.

DÉVELOPPER LE CHAMP SCIENTIFIQUE

Lancer des recherches

Tout en menant sa politique d'exposition hors les murs, le nouvel établissement développait des activités de recherche soutenues [1] : les missions de 1937-1938 en Sologne, autour de Saint-Viâtre [2], avec Malinowski et Louis Dumont, et celle de Claudie Marcel-Dubois et de l'abbé Falc'hun en juillet-août 1939, destinées à recueillir de la musique traditionnelle en Basse-Bretagne, figurent dans les archives de l'ethnologie comme les premières missions scientifiques du musée.

Cette période des tout débuts de l'ethnographie était certes consacrée à l'étude des traditions ; toutefois, les enquêteurs, comme en témoigne le travail de Laurent-Sébastien Fournier [3] à propos de la mission à Barbentane, n'étaient pas prisonniers d'une conception archaïque ; au contraire, ils savaient que les groupes folkloriques étaient des créations de la modernité, et qu'il fallait encourager tout ce qui concernait le développement du tourisme, notamment par le biais de ces fêtes folkloriques.

Le 19 mai 1938 fut créée la commission nationale des Arts et Traditions populaires avec pour objet :

« 1° de coordonner et de développer l'étude scientifique des arts et traditions populaires ;

« 2° d'encourager l'art populaire et l'artisanat tradi-

---

1. On ne s'appesantira point ici sur ces activités qui ont fait l'objet de nombreuses recherches, et tout particulièrement une note critique très documentée de Florence Weber, « Le folklore, l'histoire et l'État en France (1937-1945). Note sur quelques publications récentes » *Revue de synthèse*, 3-4, juillet-décembre 2000.

2. On trouvera une description détaillée de cette mission in Florence Weber, « Politiques du folklore en France (1930-1960) », in Philippe Poirrier et Loïc Vadelorge (dir.), *Pour une histoire des politiques du patrimoine*, Paris, Comité d'histoire du ministère de la Culture, Fondation Maison des sciences de l'homme, 2003, p. 268-300.

3. Laurent-Sébastien Fournier, « La mission du musée national des Arts et Traditions populaires à Barbentane (novembre 1938) », in *Du folklore à l'ethnologie. Institutions, musées, idées en France et en Europe de 1936 à 1945*, Paris, éditions de la Maison des sciences de l'homme, à paraître.

tionnel, de collaborer à la conservation des monuments historiques relevant des arts et traditions populaires ;

« 3° de répandre le goût et la pratique de la musique, des chants et des danses et de concourir à la dignité des fêtes et spectacles de tradition populaire [1]. »

Un tel programme associait à l'étude « pure » ce qu'on pourrait appeler la recherche « appliquée », puisqu'il s'agissait d'être aussi acteur du monde du folklore, en promouvant sa « dignité ». Composée de trois sections, cette commission s'est réunie brièvement jusqu'en août 1939 [2].

Dès le mois d'octobre, soit six mois après la fondation de l'établissement, un second rapport [3] avait révélé ses ambitions innombrables, tant au niveau local que national :

1° Intensifier et coordonner la recherche scientifique dans le domaine du folklore ;

2° Constituer une documentation et des collections folkloriques ;

3° Publier et enseigner ;

4° Ouvrir dans le plus bref délai le musée national des Arts et Traditions populaires ;

5° Préparer l'organisation de musées de plein air ;

6° Contribuer à diverses expositions temporaires ;

7° Favoriser le développement des musées de terroir.

Le projet de galerie d'exposition
permanente au palais de Chaillot

Le jeune musée s'était vu doter de surfaces dans l'aile Paris du palais de Chaillot, certaines situées en sous-sol, d'autres sous les combles. Un document intitulé « Rapport à M. le Directeur des musées nationaux sur

---

1. Amn U 2 Atp, 19 mai 1938.
2. Amn U 32 Atp. La première section est présidée par Lucien Febvre, la deuxième par Albert Demangeon, la troisième par Jean Charles-Brun.
3. Daté du 29 octobre 1937.

l'organisation et le fonctionnement du département des Arts et Traditions populaires », en date du 28 juin 1937, montrait Rivière aménageant les espaces qui lui étaient affectés, des salles de réserve et d'étude ainsi que des locaux d'usage administratif et technique d'une surface de sept cent quatre-vingt-onze mètres carrés. Une fois installé dans ses locaux étroits, précaires et temporaires, dont il ne cessera de se plaindre pendant plus de trente ans, où il disposait d'un mobilier disparate [1], Rivière se mit à déployer une activité intense sur tous les fronts. Dès juin 1937, il fondait l'Office de documentation folklorique qui ira s'enrichissant très rapidement et où étaient accueillis tous les visiteurs ; il créa la bibliothèque (dont le fonds initial était constitué des six cents volumes venant de sa bibliothèque personnelle), la phonothèque, et bien sûr, il s'attela au développement des collections.

Entouré de sa petite équipe (cf. annexe I), il continua de tisser la toile de ses relations avec les associations de folklore en tout genre, très nombreuses en France, et avec le milieu des savants. Selon le rapport du 29 octobre 1937 [2], Rivière disposait alors d'un réseau de huit cents correspondants appartenant à la Commission des recherches collectives, à la Société de folklore français et à divers organismes. De plus il entretenait des relations suivies avec les musées régionaux dont il avait une excellente connaissance.

Des ethnologues « pur sucre », formés à l'université, il n'en existait point, puisqu'il n'y avait aucune chaire d'ethnologie : aussi Rivière travaillait-il avec des

---

1. Dont Rivière dit en 1964 qu'il est « inadéquat et usé », faisant référence au bureau qui lui avait été offert en 1937 par la Compagnie Nord et Alpes, fournisseur des vitrines du musée de l'Homme. Il avait accepté ce don à condition de l'inscrire dans le registre matériel, ce qui fut fait aussitôt. Archives Atp Mus. : rapport musée projet général, 1964.
2. Qui figure dans les archives sous une forme dactylographiée ultérieurement, peut-être dans les années 1980, avant l'ère du traitement de texte.

géographes, des historiens de l'École des Annales, et des linguistes. Pour donner à son projet une caution scientifique et assurer sa légitimité auprès des institutions, il organisa un grand Congrès international de folklore en 1938[1], qu'il présenta comme une échéance pour tenter de faire accélérer l'ouverture d'une galerie d'exposition dont la conception était élaborée dès 1937.

Si les activités d'enquête conduites pendant les premières années sont maintenant bien connues, on ignore souvent les efforts déployés par Rivière, entre sa nomination à la tête de l'institution en mai 1937 et la déclaration de guerre, le 3 septembre 1939, pour ouvrir dans les plus brefs délais une galerie d'exposition[2]. Pas moins de six rapports (certains sont dits « sommaires ») furent rédigés au cours de cette période qui démontrent l'incroyable énergie de Rivière pour donner vie à son nouvel établissement.

Afin de mener à bien le point 4 de son programme (cf. ci-dessus, p. 33), l'institution s'était vu doter d'une galerie de 2 085 mètres carrés, initialement occupée par l'exposition des Monuments historiques. Encore eût-il fallu que les salles en question fussent disponibles. Un des premiers combats de l'infatigable Rivière fut de reconquérir ces espaces qui devaient être libérés en novembre 1937, à la fin de l'Exposition universelle.

Dans son rapport du 29 octobre 1937, il estimait pouvoir accéder aux galeries occupées par la « classe des Monuments historiques » fin novembre. Son souhait était d'aménager le musée afin qu'il soit prêt pour la

---

1. Dont Rivière dit que le succès a propulsé la France au « premier rang dans l'organisation mondiale de l'ethnographie française », Georges Henri Rivière, « Le Folklore paysan. Notes de doctrine et d'action », *Études agricoles d'économie corporative*, n° 4, octobre-décembre 1942, p. 293.
2. Pascal Ory mentionne brièvement ce plan, « Georges Henri Rivière, militant culturel du Front populaire ? », *Ethnologie française*, 17, 1, 1987, p. 26. De même il cite ce programme à l'élaboration duquel Agnès Humbert lui semble avoir beaucoup contribué in *La Belle Illusion. Culture et politiques sous le signe du Front populaire, 1935-1938*, Paris, Plon, 1994, p. 507-508.

« réunion du bureau permanent du Congrès international de folklore » au printemps 1938.

Déjà, il manifestait son impatience : « Des collections précieuses attendent en magasin, ce qui en prive le public et mécontente les donateurs. Cependant les études techniques et muséographiques sont prêtes. Il ne manque plus que de pouvoir employer la totalité des crédits accordés par le décret du 21 avril 1937 (un million six cent mille francs dont une partie seulement a été consommée par l'aménagement des services intérieurs : bureaux et magasins, d'une superficie d'environ mille mètres carrés). Au cas probable où l'Exposition de 1937 serait prolongée, le musée national des Arts et Traditions populaires pourra présenter à l'immense public de cette manifestation internationale nos arts populaires si longtemps méconnus. »

Si Rivière conçoit un projet cohérent et complet, il ne peut tout de suite réaliser son musée « idéal ». S'agit-il d'une stratégie pour se concilier la coopération des musées régionaux qui ne voyaient pas d'un bon œil la naissance de cet établissement parisien ? S'agit-il de réalisme en raison des difficultés que Rivière pressentait pour l'obtention d'un espace d'exposition permanente et des crédits nécessaires ? Toujours est-il que, pour appliquer la doctrine muséographique qu'il défendait à la fin des années 1930, il lui faudra attendre le « Nouveau Siège » où il mettra en place la double série de galeries, Galerie d'étude et Galerie culturelle.

La question de l'art populaire

Dans sa conférence programmatique de 1936, il ne dit rien de la présentation des objets et la réflexion porte sur la relation entre sens social et valeur esthétique de l'objet, dans la droite ligne des positions tenues par le musée de l'Homme : « L'objet ne sera pas considéré comme une simple curiosité ou une valeur purement esthétique, mais comme le signe matériel de quelque chose de vivant en l'occurrence des techniques, coutumes, traditions, représentations qui ont cours dans les milieux proprement populaires [1]. »

Pour autant, le folkloriste doit s'inquiéter de la disparition de la création populaire, « de plus en plus sporadique, aberrante, étouffée par la production industrielle », et concurrencée par un « art moderne savant qui touche le grand public sous la forme industrialisée des arts décoratifs ; d'autre part, sont réputées populaires, auprès du même grand public, les pires contrefaçons [2]. »

De l'aile droite à l'aile gauche du Trocadéro, Georges Henri Rivière est passé des cultures non européennes aux cultures paysannes de France. Rivière aurait-il été le premier à dénoncer la vision ethnocentriste de l'art de ceux qu'on appelait encore les primitifs et en même temps celui qui aurait célébré l'art populaire, produit par les artisans des campagnes ? Il y a là un paradoxe qui ne s'explique pas seulement par le contexte politique des années du Front populaire.

Ethnologues ou marchands d'art ont voulu voir dans cet art « autre » une forme première, antérieure au grand art [3], alors que cette mention n'est pas accordée aux productions du monde rural. Pouvait-on dès lors traiter de façon identique art primitif et art populaire ? Rivière connaît les traits qui différencient les deux genres : d'abord, art populaire et art savant participent de la même culture, et notamment religieuse, et les références de cette nature sont nombreuses des deux côtés. Il en va de même pour les références nationales, qu'elles soient religieuses ou politiques. L'imagerie dite populaire célèbre le culte de tel saint, comme elle colporte la légende napoléonienne.

---

1. *Revue de folklore français et colonial*, mai-juin 1936, p. 13.
2. *Ibid.*, p. 13.
3. Comme le remarque Sally Price, *Arts primitifs : regards civilisés*, Paris, École nationale des Beaux-Arts, 1995, p. 76.

On dit aussi que l'art primitif est considéré comme un art sans auteur, sans artiste, contrairement à l'art populaire français. Un imagier comme Georgin d'Épinal était un artiste confirmé ; les Talbot, potiers de père en fils sur plusieurs générations dans le Berry, à La Borne, sont aussi d'authentiques créateurs. L'art populaire partage donc de nombreuses références avec l'art savant lorsque même il ne les lui emprunte pas. La place de l'art populaire est ainsi bien moins ambiguë dans un musée d'ethnographie qui traite de la diversité des cultures régionales et locales que dans un musée d'ethnographie où un Autre radicalement étranger est exposé par un Occident qui l'interprète en fonction de ses critères.

Néanmoins, Front populaire oblige, la notion d'esthétique qu'on avait chassée par la porte de l'ethnologie revenait par la fenêtre des « arts populaires », qu'on opposait aux productions industrielles. Le musée s'assignait pour fonction de les revivifier et d'encourager l'activité d'artistes à propos desquels Rivière citait Victor Hugo, qui disait avec des accents micheletiens : « À qui sont les génies, si ce n'est à toi, peuple ? Ils t'appartiennent ; ils sont tes fils et tes pères ; tu les engendres et ils t'enseignent. »

LES PREMIERS PROGRAMMES MUSÉOGRAPHIQUES [1]

La modernité du projet s'exprimait dans sa double exigence scientifique et pédagogique. Le rapport de juin 1937[2] exposait un certain nombre de principes, inspirés

1. Martine Segalen, « Le premier programme muséographique du musée national des Arts et Traditions populaires (1937-1941) », in *Du folklore à l'ethnologie. Institutions, idées en France et en Europe de 1936 à 1945*, Paris, éditions de la Maison des sciences de l'homme, à paraître.
2. Sur le plan spatial, le rapport de juin 1937 fait état de vingt-cinq grandes ou petites salles, avec des vitrines étanches, des panneaux documentaires et des panneaux mobiles, des appareillages électriques, le tout évalué à un million quatre cent dix mille francs.

par la présentation de la maison rurale à l'Exposition universelle [1] qui se tenait au même moment : « adoption d'une "structure comparative et méthodique dans le cadre français, succession de salles en file ininterrompue destinées au grand public, et alternance de plus petites salles de caractère technique ; affirmation d'une vocation éducative à base scientifique ; ouverture du musée par une vaste salle d'"initiation" dans laquelle la géographie, l'anthropologie, la linguistique, la préhistoire et l'histoire, et l'économie concourront à introduire à la connaissance du folklore français [2] ».

L'exigence scientifique de la muséologie devait conduire à associer les objets à une documentation photographique et cartographique. De plus, il était prévu de renouveler les présentations grâce à l'accumulation du savoir permis par l'enrichissement régulier de l'Office de documentation folklorique.

Le « programme » et le « plan »

Témoins d'une réflexion toujours en mouvement, deux projets furent élaborés en l'espace de deux années, qui n'aboutirent jamais. L'un, en 1937, s'intitulait « programme » ; l'autre, « plan du musée national des Arts et Traditions populaires » daté du 1er juillet 1939, révélait l'évolution de la doctrine scientifique et muséologique.

Le premier prévoit une succession de salles thématiques, salle des champs, de la montagne, de la mer, des rivières, etc., ouverte par une théorie de saints protecteurs. Le document (cf. annexe II) est doublement programmatique : sur le fond et sur la forme, puisque vitrines et objets sont pensés ensemble. L'examen de ce « programme » est révélateur de la méthode Rivière

---

1. Dont les plans, photos, relevés, coupes et une importante série de modèles réduits furent ensuite retournés au département après la fin de l'exposition.

2. *Revue de folklore français et colonial*, mai-juin 1936, p. 11.

pour construire ses présentations : à chaque section correspond un dossier[1], dans lequel figurent des listes d'objets à acquérir[2]. Cela laisse entendre que les collections n'étaient pas encore suffisantes pour illustrer le propos muséographique et le programme avait pour fonction de guider les collectes.

Très inspiré de la géographie humaine, ce programme, porté par Rivière et Varagnac, classe les différentes activités humaines selon une règle spatiale. Cependant le tout de l'activité humaine ne pouvant entrer dans un tel cadre, la deuxième partie traite des faits sociaux (la maison, les âges de la vie, les savoirs et le calendrier populaire) ou purement esthétiques (l'imagerie populaire).

Rivière n'ayant pas obtenu aussi vite que souhaité la libération de la salle occupée par les Monuments historiques remet le projet sur son ouvrage, d'où en sort un « plan », beaucoup plus élaboré, qui montre l'évolution de sa doctrine muséale. Ce second document comporte, selon le même principe que le précédent, la description du thème, du contenu des vitrines, et spécifie le matériel d'exposition nécessaire[3].

Si le projet d'ensemble n'a pas changé, le contenu s'est cependant précisé ; il s'est notamment enrichi d'une salle d'introduction, désormais détaillée dans son contenu chronologique depuis les civilisations de la pierre jusqu'aux XIXe et XXe siècles. Cette position est très novatrice puisqu'elle invite le visiteur à réfléchir à la

---

1. Archives Atp Mus., tiroir 53.
2. Par exemple, acquisition du commandant Hayet concernant les bateaux, figures de proue, compas de charpentier pour un total de sept mille quatre cent trente-cinq francs.
3. Le matériel muséographique est plus complet que dans le document précédent. V = élément de vitrine, une seule face, VL, vitrine longue, VS, vitrine spéciale, T, table, A, air libre, PS, panneau signalétique, P, panneau, PD, panneau double, M, meuble à volet, TM, table à maquettes, Im, Image, lesquels sont numérotés dans l'ordre, V1, V2, P1, P2, etc.

profondeur historique des faits de folklore [1]. L'influence d'historiens comme Lucien Febvre et Marc Bloch, qui avaient notamment participé au Congrès de folklore de 1938 et n'ont de cesse de dénoncer l'illusion d'une société paysanne immuable, est ici très sensible. Il s'agira de présenter « l'évolution socio-historique du pays depuis la préhistoire, la Gaule, le haut Moyen Âge, etc. à travers des exemples de changements techniques (par exemple l'attelage) ou sociologique, la poste au XVIᵉ siècle jusqu'à la carte chronologique de l'immatriculation des voitures et de la délivrance des permis de conduire ».

Du premier au second document, en dehors de l'introduction, on observe que le projet des autres sections a peu évolué mais que les classements se sont affinés ; de plus, les listes d'objets qui figurent donnent à penser qu'ils existent (soit dans les collections du musée, soit ailleurs) : leur identification est plus précise.

En l'espace de deux années, Rivière et Varagnac ont donc enrichi d'une dimension historique les présentations, tout en ouvrant sur le contemporain, dans l'esprit dynamique qui avait inspiré l'exposition de New York.

L'avancement du projet

Pour mettre en œuvre le projet, il fallait évidemment des fonds. Rivière a commencé dès 1937 sa longue bataille contre une administration chiche et pauvre. La tranche de crédits espérée en 1937 a été annulée, mais une nouvelle tranche devait être enfin débloquée fin septembre 1938 [2] : « Un programme détaillé à l'extrême, exposé en une trentaine de feuillets très denses, a été remis en juin à M. le Directeur des musées nationaux,

---

1. Florence Weber, « Le folklore, l'histoire et l'État en France (1937-1945). Note sur quelques publications récentes », *Revue de synthèse*, 3-4, juillet-décembre 2000, p. 453-467.
2. Amn U 24 Atp. Aucun des crédits ouverts en 1937 et 1938 n'a pu être « engagé ».

comme à M. l'Architecte en chef conservateur du Palais, qu'il convient de remercier ici pour la collaboration confiante et précieuse qu'il nous apporte.

« Notre programme prévoit non seulement la succession et le thème des salles, mais le nombre de vitrines, la répartition des objets, l'emplacement et la teneur des tableaux documentaires associés aux collections. Les travaux seront entrepris avant la fin de l'année et au prix des plus grands efforts de tous, si aucun retard ne nous est imposé, le musée s'ouvrira en juin. Ouverture impatiemment attendue par l'opinion publique, ainsi qu'en témoignent de nombreux articles de presse et d'innombrables demandes individuelles. »

Si les premières déclarations de 1937 relatives à une ouverture du musée « dans quelques mois » relevaient plutôt de la méthode Coué, le projet intellectuel s'est rapidement précisé et le travail d'aménagement a démarré, sous la supervision de Guy Pison, architecte Dplg, chargé de mission des musées nationaux, et de Jacques Carlu, l'architecte du bâtiment. Une des idées majeures de Rivière était de faire marcher de pair programme muséographique et programme architectural. Comme le souligne André Desvallées : « La force de Rivière a été de rendre interdépendants les programmes de recherche et les programmes muséographiques, de les relier intimement[1]. »

Certes en 1937-1938, Georges Henri Rivière n'avait sans doute pas les moyens d'une telle ambition, mais elle était bien là, manifeste dans le soin accordé au choix des vitrines et des matériaux. Au lieu de partir de l'espace pour y installer les présentations, il s'appuyait sur le programme scientifique pour définir le matériel d'exposition. Habité par son idée, Rivière ne manquait pas une occasion de la promouvoir, comme le 18 février 1939,

---

1. André Desvallées, « La notion de programme muséographique », *Ethnologie française*, hommage de la Société d'ethnologie française à Georges Henri Rivière, 17, 1, 1987, p. 65.

lors d'une conférence au Foyer, association d'originaires de la Savoie qui fit l'objet de ce compte rendu enthousiaste citant les « documents rassemblés tant sur notre Savoie que sur les autres provinces françaises [qui] ont été soigneusement recueillis et groupés, et M. Rivière montre comment ces précieuses collections figureront prochainement dans la magnifique aile gauche du palais de Chaillot [...] M. Rivière donne un aperçu de ce que sera ce musée d'art populaire français et indique dans quelles conditions il sera aménagé. Une salle de la forêt, une autre des champs, une de la mer, une des véhicules, une des métiers, une des villages et enfin une salle des costumes où nos coiffes de Savoie auront leur place. L'aménagement d'un tel musée a donné lieu, comme on le pense, à des recherches considérables. Le rôle du folklore est immense et le conférencier ajoutera en terminant que cette science est un élément d'union nationale et d'union entre les pays, c'est la plus humaine de toutes les sciences [1]. »

Dès janvier 1938, une partie du rapport [2] de Jacques Carlu détaillait les « travaux d'achèvement de la grande galerie entre pavillon de tête et pavillon d'about » du palais de Chaillot, et en évaluait de façon très précise les coûts. Ces estimations étaient appuyées sur des considérations relatives à la nature même des objets qui allaient y être exposés. Il s'agissait en somme de convaincre les argentiers de la direction des musées nationaux, au sein du ministère de l'Éducation nationale, et des Monu-

---

1. Extrait d' « Au Foyer : la conférence de M. Georges-Henry [sic] Rivière sur le folklore et la Savoie », dans le journal *Le Savoyard* du 18 février 1939, fonds Van Gennep. L'article ajoute que le président du Foyer le félicite chaleureusement et l'assure que « les Savoyards seront très heureux d'aller admirer à partir du mois d'octobre les résultats de ses magnifiques travaux », ce qui prouve que Rivière disposait d'un calendrier (réel ou désiré) pour l'ouverture du musée.

2. Archives Atp Mus. Tous les documents auxquels il est fait référence dans les pages qui suivent concernant l'installation du musée figurent dans les dossiers intitulés « Fournitures », « Devis estimatifs et descriptifs », « Vitrines et mobilier (devis périmés) », « Documentation », « Travaux en cours : avant-projets ».

ments français sur la base de l'argumentaire soumis par Rivière. On y lisait par exemple au chapitre « Menuiserie » : « Il est nécessaire, pour l'*application du plan étudié*, de diviser la grande galerie entre pavillon de tête et d'about par des demi-cloisons transversales créant des salles successives : introduction, salles des champs, des forêts, de la montagne, des fleuves, rivières et canaux, de la mer, de l'habitation, du village, de la ville, des échanges, du costume, des âges de la vie, du calendrier (en plus des "alvéoles" consacrées aux sujets suivants : alimentation, métallurgie, tissage, vannerie, poterie, verrerie, art populaire, religion, savoir populaire, musique, danse, théâtre, chasses, travail de la pierre, travail du bois, etc.). »

Le mois suivant, un document intitulé « Instructions pour la présentation des collections » concernait la description technique des supports et fixations, pour les objets et étiquettes, la présentation des photographies[1]. En mars, sous la signature de Jacques Carlu, un autre stipulait le mode d'exposition et d'aménagement des vitrines : « Les vitrines sont destinées à la présentation d'objets folkloriques ; elles devront être très simples et discrètes, à l'exclusion extérieurement et intérieurement de toutes surfaces brillantes (parties chromées et nickelées). Les panneaux sont destinés à la présentation de la documentation. L'ossature des vitrines et des panneaux pourra être prévue soit en bois soit métallique. Les vitrines et panneaux seront livrés et posés à l'emplacement désigné par l'Architecte et prêts à recevoir le raccordement électrique. »

La précision des commandes et l'évaluation de leurs coûts laisse penser que l'opération était véritablement engagée[2]. Or en 1938, si l'essentiel des travaux concernant l'installation des bureaux et réserves du deuxième

---

1. 9 février 1938.
2. « Trente-trois vitrines murales de différentes tailles, dix-huit vitrines à double

44

sous-sol et l'Office de documentation folklorique était réalisé, rien n'avançait pour la galerie d'exposition, à part l'achat de « torses en carton bouilli » pour installer les costumes dans les réserves. Début 1939, Rivière et surtout Guy Pison consacrèrent tous leurs efforts à l'adjudication des vitrines et au financement des travaux des corps d'État[1]. En juillet, la désinfection des objets fut exécutée par le laboratoire du musée de l'Homme. Rivière supervisait tout jusqu'au moindre détail.

Finalement, à la veille de la guerre, le musée n'était pas loin d'obtenir les infrastructures nécessaires à l'aménagement de l'exposition. Mais le conflit imposa de mettre temporairement les collections en lieu sûr. Pourtant, en novembre 1939, Georges Henri Rivière rédigeait encore son rapport sur un ton dynamique et rassurant : « Les travaux ont été activement poussés d'après les plans de l'éminente direction de M. J. Carlu... Les vitrines sont en fabrication. L'identification des objets de l'ancien fonds était déjà faite aux trois quarts lorsque la guerre a éclaté. » Et même en 1941, il continuait d'y croire, dressant obstinément la liste des vitrines, socles,

---

face pour la galerie d'exposition et vitrines pour les expositions temporaires ; trente vitrines encastrées et deux vitrines encastrées spéciales pour la salle d'exposition. Pour la galerie d'exposition, deux châssis vitrés, vingt-deux vitrines-tables ; deux vitrines-tables "cloches", le tout pour les vitrines neuf cent quatre-vingt-cinq mille francs. Il est prévu quatre meubles à volets encastrés de 1,50 x 0,75 de profondeur. Ces meubles devront permettre l'examen derrière une glace de trente documents environ. Ils comporteront un encadrement extérieur en chêne ou en acier étiré et tous les accessoires nécessaires, un réflecteur sera prévu pour chaque meuble. Estimation : trente mille francs. Panneaux : cinquante panneaux muraux, sept panneaux muraux à double face, panneaux mobiles avec supports tubulaires de l'exposition temporaire : estimation des panneaux documentaires : cent cinquante mille francs.
« Soit coût total : un million cent vingt mille francs. »
1. Ainsi un crédit total de 2 499 051 francs, est ouvert en juin. comprenant 898 017,67 francs pour les corps d'État (peinture, maçonnerie etc.) ; l'adjudication des vitrines a été effectuée et a donné lieu à une remise de prix de 282 000 francs. Des correspondances avec l'entreprise Schwartz-Haumont contiennent des devis pour réaliser les meubles de la photothèque, et des portoirs à lance. De même une note du conservateur sur l'appel à la concurrence en date du 12 juillet 1939 concerne le crédit de 116 826, 89 francs (deuxième engagement demandé).

encadrements, scellements, etc. à faire réaliser. Au directeur des musées nationaux, il demandait une priorité pour la fourniture de mille cinq cents mètres carrés de glaces permettant la fabrication des vitrines [1]. Sur le programme du musée, figurait un pointage de sa main au crayon rouge datant du 19 août 1941 avec la mention « proposition première tranche ». Mais tous ces espoirs s'effondrèrent l'année suivante.

La question des objets : le point sur les collections en 1939

Quand bien même le musée eût pu ouvrir, disposait-il de collections suffisamment riches et intéressantes en 1937-1938, ainsi que Rivière l'affirmait ? Agnès Humbert et Louis Dumont avaient commencé la rédaction des inventaires des collections françaises appartenant à l'ancien musée d'Ethnographie du Trocadéro dès 1937, qui, versées au musée de l'Homme, étaient destinées à constituer les premiers fonds du nouveau musée. Comme l'indique le rapport du 28 juin 1937 : « Dès à présent, le département a reçu, à titre officieux – en vertu d'une délibération de l'Assemblée des professeurs du Muséum d'histoire naturelle – plusieurs milliers d'objets folkloriques ayant figuré dans l'ancien musée d'Ethnographie du Trocadéro. Ce fonds très important, autant par le nombre que par l'ancienneté, doit être enregistré, numéroté, nettoyé, remis en état, catalogué scientifiquement ainsi d'ailleurs que les collections qui depuis le début de l'année affluent en progression constante [2]. »

Or ces collections étaient bien maigres et disparates, et Suzanne Tardieu qui, dès 1941, avait repris la tâche d'inventaire après Agnès Humbert et Louis Dumont en

---

1. Amn U 23 Atp, 20 juin 1941.
2. Archives Atp Mus. Rapport du 28 juin 1937, p. 10.

témoigne[1]. Une note du 15 mai 1937 dresse un bilan sévère et établit que, si certains faits folkloriques (tels que les traditions orales, les légendes) sont « assez bien connus, d'autres, par contre – et non des moindres, notamment tout l'ensemble de l'outillage rural traditionnel –, ont été presque entièrement négligés[2] ». Selon le rapport du 29 octobre 1937, le fonds se composait de quatre mille objets, « assez important pour garnir toutes ses galeries publiques ». Si l'on s'en tient aux seules collections du Met (fonds de l'ancien musée d'Ethnographie du Trocadéro), c'est là grossière affabulation. En effet jusqu'en 1936, les collections, souvent achetées chez des antiquaires, constituent un joyeux bric-à-brac. En clair, si les galeries avaient pu être ouvertes en 1937 ou 1938, Rivière aurait été bien en peine de les remplir.

Il existait en fait deux types de collections[3], les unes systématiques, les autres erratiques. Dans les premières, numérotées depuis l'année 1881 selon les directives de Rivière, chaque objet était rapporté à un mode d'acquisition particulier, achat ou don ; le nom du donateur ou de la personne auprès de qui il avait été acquis, et toutes les caractéristiques de l'objet ainsi que la littérature qui s'y rattachait figuraient à l'inventaire[4]. Ainsi fut fait pour environ quatre mille sept cents objets. Hormis quelques séries, comme les collections Bonnemère, Marignan ou Fiévet, ou encore une collection de poupées régionales, on trouve surtout des objets domestiques provenant de-ci, de-là, acquis par Armand Landrin le précédent conservateur, sans aucun souci de système. Une seconde

1. Entretien du 24 avril 2002.
2. Cette tâche sera confiée après la guerre à Mariel Jean Brunhes-Delamarre. Cf. Martine Segalen « Mariel Jean Brunhes-Delamarre, une œuvre entre ethnologie et géographie », *Ethnologie française*, 32, 3, 2002, p. 529-539.
3. Les informations concernant les collections entre 1881 et 1941 ont été relevées directement dans les cahiers d'inventaire du musée n° 1 à 11.
4. Type d'inventaire que Rivière élargira et systématisera et qui a servi à des dizaines de musées, jusqu'à l'informatisation des collections.

47

collection, ne comportant que deux numéros [1], au lieu des trois habituels, était constituée de plus de deux mille six cents pièces qui ne purent être rattachées à aucun ensemble spécifique, et à propos desquelles les informations manquaient. En dépit de leur importance numérique, les collections dont hérita le nouveau musée n'avaient évidemment pas de quoi nourrir l'ambitieux programme scientifique de Rivière.

C'est seulement à partir de 1937 que de véritables politiques de collectes s'organisèrent, soutenues par le système des acquisitions via la Réunion des musées nationaux [2]. Rivière fit acquérir des ensembles constitués par des folkloristes locaux. Et lorsque la Rmn ne pouvait financer les acquisitions souhaitées, il faisait intervenir ses riches amis mécènes, telles la vicomtesse de Noailles ou C. de Vésigné. Il fait ainsi collecter par Paul-Louis Duchartre tous les éléments d'un tour de potier, incluant les étapes de fabrication d'une statuette de saint Joseph, qu'il fit ensuite acquérir par David David-Weill [3], lequel, à son tour, en fit don au musée. De même, il chargea Guy Pison de recueillir une collection d'outils auprès

---

1. Le numéro qui identifie l'objet a pour préfixe 36.

2. Organisme créé en 1895, qui perçoit les droits d'entrée dans les musées et, à l'aide d'un budget propre, finance la réalisation des expositions (cf. chapitre 2, p. 59).

3. « De généreux donateurs » : article du *Figaro littéraire* du 9 mai 1953 signalant la mort de M. David-Weill, possesseur de la collection d'art prestigieuse et éclectique, dont les pièces données au musée des Atp. Archives Atp Mus. Expositions 1953 : dossier des dons David-Weill. Exposition au musée de l'Orangerie. Texte de Rivière pour le catalogue de l'expo : « M. D. David-Weill n'attendit pas que le musée des Arts et Traditions populaires fût fondé pour apporter au plus jeune des musées nationaux les marques de sa sollicitude. Ses goûts l'avaient toujours entraîné vers les chefs-d'œuvre de l'art. Mais les collections qu'il avait rassemblées dans sa demeure de Neuilly témoignent de l'éclectisme sans cesse plus étendu qui présidait à leur choix. Comme en témoignent aussi les objets d'art populaire dont il a enrichi nos collections. Art archaïque et art populaire, d'ailleurs ne sont-ils pas en affinité ? Les dons concernent principalement la poterie. D'autres domaines de l'art populaire y sont néanmoins représentés. M. David-Weill a aidé notre bibliothèque où maints ouvrages portent son nom en référence. Et sa générosité toujours discrète a facilité le fonctionnement et accru les résultats des missions ethnographiques organisées par notre musée » (coll. 38.12 et 48.39).

d'un forgeron de Nouan-le-Fuzelier (Loir-et-Cher) ; le spécialiste du Mâconnais Gabriel Jeanton acquit, pour le compte du musée, des collections de céramique et de poterie, d'artisanat (outillage de menuisier) et d'outils aratoires. De cette manière, l'enrichissement fut très rapide ; entre 1938 et 1940, les collections s'augmentèrent de mille objets. Suivant l'exemple stimulant du chef, tous les membres du musée et d'autres collègues périphériques y contribuèrent. Parmi les noms des donateurs, on relève ceux de Marcelle Bouteiller, Agnès Humbert, Louis Dumont, Paul-Louis Duchartre, Marcel Maget, Michel Leiris (qui donna au fonds Atp un empêche-téter)... Rivière n'avait pas son pareil pour faire entrer les objets dans le musée : ainsi, sur sa demande, Mme Schiaparelli, une des grandes créatrices de haute couture parisienne, donna un chapeau de catherinette fabriqué par ses ouvrières.

Par ailleurs, et selon une méthode qu'il systématisera par la suite, la fabrication des expositions constituait un excellent moyen d'enrichissement des collections.

Dans le dossier destiné à la vitrine de la mer par exemple, on trouve une lettre d'Agnès Humbert du 2 mai 1939 adressée à M. Goubert, président de la Fédération du syndicat des boucholeurs de la baie d'Aiguillon et de la Seudre. Elle le remercie pour l'envoi d'une brochure et lui écrit ceci : « Comme vous le supposez, notre musée, dont les collections sont déjà importantes (environ six mille pièces) est surtout redevable à la générosité des collectionneurs, artisans, paysans et chercheurs de toutes sortes qui veulent bien s'intéresser à notre effort. Je vous demande s'il vous serait possible, outre la documentation, très précieuse pour nous, sur la pêche des moules, de nous donner ou faire donner des costumes traditionnels de pêcheurs ou pêcheuses, paniers, instruments ou outils touchant de près ou de loin à la pêche. Inutile de vous dire que nous ne nous intéresserons qu'aux objets ayant un vrai caractère folklorique. »

Développer les réseaux avec les associations folkloriques, mais aussi les associations et syndicats d'artisans, constituait un bon moyen d'enrichir les collections. Une note circulaire du 15 mai 1937 devait être adressée à toutes sortes d'organismes dans ces termes : « Permettez-moi de vous apporter le message du département et musée national des Arts et Traditions populaires ; cette nouvelle institution rassemble dès à présent une importante documentation sur l'art de nos artisans, non seulement dans un dessein scientifique, mais aussi pour aider à maintenir les traditions artisanales et à mieux faire connaître, en France et à l'étranger, les œuvres des artisans des terroirs français. J'espère que vous voudrez bien entretenir avec notre département des relations amicales et faire bon accueil aux sollicitations qui vous seront adressées par nous ou de notre part. Veuillez agréer, etc. Signé : Rivière. »

L'examen des collections présentes donne donc à penser que les programmes muséographiques établis avant guerre relevaient d'une stratégie de bluff, destinée à obtenir les financements nécessaires au projet, mais aussi à servir de trame pour les enquêtes à réaliser et les collectes à conduire. L'échec du projet de musée au Trocadéro va renforcer la volonté de Rivière d'en conduire un autre, bien plus important. L'extraordinaire enrichissement scientifique du musée pendant la guerre le confortera dans ce dessein.

2

Les années de guerre :
« L'ethnographie folklorique fait ses conserves »

La guerre aurait pu interrompre l'élan d'une institution qui n'avait pas encore fait ses preuves, en dépit de l'extraordinaire vivacité intellectuelle et de l'activité scientifique déployées au cours des trois années qui suivirent sa fondation. Or, en raison de la forte continuité idéologique entre le Front populaire et Vichy, en matière de culture, soulignée par Pascal Ory[1], le musée put continuer de se développer, en menant une série de recherches qui étaient en résonance avec la politique maréchaliste. Le folklore, qui puise une partie de sa sève dans les mouvements régionalistes, fut certes célébré par le Front populaire, mais Vichy en fit un de ses emblèmes, un outil de la restauration morale de la France. Et l'étude du folklore, avant guerre au service de la science, devint dès lors objet de manipulations politiques, au service de l'idéologie du régime. Le devenir de la maison mère, le musée de l'Homme, ayant fait le choix de la Résistance, fut évidemment tout différent.

---

1. Pascal Ory, « Georges Henri Rivière, fondateur du musée national des Arts et Traditions populaires », in *La Muséologie selon Georges Henri Rivière*, Paris, Dunod, 1989, p. 59-60.

Continuités

Certes le Front populaire avait davantage souligné la vocation pédagogique du musée et la mise en valeur de la culture populaire, mais le folklore ne lui était point étranger. Florence Weber rappelle que « les positions prises pendant et après la guerre s'enracinent dans l'entre-deux-guerres : d'un côté, le souci de la science – avec ses naïvetés et ses tâtonnements – est à l'origine même des travaux entamés par la commission des Recherches collectives en 1935 et ne peut donc être rapporté à un "remords politique" inexistant à cette date ; de l'autre, le régionalisme[1], loin d'être une création de Vichy, est républicain : la propagande vichyste par le folklore est une "réappropriation" réactionnaire et anti-républicaine des mouvements régionalistes républicains d'avant guerre et une reprise de leur utilisation spectaculaire du "folklore", déjà critiquée dès 1925 par certains "savants" – érudits locaux, historiens, folkloristes[2]. »

On peut mesurer cette continuité en comparant, par exemple, la place du folklore en 1937 et en 1941. Tout en se plaçant souvent sous les auspices des loisirs populaires, l'Exposition internationale de 1937 a également célébré le folklore, comme en atteste cet article du journal *L'Aube*, sous la plume de Marguerite Henry-Rosier, du 30 novembre 1937 : « L'Exposition a servi le folklore, puisque des rondes ont été dansées, des musiques traditionnelles chantées. » Celles-ci étant exécutées par des groupes folkloriques dont l'authenticité des costumes n'était pas garantie, l'auteur s'exclame : « Qu'importe !

---

1. Anne-Marie Thiesse, « Régionalisme et ambiguïtés vichystes. La revue *Terre natale* », *La Revue des revues*, 24, 1997 : « Les Revues sous l'Occupation », p. 121-129.

2. Florence Weber, « Le folklore, l'histoire et l'État en France (1937-1945). Note sur quelques publications récentes », *Revue de synthèse*, 3-4, juillet-décembre 2000, p. 453-467.

C'est quand même la province française qui s'est réveillée, s'est souvenue, s'est cherchée ! Elle a pris conscience de sa vie propre et commence à avoir l'orgueil de son sol et de son clocher. »

Certains considérants de la commission nationale des Arts et Traditions populaires mise en place au ministère de l'Éducation nationale en 1938, notamment le point 3, « répandre le goût et la pratique de la musique, des chants et des danses etc. », allaient dans le même sens. La parenté est si évidente que Rivière demandait en décembre 1942 la création d'une commission nationale du Folklore en faisant valoir que « l'objet essentiel de l'ancienne commission est resté sensiblement celui de la nouvelle : coordonner et développer l'étude scientifique du folklore français et étudier toutes mesures propres à en assurer la conservation, la préservation et la rénovation[1] ».

Un projet de décret était en préparation en novembre 1943, avec les mêmes protagonistes qu'en 1938 : Lucien Febvre, président de la première section dite d'ethnographie folklorique, le directeur des musées nationaux, président de la deuxième, dite de muséographie folklorique, et Jean Charles-Brun à la troisième, dite de préservation et rénovation du folklore.

Le nouveau conservateur s'était engagé personnellement dès 1937 dans le mouvement du folklore. Des photos le montrent en tête d'un défilé d'un groupe folklorique de Romenay-en-Bresse ; il soutint des manifestations analogues en Provence, comme leur promotion en dehors de la France ; à l'occasion de la fête de l'Union nationale du 14 juillet 1939, il est noté que « le musée a fait rallumer plusieurs centaines de feux de la Saint-Jean[2] », etc.

Ce soutien du jeune musée au mouvement folklorique lui donna une légitimité et une visibilité nationales. Un rapport du 27 novembre 1939 soulignait combien

---

1. Amn U 32 Atp, 10 décembre 1942.
2. Archives Atp Mus. Rapport du 27 novembre 1939, p. 4.

celui-ci avait « joué en 1939 un rôle de tout premier plan dans le retour aux traditions et le renouveau folklorique dont la guerre n'a[vait] pas interrompu le développement ». C'était six mois avant le régime maréchaliste.

Se saisissant de l'adéquation entre le folklore, le domaine du musée et l'idéologie qui allait être celle du gouvernement de Vichy, Rivière comptait ainsi maintenir son établissement en activité. Dès la fin de 1939, dans ses divers rapports, il faisait état de multiples activités, comme pour effacer la perturbation liée au conflit. Mais surtout, il soulignait les efforts réalisés pour s'inscrire dans la nouvelle doctrine : « Une série de dix conférences radiophoniques consacrées aux traditions de France et de Grande-Bretagne est organisée sur l'initiative du musée et donnée au poste Radio-Paris. L'assemblée permanente des présidents des chambres d'agriculture a chargé le musée de préparer un numéro de folklore paysan, intitulé "Le paysan français dans la guerre". Une quarantaine des meilleurs écrivains régionaux y contribuent par des articles. Enfin M. le Directeur général des Beaux-Arts a confié au musée la préparation d'une section du théâtre aux armées : la tradition française. »

Le rapport se clôturait sur cette formule : « La guerre ne brisera pas l'essor du musée, dont le but est de mettre en valeur et d'illustrer les traditions et les arts du peuple français[1]. » Justement, l'Office de documentation folklorique, brièvement fermé à la déclaration de guerre, rouvrit dès septembre afin de servir « la propagande française »[2].

Florence Weber analyse bien l'alternative devant laquelle furent placés les universitaires ou conservateurs de musée après la « drôle de guerre » : « Le régime de Vichy oblige les universitaires attachés à la République à un choix radical entre leurs convictions scientifiques

---

1. *Ibid.*, p. 5-6.
2. Amn U 2 Atp, 30 septembre 1939.

– qui les poussent à continuer leur entreprise coûte que coûte – et leurs convictions politiques – qui les poussent à refuser leurs nouvelles conditions de travail. Il faut remarquer que ce choix, douloureux sur le coup et potentiellement lourd de conséquences après la guerre, a été évité à ceux d'entre eux qui avaient été privés par les circonstances de leurs moyens de travailler (Juifs, étrangers, prisonniers de guerre) [1]. »

Revenant sur ce choix, Marcel Maget, qui travaillait aux côtés de Rivière, le résume ainsi : « Que faire ? Soit se résigner à faire du folklore en chambre et à moudre de la théorie à l'ombre des bibliothèques en berne ; soit accepter, avec le minimum de révérence dû à tout pouvoir en place, les moyens de contribuer à un accomplissement partiel du programme d'urgence : le directeur du Mnatp [Rivière], dont plusieurs collaborateurs sont prisonniers de guerre, prend les risques de la deuxième solution [2]. »

Un instrument au service de la science

C'est aussi, d'une certaine manière, l'option prise, au nom de la « science », par Lucien Febvre décidant de continuer la publication des *Annales*. Résumant le débat devenu polémique autour des positions de Marc Bloch et de Lucien Febvre [3], Peter Schöttler écrit : « Devait-on, pouvait-on continuer les *Annales* en 1940-1941 – ou bien le prix à payer était-il trop élevé [4] ? » C'est à cette même question

---

1. Florence Weber, « Le folklore, l'histoire et l'État en France (1937-1945). Note sur quelques publications récentes », *Revue de synthèse*, 3-4, juillet-décembre 2000, p. 458-459.

2. Marcel Maget, « À propos du musée des Atp de sa création à la Libération (1935-1944) », *Genèses Sciences sociales et histoire*, 10, janvier 1993, p. 90-107, p. 95.

3. Bien qu'il fût dispensé de ses obligations militaires, Marc Bloch, à cinquante-trois ans, est mobilisé sur sa demande comme capitaine d'état-major. Engagé par la suite dans la Résistance, il est arrêté et torturé par la Gestapo, puis fusillé le 16 juin 1944.

4. Peter Schöttler, « Marc Bloch et Lucien Febvre face à l'Allemagne nazie », *Genèses Sciences sociales et histoire*, 21, décembre 1995, « Le nazisme et les savants », p. 95.

qu'avaient dû répondre les animateurs du tout jeune musée des Arts et Traditions populaires : « Devait-on, pouvait-on continuer à inventer l'ethnographie française en 1940-1941 – ou bien le prix à payer était-il trop élevé ? »

Tout comme la revue des *Annales* pour Bloch et Febvre, l'entreprise scientifique des Atp représentait pour ses protagonistes beaucoup plus que leurs intérêts personnels ou leurs soucis de carrière. Une véritable « passion de la science » les animait – il nous faut prendre au sérieux leurs déclarations sur ce point. En 1938, l'idéal scientifique et l'idéal républicain n'étaient pas encore incompatibles. Voici comment Lucien Febvre, le 25 janvier 1938, présentait à la radio l'entreprise des Atp et la nouvelle direction prise par les études folkloriques : « Le passé s'en va. Le passé nous quitte avec une vitesse folle. Tous à l'œuvre pour en sauver du moins le souvenir ! Vous qui m'écoutez, vous que je ne vois point, que mon appel, que l'appel onze fois répété que vous allez entendre tous les mardis vous ébranle, vous émeuve dans votre piété filiale pour ceux qui revivent en vous à votre insu. Aidez-nous. Aidez, ce sera mon dernier mot, ceux qui en créant le musée des Atp, ceux qui, en promouvant chez nous les études folkloriques, sauvent tout à la fois les titres de noblesse et de notre pays et de l'Humanité [1]. » Bref, si, comme l'a souligné Pascal Ory dans la préface à l'ouvrage consacré par Christian Faure au « projet culturel de Vichy », Rivière « mit avec aisance ses talents d'animation et de relations publiques au service du nouveau régime [2] », c'est bien au nom de la science qui doit opportunément servir le devenir d'une institution encore fragile.

D'autres évidemment feront des choix radicalement opposés, telle Agnès Humbert (première assistante de Rivière) qui, revenant aux Atp en août 1940, constatait

1. Catherine Velay-Vallantin, « Le Congrès international de folklore de 1937 », *Annales Histoire et Sciences sociales*, mars-avril 1999, citant Lucien Febvre, 1938, p. 506.
2. Christian Faure, *Le Projet culturel de Vichy*, Presses Universitaires de Lyon et Éditions du Cnrs, 1989, p. 9.

indignée : « Au portillon du palais de Chaillot, un écriteau indique que l'entrée du musée est gratuite pour les soldats allemands. La bibliothèque du Matp a déjà été modifiée et expurgée. Le livre *Morceaux choisis* de Lévy-Bruhl, qui portait une dédicace de la main même du maître, s'est vu mutiler de sa page de garde. Un volume nouveau d'un certain Montandon sur les races a pris place non loin des ouvrages de Lévy-Bruhl, et les auteurs allemands sont déjà sur tous les rayons. La très belle et intéressante série de photographies des grèves de 36 a disparu, ainsi que toute trace de documentation muséographique provenant d'Urss [1]. »

Avec le recul, Daniel Fabre invoquant le « ni blanc ni noir » de Primo Levi trace un portrait nuancé des attitudes à l'égard de la science et du pouvoir des principaux protagonistes de cette histoire. Il souligne le contraste entre l'ardent militantisme politique, « tout d'une pièce, pourrait-on dire », de Paul Rivet directeur du musée de l'Homme et d'Agnès Humbert, et la gamme des positions présentes aux Atp : l'« accord de Varagnac, plein et entier » au régime (p. 374) ; le « scepticisme politique qui va avec une déférence de surface à l'égard de tout pouvoir » (p. 375) de Rivière qui, au fond, « n'a pas plus donné à Vichy qu'il n'a réellement donné au Front populaire » (p. 376) ; le modernisme architectural de Guy Pison, devenu l'un des enquêteurs permanents des Atp chargé du chantier sur l'architecture rurale ; et enfin le souci de Marcel Maget « scrupuleux observateur des pratiques sociales » et un « héraut de la description », pour la « science » (p. 375) [2] ».

1. Agnès Humbert, *Notre guerre. Souvenirs de Résistance. Paris 1940-1941*, Paris, Tallandier, 1946, p. 9, citée par Nina Gorgus, *Le Magicien des vitrines*, Paris, éditions de la Maison des sciences de l'homme, 2003, p. 121-123. Nouvelle édition Paris, Taillandier, 2004.

2. Daniel Fabre, « L'ethnologie française à la croisée des engagements (1940-1945) », in Jean-Yves Boursier (coord.), *Résistants et Résistance*, Paris, L'Harmattan, 1998, p. 319-400.

Le fait est que Rivière tient tant à son projet qu'il ne va pas hésiter – contrairement à d'autres, et particulièrement l'équipe du musée de l'Homme dont il est issu mais qui va s'engager dans la Résistance – à prendre sa part auprès du gouvernement de Vichy, afin de faire avancer sa jeune institution qu'il ne veut pas voir disparaître avant que d'avoir vécu. Mais ce n'est pas par conviction politique. Il s'était servi du Front populaire, il se servira de Vichy avec lequel il cessera son flirt en 1943 : toute son attitude démontre son opportunisme.

Le nouveau statut du musée

Une nouvelle légitimité lui est donnée dans le cadre de la loi du 10 août 1941 qui réorganise les musées nationaux et y rattache organiquement le musée national des Arts et Traditions populaires. Ainsi en l'espace de quatre ans, Rivière a réussi à transformer son « département » dont la mention disparaît définitivement en un musée dont la vocation scientifique est confortée par l'institution à l'École du Louvre d'une chaire d'histoire des arts et traditions populaires.

Décision lourde de conséquences, répétons-le, et doublement : d'une part, elle signe la rupture définitive avec le musée de l'Homme, dépendant, lui, de la direction de l'Enseignement supérieur ; d'autre part, elle inscrit un musée d'ethnographie dans une institution que dominent les Beaux-Arts. Pourtant, en 1941, un rapprochement était envisagé entre l'institution fille et sa mère, en excluant les collections de sciences naturelles. Le directeur des musées nationaux estimait que « Le musée d'ethnographie ainsi rétabli à son rang et rendu à son véritable objet peut être appelé à jouer un rôle de grande importance dans l'activité nationale et notamment dans le développement de l'empire français, ainsi que l'expose pertinemment la claire notice ci-jointe rédigée par le sous-directeur actuel du musée, Marcel Griaule[1] ».

---

1. Amn U 19 Atp, 19 novembre 1941.

Mais ce projet, révélateur de l'usage politique des collections ethnographiques, n'aboutit point.

D'un point de vue institutionnel, être un musée « national » insère dans un carcan administratif très serré, la gestion ayant été longtemps centralisée entre les mains de la direction des musées nationaux qui deviendra direction des musées de France – Dmf – en 1945. Les musées sont assimilés à de simples services administratifs, sans aucune autonomie dans le domaine du budget ou de la gestion du personnel, ceux-ci dépendant de la fonction publique. Le musée national est également lié organiquement à la Réunion des musées nationaux – Rmn –, créée en 1895, qui perçoit les droits d'entrée et, à l'aide d'un budget propre, finance la réalisation des expositions et les activités commerciales, comme la production des catalogues[1]. Les conservateurs successifs souffriront de la lourdeur de cette tutelle interdisant toute gestion directe.

LES ACTIVITÉS VICHYSTES : DE L'EXALTATION DE LA NATION À L'INVENTION DE L'ETHNOGRAPHIE

Mû par le projet de faire de son musée une grande institution, Rivière a traversé les années de guerre avec la prudence du caméléon. Si, dans les années 1941-1942, il a instrumentalisé la propagande vichyste et lui a fait largement écho, dès 1943, vraisemblablement sous l'influence de Marcel Maget, il s'est engagé dans une nouvelle voie : faire de son musée un lieu de science. C'est bien la « science » qu'invoque en effet Rivière dans une lettre à son ancien chef de service, Paul Rivet, directeur du musée de l'Homme, le 18 octobre 1944 : « J'ai

---

1. Jacques Sallois, *Les Musées de France*, Paris, PUF, Que sais-je, 1998, p. 11. La Rmn sera transformée en Épic, Établissement public à vocation industrielle et commerciale, en 1991.

suivi, ce me semble, votre grand conseil : faire de la science[1]. » Mais c'est bien dans le cadre de l'entreprise vichyste de refondation de la France qu'il en a trouvé les moyens. Car l'opportunisme de Rivière, souligné par tous ceux qui l'ont côtoyé, ne pouvait que mettre au service de son grand projet l'idéologie culturelle de Vichy.

L'institution qui avait démarré très fort, dès sa création – on a vu sa vitalité dans le domaine des recherches et des expositions – trouva ainsi rapidement un second souffle dans le cadre de l'État français, alors que les espoirs de voir un musée d'exposition s'ouvrir semblaient s'être effondrés avec la déclaration de guerre. De galerie d'exposition à Chaillot, il n'en était certes pas question pour lors[2], mais d'activité scientifique oui. Christian Faure observe que « c'est dans l'État français que le musée national des Atp trouve son interlocuteur privilégié pour mettre en œuvre un programme de recherche, puisque celui-ci va lui donner les moyens de réaliser de vastes enquêtes de terrain placées sous la tutelle de différents ministères[3] ».

Au service de la propagande

L'adhésion au projet vichyste est immédiate, jusqu'à l'usage caricatural d'un vocabulaire jusqu'ici absent. « Relever la jeunesse française », « renouveler l'artisanat national », « célébrer le travail sain », « rénover la mentalité de la France et ranimer les goûts pour l'art authentique », etc. Toute cette rhétorique – inspirée par le

---

1. Lettre publiée par Jean Jamin, *Gradhiva*, 1, automne 1986, p. 27, citée par Daniel Fabre, « L'ethnologie française à la croisée des engagements (1940-1945) », in Jean-Yves Boursier (coord.), *Résistants et Résistance*, Paris, L'Harmattan, 1998, p. 319-400, p. 371.
2. Amn U 2 Atp. Dans une note du 11 mai 1942, on voit cependant que Rivière continue de réclamer des vitrines.
3. Christian Faure, *Le Projet culturel de Vichy*, Presses Universitaires de Lyon et Éditions du Cnrs, 1989, p. 32.

vocabulaire maréchaliste – est nouvelle et abondamment employée dans les textes qui accompagnent les expositions temporaires préparées par Georges Henri Rivière, André Varagnac et Marcel Maget, dès l'année 1940.

En témoigne par exemple cette note datée du 1er novembre 1940 et intitulée : « Point de vue de deux folkloristes relativement aux activités artisanales dans les chantiers de jeunesse et les camps de compagnons[1] », dans laquelle Georges Henri Rivière et Pierre-Louis Duchartre énumèrent les activités artisanales auxquelles la « jeunesse » pourrait se consacrer, tels le filage de la laine, la chaiserie ou les métiers du bois. Ils suggèrent aussi diverses pistes pour enseigner aux compagnons les beautés de l'esthétique populaire, ce qui permettrait d'en faire des folkloristes en herbe, qui pourraient ensuite collecter de quoi enrichir le musée de terroir le plus proche.

Dans ce vaste programme mettant le folklore au service de la rédemption de la jeunesse est inventé un véritable « folklore du camp » : la cohésion, l'esprit de corps seront favorisés par l'adoption d'emblèmes et de cérémonies qui caractérisent toute structure sociale vigoureuse. De plus, on développera la culture générale par l'étude et la pratique des traditions orales (contes, légendes, chant, danse, musique) de la région ; ainsi un camp du Bourbonnais devra avoir un groupe de vielleurs. En janvier 1942, à la suggestion de Varagnac, Rivière encouragea même Maget à se rapprocher du groupe « Jeune France »[2].

Faute de galerie d'exposition, le musée proposait de mettre son activité au service des actions culturelles inspirées de la Révolution nationale, hors les murs. L'imagerie populaire se prêtait particulièrement bien à ce type de propagande en associant à une référence chrétienne très appuyée le renouveau des traditions ; une telle

---

1. Archives Atp Mus.
2. Amn U 2 Atp, janvier 1942.

exposition, écrivait Rivière, « pourrait avoir le plus grand succès : la jeunesse y serait conduite, les artisans et les paysans y retrouveraient l'écho de leurs plus belles traditions et les artistes rafraîchiraient leur inspiration à la meilleure source ».

Le 6 mai 1941, le musée participa au deuxième Salon de l'imagerie, organisé au musée Galliera, en proposant une exposition sur « Les saints patrons du travail ». L'exhortation de Rivière faisait écho à la propagande pour la reconstruction des savoirs populaires : « Les artistes qui s'orientent vers l'imagerie corporative – tâche opportune et haute en un temps où naissent de nouvelles formes sociales – devront s'informer des traditions propres aux métiers et aux lieux ; recherche souvent subtile, où ils se feront aider d'historiens et de folkloristes. Parfois, il leur faudra innover : qu'ils le fassent avec l'approbation des autorités spirituelles. Mais ils garderont toujours le plus étroit contact avec les artisans eux-mêmes.

« Et maintenant, à l'ouvrage. Que dans chaque atelier, dans chaque boutique, dans chaque foyer d'artisan paraisse la sainte image du métier. Et puissions-nous revoir sans trop attendre, œuvre des jeunes imagiers de Provence et signe d'une France apaisée et réconfortée, les drapelets qui pavoisent la charrette ramée, aux joyeuses fêtes de la Saint-Éloi d'été[1] » !

À l'occasion de cette exposition dont le projet se voulait avant tout pédagogique, fut organisé un concours primé du portrait du maréchal Pétain. Les termes employés par l'organisateur, M. Paul Lavalley, étaient bien dans l'esprit nouveau : « Il me semble que depuis pas mal de temps on ne savait plus en France toucher le peuple d'une manière à la fois simple et artistique ; voilà pourquoi au moment où il est si urgent de rénover la mentalité française, l'imagerie nous paraît un véhicule

---

1. Archives Atp Mus, 6 mai 1941.

tout indiqué pour instruire les enfants. Cette nouvelle iconographie leur apprendra, en les amusant, les gloires de la région où ils sont nés, les richesses du sol de France, ses ressources économiques, ses traditions. Cela, sans perdre naturellement de vue l'éducation artistique de la masse. Le Maréchal a offert dix mille francs de prix pour une effigie populaire de lui accompagnée des épisodes les plus typiques de sa vie [1]. »

Une seconde thématique de l'État national – mais déjà présente avant la guerre dans l'exposition du musée de terroir de Romenay – concernait la relance de l'artisanat populaire. Les « métiers traditionnels », troisième pivot de la trilogie vichyste, aux côtés de la famille et des provinces ! La première exposition « Traditions et renouveau », ouverte le 1er mai 1941 – organisée par la Société coopérative des artisans du Loiret sous la direction de Pierre-Louis Duchartre [2] –, était porteuse du même message : « L'artisanat n'est pas mort : cette exposition doit le démontrer. »

La rénovation de l'artisanat n'est toutefois pas passéiste ; il lui faut se régénérer dans un sens « moderne » avec l'aide des artistes, folkloristes, hommes de métiers. Le musée compense ainsi la non-ouverture de ses salles par une grande activité extérieure : « participation aux expositions du service de l'artisanat (en 1942 Orléans, Angers, Caen, Reims, Rennes, Beauvais, Paris), rétrospectives du Salon de l'imagerie, relations avec les musées régionaux, les sociétés savantes de province, les groupes de folklore, le ministère de l'Agriculture (comité national Olivier-de-Serres, société d'histoire de l'agriculture, commémoration de Sully, etc.) [3]. »

---

1. *Voix françaises*, Bordeaux, article de Jean Fougère, 2 mai 1941.
2. Qui occupe alors les fonctions de chargé de recherches du Centre national de la recherche scientifique, chargé de mission des musées nationaux et à la Reconstruction immobilière, chargé d'études au service de l'Artisanat et à la Production industrielle.
3. Georges Henri Rivière, « Le folklore paysan. Notes de doctrine et d'action », *Études agricoles d'économie corporative*, n° 4, octobre-novembre-décembre 1942, p. 300.

La propagande consiste à redonner le goût de ce qu'ils font aux artisans (par exemple les potiers de La Borne) mais aussi à encourager les « artistes-artisans » : « Nous voulons les mettre en honneur en les encourageant par des commandes. Nous désirons aussi que soient connues les grandes familles d'artisans aimant leur métier et qui en ont le respect. Malheureusement, il y a trop de difficultés à surmonter. Trop d'artisans manquent quelque peu de goût, car on ne peut demander à tous les artisans d'être des créateurs, ces derniers sont très rares et de nombreux artisans se bornent à faire des copies d'objets faits industriellement, ce qui est la négation même de l'artisanat. Contrairement à ce que certains peuvent croire, il existe en effet un mobilier régional. Un vaisselier destiné à mettre en valeur de jolies faïences n'est-il pas plus beau que d'horribles meubles dits "modernes", sortant en grande série de nos usines ? Notre plan consiste en définitive à rechercher le style régional et à le réaliser ensuite. Les modèles de meubles ainsi trouvés seront donnés à exécuter aux artisans qui auront toute latitude, d'ailleurs, s'ils ont de bonnes idées, de les appliquer. Les prototypes ainsi réalisés leur seront payés[1]. »

La participation du musée à la foire de Rennes de mars 1942, sous la forme d'une exposition sur « Les arts du bois dans la tradition bretonne », marque le moment le plus fort de l'adhésion à l'idéologie vichyste. L'article paru à ce propos dans *La Bretagne* en témoigne éloquemment : « L'artisan breton des siècles passés possédait les qualités techniques, le goût et la conscience professionnelle à un degré très élevé[...] La prochaine foire-exposition de Rennes offrira aux artisans bretons l'occasion de faire admirer leur vitalité et la perfection de leur travail, puisqu'une section spéciale leur sera réservée [...] Faut-il ajouter qu'un immense espoir est permis aux artisans bretons qui vont se trouver demain,

---

1. Archives Atp Mus., 1942.

de même que toute la province, en flèche d'un élan vers le renouveau et le salut ? Leurs qualités seront reconnues et mises en valeur. Leur production ne sera plus frappée d'infériorité. Leur métier sera honoré.

« Le Maréchal n'a-t-il pas dit en effet : "Il n'est pas moins noble et pas moins profitable même pour l'esprit, de manier l'outil que de tenir la plume, et de connaître à fond un métier que d'avoir sur toutes choses des clartés superficielles" ? Les artisans bretons doivent faire confiance à l'homme providentiel qui a promis la résurrection de la province de Bretagne [1]. » Sur le mur du fond du vestibule de l'exposition figurait, à côté des armes de la Bretagne, un portrait du Maréchal avec cette mention : « Je veux faire revivre en même temps que les anciennes provinces leurs traditions séculaires. »

Fin 1942, le musée a bien perçu tous les avantages que lui offrait son positionnement dans le nouveau contexte politique, à tel point que, dans le rapport du 10 décembre 1942, un paragraphe intitulé : « L'avenir du musée » se réfère clairement « aux conditions nouvelles créées par le fonctionnement de la commission nationale de Folklore ». À ce titre, Rivière proposait d'ailleurs un changement de dénomination, « laquelle est trop longue et quelque peu impropre », pour lui substituer la dénomination de « musée de Folklore français » [2].

Dès 1943, toutefois, une intense activité de recherche allait succéder aux expositions magnifiant l'artisanat. Rivière et son équipe mirent alors une sourdine à l'hagiographie maréchaliste du paysan et de ses coutumes pour s'orienter vers un projet scientifique. Cela fut rendu possible par les Chantiers intellectuels qui donnèrent un réel coup d'envoi à l'activité du « laboratoire ».

1. André Rouault, *La Bretagne*, 1er-2 mars 1942.
2. Archives Atp Mus. Rapport du 10 décembre 1942.

Les chantiers intellectuels

Marcel Maget fut nommé directeur du service de civilisation paysanne créé en octobre 1941 par la Corporation paysanne (cf. annexe III) [1]. Ce syndicat corporatiste, fondé dès le 2 décembre 1940, devait contribuer à la rénovation de la société par celle de la paysannerie française. René Rémond souligne que, « de toutes les réformes conçues par l'État français, c'est sans doute celle qui exprime le plus exactement l'inspiration de la Révolution nationale comme l'ambition du maréchal Pétain de reconstruire la France sur des fondements traditionnels [2] ». Ce service fut à l'origine des enquêtes lancées dans le cadre des chantiers intellectuels et artistiques. Enquêtes qui concernèrent respectivement l'habitat rural, le mobilier traditionnel et les techniques artisanales traditionnelles.

Bien entendu, le prix à payer était le respect des règles en vigueur, notamment en ce qui concernait la question de l'identité juive des enquêteurs. Ainsi, dans le dossier des « Chantiers » [3], le questionnaire servant au recrutement des enquêteurs comporte les questions suivantes : « Enquête sur la situation de famille, question 12 : avez-vous des grands-parents juifs ? ; question 13 : si oui, en indiquer le nombre ; question 14 : votre conjoint est-il juif ? » Et dans le même groupe de questions : « Avez-vous appartenu à l'une des sociétés secrètes définies par la loi du 13 août 1940 ? » Le vocabulaire lui-même empruntait à l'idéologie ambiante du labeur : un « chantier » est un lieu où s'amassent des matériaux ; ceux qui

---

1. Florence Weber, « Marcel Maget et le service du Folklore paysan de la Corporation paysanne (1937-1944), in *Du folklore à l'ethnologie. Institutions, idées en France et en Europe de 1936 à 1945*, Paris, éditions de la Maison des sciences de l'homme, à paraître.
2. René Rémond, in I. Boussard, *Vichy et la Corporation paysanne*, Paris, Presses de la Fondation nationale des sciences politiques, 1980, p. 11.
3. Archives Atp Mus., tiroir 53, carton « Généralités ».

y travaillent sont des « équipiers », ce qui soulignait l'aspect coopératif de l'entreprise.

Le 15 avril 1941 fut créé le chantier 909 concernant le mobilier traditionnel. Il s'agissait d'en étudier le style, les formes, les outils et techniques de fabrication ; une note rapporte les conditions de l'enquête sur le mode héroïque : « Une vingtaine de jeunes techniciens sortant de l'École Boulle, des Arts appliqués, etc., sont partis pour étudier sur place le mobilier populaire traditionnel. Introduits par la Corporation nationale paysanne qui s'intéresse vivement à leurs recherches, ils vont de logis en logis, de ferme en ferme, faisant le relevé de meubles datant parfois de plusieurs siècles, témoignage du savoir-faire des menuisiers ruraux d'autrefois.

« Dans les circonstances actuelles, ce n'est pas une petite affaire. Bravant le froid, la pluie, luttant contre les kilomètres avec pour seule arme une bicyclette ou leurs jambes, souffrant des difficultés du ravitaillement, ils sillonnent les campagnes avec une persévérance digne d'éloges. » En 1943, ce premier chantier comptait trente-cinq équipiers (techniciens des arts appliqués).

Le chantier 1425, créé le 28 octobre 1941, est sans conteste le plus célèbre dans l'histoire du musée, en raison de sa postérité politique et scientifique. Une quarantaine de jeunes architectes travaillèrent sous les auspices de la délégation générale à l'Équipement national[1] pour étudier l'architecture rurale. Quant au chantier 1810, créé le 1er novembre 1942, il comportait quatorze équipiers (ethnographes, techniciens, artistes) pour l'étude des techniques artisanales (poterie, charronnage). Pour ces trois chantiers, les responsables dotèrent les équipes d'instructions très précises, afin de constituer un matériau de recherche homogène ; les

---

1. Avec pour directeur technique Urbain Cassan et pour directeurs scientifiques Pierre-Louis Duchartre et le conservateur.

questionnaires étaient standardisés et tous les itinérants devaient tenir quotidiennement un journal de route.

Enfin, un quatrième chantier, numéroté 1187, permit de pallier la pénurie de personnel qui grevait dangereusement le décollage du jeune musée : créé le 9 juillet 1941, il comportait sous la responsabilité du conservateur huit « équipiers » chargés de la poursuite de l'inventaire des collections et de la documentation produite par les chantiers de recherche. Travail indispensable, compte tenu de l'enrichissement rapide des collections.

Chaque année, il fallait justifier la poursuite du chantier 1187 et Marcel Maget s'y employait : « Revues et journaux se sont accumulés, ainsi que les livres ; huit mille clichés concernant l'habitation, les techniques rurales et artisanales, le costume... sont à enregistrer et monter, faute de quoi ils demeurent inaccessibles ; six mille objets : outils, objets d'art populaire, costumes, attendent l'enregistrement définitif qui les rendra utilisables [...] Les chercheurs, les savants qui ont milité pour la création de ce musée demandent que soit rendu utilisable cet instrument de travail si attendu. Mais ce sont aussi les artisans et les paysans qui veulent y trouver le moyen de mieux connaître leur passé, leur histoire et leurs traditions ; les techniciens chargés de la reconstruction des régions dévastées qui se tournent vers lui pour lui demander des indications sur les valeurs traditionnelles du patrimoine national ; enfin les organisations de jeunesse viennent y chercher des chansons, des danses pour éclairer les lourdes tâches qui les attendent[1]. » Le chantier porta d'ailleurs rapidement ses fruits : « Quatorze mille documents photographiques sont utilisables. Les objets d'art populaire, revenus d'exil[2], sont sortis de leurs caisses, nettoyés et remis sur les rayons où ils reprennent leur vie et leur signification humaine. »

---

1. Archives Atp Mus. Document du 10 février 1942.
2. Allusion au déménagement temporaire des collections au début de la guerre.

Tout en poursuivant ce travail de fond ainsi que le catalogage de la bibliothèque, les membres de l'équipe se formaient au folklore qui, désormais, connaît un glissement sémantique vers l'« ethnographie », notamment dans les cours que professait Rivière, de sa chaire du même nom, chaque vendredi à l'École du Louvre. Très vite, le rendement intellectuel de ces enquêtes s'avéra considérable, et comme le soulignait, non sans lyrisme, une note de mai 1943 : « Malgré les difficultés de toutes sortes et grâce à l'énergie des équipiers – tous animés d'une foi magnifique dans leur travail –, une œuvre immense s'est accomplie, dont l'ampleur insoupçonnée étonne ceux à qui elle est révélée : architectes, artistes, spécialistes de l'économie rurale, savants. Tout récemment, et en des termes presque identiques, M. Fliche, le doyen de la faculté des lettres de Montpellier, à l'occasion d'une réception officielle des équipiers du Sud, et M. Maunier, professeur à la faculté de droit, à l'issue d'une séance de la Société de folklore, qu'il préside, déclaraient qu'une forme nouvelle de la recherche scientifique était née, soutenue par une âme collective, et que les travaux qui leur étaient soumis dépassaient toute attente. »

De la recherche-action à la recherche pure

Pendant la guerre, et il en sera ainsi jusque dans les années 1960, la recherche était organisée essentiellement sous forme d'enquêtes collectives et extensives dont la doctrine avait été fixée notamment au cours du premier Congrès de folklore en 1938. Les enquêtes conduites dans le cadre des chantiers intellectuels correspondaient parfaitement à ces canons. Mais fidèle à ses intérêts pour le mouvement folklorique, l'invention de la recherche au musée n'était pas dissociée de l'action. Cela resta sensible jusqu'en 1943, au moment où le virage vers la recherche « pure » s'amorça, au détriment de l'« action » trop visiblement vichyste.

Afin de mener à bien cette double tâche, le musée développait des réseaux d'informateurs locaux dans chaque département, comme l'indique cette note du 3 juin 1942 : « Programme de recherche collective à l'intention des organismes départementaux », dont le principe est de reconstituer ou constituer :

a) Un comité de folklore scientifique (recherche pure) dont le président soit le correspondant principal du musée et le délégué régional de la Société du folklore français ;

b) Un comité d'action folklorique (applications) travaillant en liaison avec le musée et le comité de Folklore scientifique ;

c) Un réseau départemental de correspondants, rattaché au comité de folklore scientifique et composé principalement d'instituteurs éventuellement groupés en « associations traditionalistes » (formule Toulouse) ou « Société d'études locales » (formule Charente) [1]. »

En distinguant la « recherche pure » de ses « applications » – par exemple l'étude d'un costume régional et l'offre de documents à un groupe folklorique –, le musée développe une double vocation dont les ambiguïtés sont évidentes : être tout à la fois observateur et acteur culturel de ce qu'il observe. Cet ambitieux programme, exposé sous le titre : « Le folklore paysan. Notes de doctrine et d'action [2] », est si suggestif qu'il a fourni la trame de l'enquête de Christian Faure sur le « projet culturel de Vichy » [3].

Il s'agissait clairement de connaître pour agir dans le sens de la doctrine maréchaliste : « Pour que l'héritage culturel du paysan soit préservé en ce moment suprême

---

1. Archives Atp Mus.
2. « Le folklore paysan. Notes de doctrine et d'action », *Études agricoles d'économie corporative*, n° 4, octobre-novembre-décembre 1942, p. 291-316.
3. Christian Faure, *Le Projet culturel de Vichy*, Presses Universitaires de Lyon et Éditions du Cnrs, 1989.

et pour qu'il donne demain de nouveaux fruits, il faut discipliner les courants, épurer les intentions, fédérer les ardeurs et, pour cela, instituer une collaboration entre ceux qui agissent et ceux qui savent [...] À cet effet, le folklore paysan sera considéré sous trois aspects, selon qu'il intéresse :

a) l'ethnographie folklorique, qui en fait un objet de *recherche* ;

b) la muséographie folklorique, qui s'emploie à sa *conservation* ;

c) les cadres spirituels et sociaux de la paysanne-rie, qui s'intéressent à sa *préservation* et à sa *rénovation*[1]. »

Et l'article de tracer très en détail le contenu de ce programme, à commencer par la recherche folklorique, « sur le terrain » où le folkloriste œuvrera seul, ou bien par le biais d'enquêtes collectives avec correspondants locaux répondant aux questionnaires, ou encore par le biais d'enquêtes collectives conduites par des chargés de mission (référence aux chantiers sur l'architecture rurale et le mobilier). Quant à la muséographie fol-klorique, elle avait « pour but d'assurer la conservation des objets matériels, de l'architecture, des images et des sons légués par le folklore[2] ». Rivière prenait aussi la peine de distinguer la « conservation » du folklore de la « préservation » du folklore vivant, non sans s'inter-roger : « Préserver, donc isoler des phénomènes folklo-riques, n'est-ce pas les soustraire à la vie, les stériliser ? Les rénover, n'est-ce pas introduire dans le processus naturel de leur évolution des éléments d'artifice qui en altèrent définitivement les caractéristiques authenti-ques ? Problème difficile, qu'il faut attaquer avec pré-caution, sous peine d'achever le malade qu'on voulait sauver[3]. »

---

1. « Le folklore paysan. Notes de doctrine et d'action », *Études agricoles d'économie corporative*, n° 4, octobre-novembre-décembre 1942, p. 295.
2. *Ibid.*, p. 299.
3. *Ibid.*, p. 304.

Au fond, Rivière n'était ni un politicien engagé, ni un théoricien rigide de la culture paysanne ; opportuniste, certes, c'était un empirique ouvert aux exigences du réel. Il notait ainsi à propos de la maison : « Les maisons folkloriques adaptées au climat, reliées au sol par leurs matériaux, façonnées par les genres de vie et les traditions faisaient corps avec la nature tout en exprimant l'homme. Quelle figure font auprès d'elles les maisons construites à la campagne ou dans les petites villes depuis le Second Empire, avec la vulgarité de leurs matériaux industriels et leurs aspects apatrides [1] ? » Selon lui, pour construire de nouvelles habitations, il faudrait des architectes « d'esprit moderne, mais épris de folklore », « collaborant avec l'industrie (matériaux normalisés mais dans le respect des besoins régionaux) et de l'artisanat (main-d'œuvre, éléments de décor comme linteaux sculptés, ferronnerie, girouettes et épis de faîtage, etc.) ».

Pour le costume également, il conseillait d'éviter « l'artificiel et l'arbitraire ». Ainsi, dans les manifestations des groupes folkloriques, « on se gardera de lui imposer une fixité artificielle et d'en faire un article purement spectaculaire et touristique ; mais on restaurera sa dignité [2] ». De même, il développait un argumentaire en faveur du maintien de modes de vie, paysans, et surtout artisans, « agents de la civilisation paysanne » dont il fallait conserver les savoir-faire : « Aussi bien qu'une chanson, qu'un tour de langage, qu'une cérémonie, ce meuble, cet épi de faîtage, cette coiffe affirmeront l'importance de la mission dévolue aux artisans du folklore : maintenir et exalter la civilisation paysanne, à la fois une et diverse [3]. »

Le titre de l'article d'où sont tirées ces citations était bien explicite : il s'agissait d'une doctrine d'action,

---

1. *Ibid.*
2. *Ibid.*, p. 306.
3. *Ibid.*, p. 311.

puisque le musée était un acteur du jeu culturel et politique du folklore. Toutefois la conception de ce folklore n'était plus passéiste, elle ne cherchait pas à figer une image immémoriale et factice de la « tradition », elle intégrait le mouvement de la modernité.

Au cours de l'année 1943, l'inflexion du musée vers la recherche s'accentua : les résultats remarquables issus des enquêtes sur l'architecture rurale et le mobilier incitaient à réfléchir plus sur les modes de vie et de penser des sociétés rurales que sur les manifestations d'un folklore dont l'efficacité dans le redressement national semblait faible. Outre les recherches intensives conduites sur la « civilisation matérielle », comme on la nommait alors, en de multiples régions de France dans le cadre des chantiers, le musée lance des questionnaires, en 1943 et 1944, avec le concours des délégués régionaux, concernant l'« Atlas folklorique de la France », le « Calendrier traditionnel », le « Folklore juridique ». Autant de thèmes de recherches qui avaient été proposés lors du 1er Congrès d'ethnographie en 1938, et qui, eux, ne pouvaient guère se prêter à une doctrine de l'« action ».

Le statut de la recherche, par ailleurs, s'est modifié dans la mesure où la relation avec le Centre national de la recherche scientifique, créé en 1938, s'est développée. Les fonds destinés à financer les enquêtes ne provenaient plus de la Corporation paysanne (dissoute le 13 octobre 1944), mais d'un organisme national dont les critères de sélection reposaient sur la qualité scientifique de ses chercheurs. La collaboration avec le Cnrs, au fil du temps, se renforcera considérablement avec le musée toujours en manque criant de personnel. Deux membres du musée, en l'occurrence deux « chercheuses », bénéficièrent du soutien financier du Cnrs, Claudie Marcel-Dubois, engagée dans des enquêtes de folklore musical (terme auquel se substituera celui d'ethno-musicologie dans les années 1950), et Ariane de Felice qui s'intéressait au catalogue des contes populaires, dans le cadre d'une réflexion scientifique totalement renouvelée sur la littérature orale.

En l'absence de personnels relevant de son ministère de tutelle, qu'il s'agisse de conservateurs ou de chercheurs, c'est par le recours à d'autres institutions que Rivière a pu s'entourer d'une équipe professionnelle à la hauteur de ses ambitions. Pendant la guerre, la Corporation paysanne lui permit de s'assurer la collaboration de Marcel Maget et celle des équipiers des chantiers. À la fin de la guerre, le Cnrs renforça l'orientation vers la recherche (cf. annexe IV). Ainsi, sans se retirer du monde du folklore dont il avait besoin pour mener son projet à bien, Rivière fit évoluer la substance et la doctrine du musée vers un projet dégagé des relents idéologiques vichystes.

L'INFLÉCHISSEMENT DU PROJET MUSÉOGRAPHIQUE

Relancer le musée « national »

Dans l'espoir d'un retour rapide à la paix, Rivière fit produire des études qui devaient permettre de relancer le projet de musée au palais de Chaillot dès que possible. Un document du 28 juillet 1942 prévoyait une superficie de cinq mille mètres carrés pour le musée, dont trois cents d'expositions temporaires, ainsi que des espaces confortables pour les services de l'iconothèque, de la photothèque, de la bibliothèque, l'Institut de folklore, et trois mille de magasins pour entreposer les collections. Et, on l'a vu, il envisageait de changer la dénomination en « musée du Folklore français » afin de mieux le mettre en adéquation avec la politique de la « Révolution nationale ».

Par la suite, on a souvent débattu de l'identité du Mnatp et de son nom, finalement conservé jusqu'à sa disparition. Incarne-t-il l'essence de la société française, puisqu'il est un musée « national » ? Selon Krzysztof Pomian, « l'appellation de "musée national" est attribuée aux établissements qui appartiennent à deux catégories différentes. Les uns donnent à voir la nation en tant qu'elle participe à l'universel, à ce qui est supposé être valable sinon pour tout homme, du moins pour tout homme civilisé. Les autres donnent à voir la spécificité et l'exceptionnalité de la nation et de son parcours dans le temps [...] Le Louvre relève évidemment de la première catégorie en ce qu'il montre la nation française comme porteuse de la civilisation, qui, tout en s'identifiant à la culture des élites européennes, est valable pour tous les hommes et pour tous les temps[1] ». S'il fut un temps bref où le musée mérita son qualificatif de « national », dans la seconde acception proposée par Pomian, c'est bien le moment Vichy, quand l'idéologie politique entendait fonder ou refonder l'identité de la nation dans le paysan.

Premier d'une longue série de rapports identiques, celui du 10 décembre 1942 souligne : « Le musée est installé dans l'aile de Paris du palais de Chaillot, sous le musée des Monuments français : espace de deux mille huit cents mètres carrés, malsain (humidité et obscurité au sous-sol) et impratique (accès lointain et incontrôlable des services de conservation, espace plus qu'insuffisant, dans un an, la réserve de collection sera pleine et dès à présent les grosses pièces doivent être emmagasinées dans la galerie d'exposition)[2]. »

Hasard ou ironie de l'histoire, ce musée a commencé sa carrière sous le plus national, le plus « français » des musées nationaux, fondé par Alexandre Lenoir en 1795 : le musée des Monuments français[3], détenteur des

---

1. Krzysztof Pomian, « Musée, nation, musée national », *Le Débat*, mai-août 1991, p. 168, p. 170.
2. Archives Atp Mus.
3. Le musée fondé par Lenoir, sis à l'emplacement actuel de l'école des Beaux-Arts, fut dissous en 1816. Sa réouverture est due à une initiative de Viollet-le-Duc

reliques du Moyen Âge national. En somme, un musée national devait se substituer à un autre, incarnant une autre face de l'identité de la France, celle qui se manifestait dans les cultures et les sociétés paysannes.

Le développement des activités d'enquête et de collecte, au cours de la guerre, conduisit à une augmentation très sensible des collections qui durent être entreposées dans les espaces destinés en 1938 et 1939 à la création de la salle d'exposition du musée. C'est alors que Rivière renonça au palais de Chaillot et forma l'espoir et le projet d'un bâtiment *ad hoc*. Un document du 10 novembre 1943, sous la signature de GSP/JM[1] soulignait l'extrême encombrement des locaux : « Musée national des Arts et Traditions populaires – Aménagements à prévoir pour 1944 : les salles de collections sont combles, nous avons dû occuper la galerie prévue pour le musée, et dans laquelle nous installons le mobilier, l'outillage agricole et en général toutes les grosses pièces. Pourrait-on obtenir : Salle des collections : pour déposer les petits objets : rayonnage le long du mur de cette salle ; salle de réception des collections : trois tables. » La situation était telle que Rivière sacrifia son propre appartement de fonction au palais de Chaillot : « j'ai renoncé à occuper cet appartement, par suite de la nécessité d'y faire loger, en accord avec l'architecte, les services permanents de nos chantiers : bureaux des massiers, atelier de dessin et en outre la salle de travaux pratiques de mon cours à l'École du Louvre. J'ai accompli ce sacrifice d'un appartement chauffé et confortable alors que je dois me contenter d'un logement de deux

en 1889 qui l'installa dans le vieux palais du Trocadéro. Le palais démoli en 1937, les collections intégrèrent l'aile Passy du palais de Chaillot. Cf. André Desvallées, « Konvergenzen und Divergenzen am Ursprung der französichen Museen », *Wien, Verlag Turia und Kant, Museum zum Quadrat*, n° 6, 1996, « Die Erfindung des Museums », p. 65-130 (« Convergences et divergences à l'origine des musées français »).

1. Archives Atp Mus. Dossier « Mobilier ». Il s'agit de Guy Pison et Jacqueline Moissan.

pièces, sis avenue de Versailles, à proximité des usines Citroën. C'est dire qu'il y avait grave nécessité de service à agir ainsi. »

L'abandon du projet muséographique à Chaillot

Un rapport daté du 22 janvier 1944[1] entérine l'abandon du projet de musée au palais de Chaillot et marque le début de la longue quête d'un bâtiment spécialement affecté au projet. Ce rapport est en quelque sorte le manifeste de la nouvelle doctrine de Rivière en termes de muséographie et de recherche ethnologique, dans leur articulation réciproque : « Local : le musée dispose d'un local d'une superficie de 2 600 mètres carrés aménagé dans l'aile de Paris du nouveau palais de Chaillot. À l'origine, 1 900 mètres carrés de cette surface ont été réservés à la galerie d'exposition, mais les services (notamment les magasins de collections) ont pris une extension telle qu'ils occupent actuellement la totalité des locaux disponibles. Aussi l'administration des Beaux-Arts étudie-t-elle la construction d'un bâtiment spécial, sur un vaste terrain de l'avenue des Gobelins, selon un programme d'environ 12 000 mètres carrés de locaux. »

En 1944, la doctrine muséographique a évolué en parallèle avec l'abandon du projet d'exposition à Chaillot. La rhétorique du folklore, la célébration du régionalisme ou de la culture populaire ont disparu au profit du discours de la recherche scientifique : le musée moderne doit être musée de recherche. Les défaites allemandes en Russie faisant percevoir une autre issue à l'Occupation, la perspective de la liberté recouvrée s'articulait à celle de la modernité. Mais aussi, il fallait se débarrasser de la collusion avec Vichy et la « recherche »

---

1. Archives Atp Mus. Hist.

– avec tout son poids symbolique – servait aussi la nouvelle orientation.

À nouveau contenu, nouvelle muséographie : finie la célébration des arts et traditions populaires, place à une connaissance scientifiquement fondée et documentée des sociétés paysannes, de leurs savoirs, de leurs techniques, de leurs cultures. Dans le rapport du 22 janvier 1944 déjà cité, Rivière exposait clairement ce cours nouveau : « Le musée des Arts et Traditions populaires répond à la conception du musée moderne, et particulièrement du musée d'ethnographie. C'est-à-dire qu'auprès des fonctions *exposition* et *conservation* s'y développent d'autres fonctions d'importance non moins égale, *documentation, recherche, enseignement...* Le principe de l'exposition est celui d'un musée d'ethnographie, c'est-à-dire que les produits de l'industrie y sont présentés en relation avec leur milieu humain. Il s'en dégage plusieurs méthodes d'exposition : – méthode géographique qui répartit les objets selon leur provenance – méthode historique qui se situe dans le temps et souligne l'évolution – méthode systématique qui les distingue selon les techniques de fabrication (métallurgie, poterie, etc.) et les diverses fonctions économiques (ex. viticulture), sociales, juridiques, religieuses, psychologiques, esthétiques, etc. Les méthodes qui précèdent, fondées sur l'abstraction, entraînent l'utilisation d'une importante documentation annexe. Il s'y ajoute la méthode réaliste [1], qui conduit à une « résurrection intégrale » : ainsi la présentation d'un atelier de potier ou d'une salle commune de ferme. Au musée des Arts et Traditions populaires, il est prévu de recourir simultanément à ces méthodes diverses, qui recevront des appellations différentes selon qu'il s'agira d'exposition permanente ou temporaire. Le *service d'exposition,* dont les

---

1. Qui se manifestera dans le principe de l'« unité écologique ».

plans sont mis au point, est actuellement en sommeil, du fait des circonstances. »

Ce rapport de janvier 1944, qui s'attardait longuement sur le service de recherche, portait en germe le principe du musée-laboratoire. Dénommé « Laboratoire d'ethnographie française », celui-ci se substitua en décembre 1944 au service de recherches et de documentation. Il sera dirigé par Marcel Maget de 1952 à 1962, année où, « lassé de son opposition permanente avec Rivière », il donnera sa démission. Le changement de vocabulaire était significatif ; c'était Maget qui, le premier, avait abandonné le terme de « folklore » dès 1944, lui substituant temporairement ceux d'« ethnographie folklorique », puis d'« ethnographie métropolitaine »[1]. Le musée « fonctionne comme un véritable laboratoire, organise les enquêtes par questionnaire (concours éminent des instituteurs), et les enquêtes sur le terrain propres au musée des Arts et Traditions populaires. Il coordonne dans la mesure du possible des enquêtes d'ethnographie folklorique organisées par des personnes ou organismes extérieurs, notamment celles des chantiers temporaires 909, 1425 et 1810. Il assure une liaison avec les chaires et instituts d'université (géographie, sociologie, ethnographie, histoire sociale et économique, dialectologie, etc.). Il prépare ou contrôle les instruments méthodologiques du musée, notamment "les instruments d'ethnographie folklorique". Toute sa production scientifique est versée au service de documentation. Il prépare des publications (*Revue du folklore français*, etc.)[2] ».

La conclusion de ce rapport était alors rédigée, comme les dizaines d'autres qui s'échelonneront jusqu'à la mise à la retraite de Rivière, dans un style très offensif :

---

1. Florence Weber, « Politiques du folklore en France (1930-1960), in Philippe Poirrier et Loïc Vadelorge (dir.), *Pour une histoire des politiques du patrimoine*, Paris, Comité d'histoire du ministère de la Culture, Fondation Maison des sciences de l'homme, 2003, p. 296-297.

2. Archives Atp Mus. Rapport du 22 janvier 1944, p. 3.

« Le Conservateur n'estime pas que les circonstances actuelles (climat psychologique, difficultés de transport et de déplacement, manque de produits, risques de guerre, etc.) doivent ralentir les activités de recherche et d'acquisition. Au contraire, conscient de ses graves responsabilités, il accroît au maximum le rythme de ces recherches et de ces acquisitions. Car la révolution industrielle s'accélère et toute une civilisation traditionnelle meurt en Europe. Chaque jour, par milliers, des techniques, des coutumes, des informateurs entrent dans la préhistoire. Il faut se hâter d'observer et d'enregistrer.

« Aussi arrive-t-on à ce paradoxe de susciter et d'attirer vers le musée des matériaux scientifiques qu'on s'emploie presque aussitôt à évacuer en lieu sûr. L'ethnographie folklorique, prévoyante, fait ses conserves, préparant ainsi ses futurs travaux de comparaison et d'interprétation.

« Cette tâche difficile s'accomplit grâce à l'énergie et à la valeur scientifique d'équipes à présent bien formées. Toutes les ressources en personnel et en matériel – quelque diverses qu'en soient les origines – sont coordonnées et fondues en vue d'atteindre ce but : créer, conserver, élaborer, divulguer les matériaux de l'ethnographie folklorique. »

BILAN DES ANNÉES DE GUERRE ET D'OCCUPATION

La libération de Paris et la mise à l'écart
temporaire de Rivière

À quelques jours de la Libération, le 16 août 1944, Rivière adressait au directeur des musées nationaux une lettre qui soulignait à nouveau son engagement professionnel en parlant de son « œuvre ». Il y était principalement question de réorganisation de l'organigramme, à la suite de demandes de postes faites au ministère des

Finances, afin « de rendre justice, au retour de sa longue captivité, à mon cher Louis Dumont » : « En ces moments chargés d'angoisse et d'espoir, je me fais un devoir de vous exprimer ma profonde et affectueuse gratitude pour l'appui que vous n'avez cessé d'apporter depuis 1940 au musée des Arts et Traditions populaires. Vos encouragements et vos marques de confiance m'ont permis de soutenir le poids d'une œuvre que j'aurai vue jadis au-dessus de mes forces. »

Rivière cherchait ainsi à s'assurer quelques appuis dans un moment difficile (cf. annexe V), mais cela ne suffit point à lui éviter une mise à l'écart, le 28 août 1944. En octobre, il adressait une lettre à Paul Rivet, lui demandant à mots couverts de l'aider à être réintégré dans ses fonctions : « Je suis atteint par une mesure émanant d'une autorité libre et respectée et dont je n'aurais pas supporté la rigueur, même temporaire, si votre fidèle équipe du musée de l'Homme, se joignant à bien d'autres témoins de mon œuvre réelle, ne m'avait pas gardé sa confiance et son amitié.

« Si je m'impose de ne pas solliciter votre audience, ce n'est pas que je vous fuie : chef de service, j'ai foi dans votre justice ; votre ancien second, j'ai prié de toute mon âme à posséder votre affection. Mais je me sens contraint pour un temps à une douloureuse réserve, que vous seul pouvez rompre à votre gré[1]. »

Rivière écarté, la continuité de l'établissement fut assurée par Marcel Maget, chargé par intérim du musée. Le 1er décembre 1944, celui-ci adressait au directeur des musées de France, et à sa demande, une note[2] concernant

---

1. Lettre de Rivière à Paul Rivet du 18 octobre 144. Documents et Matériaux, *Gradhiva*, 1, automne 1986, p. 27. Le commentaire de la lettre signale : « Georges Henri Rivière fut inquiété dès la libération de Paris, accusé de collaboration, suspendu pendant quelques mois, et ne dut la reconnaissance de son innocence – et sa réintégration – qu'aux témoignanges de la "fidèle équipe du musée de l'Homme" (dont Michel Leiris, Denise Paulme, André Schaeffner...), p. 27.
2. Archives Atp Mus.

l'aménagement des galeries qui reflétait les inflexions de la doctrine de Rivière, telle qu'elle s'était manifestée dès 1943 : « L'évolution de la situation tant extérieure qu'intérieure amène en effet à reconsidérer complètement le problème et à envisager de profondes modifications des projets antérieurs. » Maget expliquait qu'en raison des pénuries en matières premières, les vitrines commandées ne pouvaient être exécutées ; il notait aussi l'apparition de nouveautés techniques en matière d'exposition depuis l'élaboration du projet et attirait l'attention sur les réalisations du musée de l'Homme. Enfin, il rappelait que les locaux étaient très insuffisants et que plusieurs solutions étaient à l'étude.

Des discussions avaient déjà eu lieu en 1943-1944 en vue de l'édification d'un immeuble neuf avenue des Gobelins sur un terrain dont l'acquisition était envisagée par la Dmf qui souhaitait y loger, outre le musée, un autre service. Or, rappelait Marcel Maget, Rivière avait déjà fait valoir ses réserves vis-à-vis d'un tel projet : la localisation était peu favorable pour accueillir « à la fois un centre d'étude qui soit agréable pour les chercheurs scientifiques et un lieu culturel attrayant pour les visiteurs du dimanche », car le quartier était « excentré et bruyant » ; la surface était restreinte et la configuration du terrain imposait d'adopter un plan qui ne répondait pas aux nouvelles attentes d'un musée.

C'est pourquoi Marcel Maget proposait une seconde solution qui avait déjà fait l'objet de discussions avant la guerre : l'édification d'un immeuble neuf dans le parc de Sceaux. Les principaux avantages en étaient les suivants : « 1° Situé, comme la Bibliothèque nationale, à vingt minutes du centre universitaire de la capitale, le parc de Sceaux offre un cadre agréable et tranquille parfaitement propice à la recherche et à la méditation scientifiques, dans un isolement parfait que le musée peut supporter désormais grâce à son équipement documentaire (bibliothèque spécialisée, photothèque, archives, collections, etc.) qui lui confère une confortable autonomie ; 2° Ce lieu est, beaucoup plus qu'un bâtiment situé sur une artère fréquentée, le cadre idéal à des visites, à des assemblées populaires que sollicite encore la tradition de Robinson ; 3° Le nouvel édifice s'inscrirait dans un ensemble dont il ne détruirait pas les perspectives déjà établies, tout en jouissant de toute latitude concernant la superficie, le plan, l'orientation, etc., ce qui permettrait d'en faire un monument véritablement adapté aux fins poursuivies. En outre, le beau bâtiment de l'Orangerie pourrait, comme l'avait proposé en 1942 le service des Monuments historiques, être utilisé par le musée national des Arts et Traditions populaires qui peut y organiser des expositions temporaires, soit des fêtes folkloriques à l'abri des intempéries. » Le domaine de Sceaux appartenant au département de la Seine, les promoteurs de l'idée en espéraient des facilités d'acquisition.

Pour l'immédiat, Maget esquissait un programme restreint d'expositions temporaires installées dans ce qui devait être la salle d'exposition définitive non sans répéter que 80 pour cent des locaux destinés primitivement à l'exposition servaient de réserves. En avançant cette solution, il estimait qu'à peu de frais, et dans de brefs délais, l'aménagement de la galerie provisoire d'exposition temporaire permettrait au musée d'être doté « du moyen d'expression qui lui fait cruellement défaut, de poursuivre des expériences muséographiques, préludes très utiles à l'élaboration du projet futur, de faire construire un matériel d'expérience directement récupérable dans une nouvelle organisation ». Il s'agissait surtout d'expérimenter de nouvelles mises en exposition qui préfigureraient la mise en place du futur musée, dans son bâtiment définitif.

L'enrichissement du musée, l'affirmation de la recherche

Les années de guerre ont été très profitables à Rivière pour enrichir le musée et réorienter significativement son projet vers la recherche. Sa « collaboration » avec le régime de Vichy, plus opportuniste qu'idéologique, semble liée à son désir de réaliser son « grand dessein ». Il s'est servi de la rencontre entre les thèmes vichystes et ceux du folklore pour le faire progresser. Sa compromission fut assez limitée pour que ceux qui avaient choisi la voie opposée acceptent de revenir travailler avec lui après la guerre. Ainsi Louise Alcan, rentrée de déportation, a réintégré l'équipe du musée et y a développé le département du costume [1]. Et Paul Rivet soutiendra très chaleureusement Rivière lorsque celui-ci rencontrera des difficultés majeures pour obtenir le lancement du chantier du « nouveau siège » en 1957 (cf. chapitre 3, p. 124).

Lorsque la question de sa collaboration avec Vichy fut évoquée, Rivière a prétendu que la mise en place des chantiers intellectuels avait été un moyen de dérober au Service du travail obligatoire de jeunes architectes, ce que Christian Faure conteste à juste titre, observant que la mise en place des chantiers est antérieure à l'instauration du Sto [2]. Il s'agit d'une défense *a posteriori*, même si les chantiers ont bien joué ce rôle dans la seconde période.

Définitivement blanchi [3] et réintégré dans son « cher » musée en mars 1945, Georges Henri Rivière rédigea

---

1. De même, Yvonne Oddon, ancienne conservatrice de la bibliothèque du musée de l'Homme et déportée comme d'autres résistants de ce réseau, fut sa principale collaboratrice à l'Icom.

2. Christian Faure, *Le Projet culturel de Vichy*, Presses Universitaires de Lyon et Éditions du Cnrs, 1989, p. 38.

3. Jacqueline Christophe, « Le département des Arts et Traditions populaires entre folklore scientifique, folklore appliqué et action folklorique », in *Du folklore à l'ethnologie. Institutions, musées, idées en France et en Europe de 1936 à 1945*, Paris, éditions de la Maison des sciences de l'homme, à paraître.

immédiatement une note signifiant sa reprise de fonctions [1] : « Le conservateur, informé par lettre n° HD/SB en date du 17 mars de M. le Directeur des musées de France que M. le Ministre de l'Éducation nationale avait décidé de ne donner aucune suite à l'enquête ouverte à son sujet par le Conseil supérieur d'enquête et invité à reprendre ses fonctions sans délai, s'est présenté le lundi 19 mars à 9 heures au musée, où M. Maget lui a fait remise des pouvoirs, en présence des chefs de service rassemblés pour le rapport quotidien et dont l'accueil chaleureux et celui de tout le personnel lui ont été particulièrement sensibles.

« L'examen attentif de la situation dans les divers services, auquel le conservateur s'est livré dans les jours qui ont suivi, lui a permis de constater que M. Maget, assisté de M. Pison et des chefs de service avait durant plus de six mois assuré son intérim de façon aussi brillante que solide. La production scientifique et la mise en valeur et l'enrichissement des fonds de collections et de documentation ont connu des développements importants. La structure du musée s'est étendue et consolidée. Son rayonnement extérieur n'a cessé de croître. Le Conservateur est heureux de rendre compte au Directeur de la profonde satisfaction qu'il a éprouvée à ce sujet, à laquelle se joint celle de se voir réintégré dans le musée qui lui est si cher. Il l'assure de son entier dévouement aux musées de France. André Varagnac s'est présenté au musée le 22 mars pour y reprendre ses fonctions, dont les modalités ont été réglées par le Directeur, en présence du Conservateur et de l'intéressé, et avec l'accord de ceux-ci le 24 avril [2]. »

---

1. Archives Atp Mus. Rapport général mensuel d'activité présenté à M. le Directeur des musées de France et de l'École du Louvre, mois de mars 1945.

2. Amn U 2 Atp 16 avril 1947. La rupture entre les deux hommes sera consacrée rapidement. André Varagnac sera nommé secrétaire général de l'Institut international d'archéocivilisation (recherches conjuguées d'archéologie, d'histoire des religions et de folklore), créé en avril 1947 au Centre international de synthèse

Il se trouvait fort d'un bilan remarquable en volume et en qualité que ne pouvaient lui contester ni l'ancien directeur des musées de France, Jacques Jaujard, ni le nouveau, Georges Salles. Au fil des rapports mensuels d'activité des années de guerre[1], Rivière avait souligné le soutien « régulier et efficace » du directeur des musées nationaux, notamment à travers l'octroi de crédits d'acquisition.

En 1944, 12 713 objets folkloriques, 8 404 ouvrages, 10 443 calques et relevés et 37 114 clichés photographiques étaient enregistrés. L'enrichissement était donc massif. Du côté de la recherche, même bilan positif. En 1946, les chantiers étaient devenus des « centres » et leur apport a contribué à la mutation de l'Office de documentation folklorique en service de documentation en 1947.

Dans un rapport daté de 1964, Rivière, faisant le bilan de la période 1941-1948, soulignait qu'elle avait été marquée par l'énorme développement en manuscrits, en clichés photographiques, en calques résultant des « chantiers intellectuels » attribués au musée. Mais l'enrichissement objectif de l'institution ne la rendait pas nécessairement plus solide, étant donné l'environnement institutionnel. En effet, le contexte scientifique et les courants culturels qui avaient vu naître cinq années plus tôt le musée avaient profondément changé, comme le souligne Florence Weber. L'effervescence passionnée

---

dirigé par Henri Berr. Il organise la première Conférence internationale de folklore les 12 et 13 juillet 1947 ; Rivière estime que Varagnac veut fonder une institution rivale.

Amn U 2 Atp. Dmf 1947. Une polémique oppose ensuite les deux hommes à propos d'archives que Varagnac aurait placées en dépôt temporaire au musée en mai 1940. Varagnac écrit à Georges Salles : « J'ai le droit absolu de revendiquer ces archives, collectées par la Commission des recherches collectives que j'ai fondée et animée sous la présidence de Lucien Febvre. »

1. Archives Atp Mus., tiroir 7.

autour de sa création, les soutiens tant de la nouvelle école historique que géographique, le développement de la science du folklore, l'alliance avec l'avant-garde artistique, tout cela avait été brisé par la guerre [1]. Et la reconstruction de la coalition avec les sciences sociales prendra du temps.

Revenu aux commandes d'une institution sortie enrichie par la guerre, Rivière continuait d'espérer un nouveau siège pour son musée. Le terrain de Sceaux était toujours en discussion. Après une visite le 4 décembre 1945, il se montra très intéressé par le projet, en considérant « a) que nous devons être un *musée-laboratoire* ; b) que le *musée* peut connaître à Sceaux, aux jours de loisir, une très grande affluence populaire (promenade traditionnelle des Parisiens, intérêt du parc, métro, etc.) ; c) que le *laboratoire*, grâce au métro, est presque moins éloigné (en temps) de la Sorbonne que le palais de Chaillot, ce qui nous permet de conserver en semaine notre clientèle de chercheurs et d'étudiants [2] ».

On envisagea d'abord une construction sur les terrains maraîchers, puis sur un terrain dit « la ménagerie » dont le projet semblait avancer jusqu'en 1947. Mais, lucide, dans un courrier à la Dmf [3], Rivière observait : « Vous n'êtes pas sans savoir que notre installation en d'autres lieux, si elle est en principe décidée, demandera sans doute de longues années pour être réalisée, puisque nous devons construire notre nouveau local. D'ici là, nous voulons poursuivre à un rythme accru nos activités scientifiques et muséographiques et participer ainsi, grâce aux documents et collections déjà rassemblés, au

---

1. Florence Weber, « Politiques du folklore en France (1930-1960), in Philippe Poirrier et Loïc Vadelorge (dir.), *Pour une histoire des politiques du patrimoine*, Paris, Comité d'histoire du ministère de la Culture, Fondation Maison des sciences de l'homme, 2003, p. 295-296

2. Amn U 2 Atp 5 décembre 1945. Lettre de Rivière à Georges Salles.

3. Archives Atp Mus. Lettre du 28 décembre 1945.

grand mouvement de renaissance culturelle que vous préconisez sous l'égide des musées de France. »

En ces temps de pénurie et de difficile reconstruction d'après-guerre, on ne pouvait en effet imaginer la construction d'un nouveau musée à brève échéance. Et au sein de l'administration des Beaux-Arts et de l'Éducation nationale, on n'était peut-être pas très pressé d'aider un musée encore identifié à Vichy. Rivière s'attela donc à la réalisation du programme d'expositions temporaires, palliatifs qui seront, faute de mieux, une des clés de voûte de l'action du musée dans les années d'après-guerre. Outre l'aménagement de la salle d'exposition temporaire, il plaida – mais en vain – pour l'aménagement de l'appartement du conservateur occupé par les services du musée ainsi que pour celui de bureaux dans la galerie dite du 1er sous-sol. Cette installation incommode conduisait à d'incessants va-et-vient entre ceux d'en haut et ceux d'en bas. Avec son esprit caustique, Rivière notait qu'à Chaillot, le « musée était au-dessous et en dessous de tout » !

Dans des circonstances financières difficiles, l'année 1946 fut consacrée à l'équipement d'une salle d'exposition temporaire dont Rivière dut se satisfaire sans voir se réaliser les autres aménagements demandés, malgré le soutien du nouveau directeur des musées de France, Georges Salles [1]. Celui-ci rédigea pourtant une lettre au directeur général de l'Architecture le 22 mars 1946, dont l'argumentaire soufflé, on devine par qui,

---

1. Hubert Landais, dans son allocution prononcée à l'occasion d'une cérémonie d'hommage qui eut lieu le 26 novembre 1985 (Rivière étant décédé le 24 mars 1985), note que « Georges Salles, devenu directeur des musées en 1945, n'a cessé jusqu'à sa mort de soutenir celui qui était resté son ami », *Ethnologie française*, 16, 2, 1986, p. 125. Les deux hommes se connaissaient de longue date puisque Rivière, dans sa jeunesse, avait fait la connaissance de Georges Salles, petit-fils de Gustave Eiffel, dans le salon de son oncle, Henri Rivière (Nina Gorgus, *Le Magicien des vitrines. Le muséologue Georges Henri Rivière*, Paris, éditions de la Maison des sciences de l'homme, 2003, p. 13).

estimait : « Il est bon de noter que les crédits ouverts en 1937 et 1938 pour l'aménagement du musée des Arts et Traditions populaires n'ont pu être engagés du fait de circonstances étrangères aux Musées nationaux, à l'heure actuelle, aucun aménagement d'exposition n'est réalisé, ce qui constitue un cas unique dans les Musées nationaux. L'impossibilité qui est faite au musée des Arts et Traditions populaires d'exposer ses collections est d'autant plus fâcheuse que celles-ci se sont enrichies de façon massive durant ces dernières années, et que leur mise en valeur, jointe à celle de l'énorme documentation assemblée en archives, serait d'un haut intérêt scientifique et éducatif. L'équipement d'une salle d'exposition temporaire permettra du moins au musée national de l'Ethnographie française de prendre contact avec le public à l'aide de manifestations nombreuses et de programmes très variés qu'il est depuis longtemps en état d'organiser [1]. »

Mais les souvenirs de l'Occupation étaient trop frais pour que cette demande pût être rapidement satisfaite, et il fallut encore attendre. La première exposition temporaire ne sera finalement réalisée qu'en 1951, entre le 23 juin et le 23 novembre. Ce sera « Bretagne, art populaire, ethnographie régionale ».

Entre-temps, dès 1948, Georges Henri Rivière s'était trouvé un autre champ d'activités, sans doute plus valorisant, le poste de directeur de L'International Council on Museums (Icom), la nouvelle organisation non gouvernementale consacrée aux musées. Elle lui assurera une aura internationale.

---

1. Archives Atp Mus.

3

D'un côté à l'autre du bois de Boulogne

Au lendemain de la guerre, le musée national des Arts et Traditions populaires et la science ethnologique ne faisaient qu'un. Au cours de ces quatre années, la moisson avait été féconde et permettait de bâtir un projet scientifique solide pour le musée, fondé sur des enquêtes extensives concernant la culture matérielle comme l'architecture rurale ou le mobilier traditionnel et certains faits sociaux (par exemple le calendrier traditionnel, les fêtes populaires, etc.). Les musées régionaux étant alors plongés en léthargie, toute la recherche et la documentation de ce qu'on nommait alors « ethnographie métropolitaine » se concentraient à Paris, au palais de Chaillot qui entretenait un réseau important de correspondants locaux ou des chercheurs individuels installés en province (en « région », dirait-on aujourd'hui). Afin de systématiser le travail, un laboratoire de recherches, dirigé par Marcel Maget, allait se créer au sein de l'établissement et se doter d'un corps de doctrine[1] pour conduire de nouvelles enquêtes systématiques. Le champ étudié était sans ambiguïtés : la société rurale traditionnelle.

Tandis que se développaient enquêtes et collectes, mais à un rythme moins vigoureux que pendant la

---

1. Marcel Maget. *Ethnographie métropolitaine. Guide d'étude directe des comportements culturels*, Paris, Civilisations du Sud, 1953, dont Florence Weber a rapporté l'influence sur le travail de terrain de Pierre Bourdieu en Béarn (« Célibat et condition paysanne », *Études rurales*, 1962, V-VI, p. 32-134).

guerre, Rivière poursuivait sa quête obsessionnelle d'un lieu adéquat pour son musée. Les milieux du folklore et de l'ethnologie scientifique (y compris international), comme celui de la muséologie, lui étaient acquis : il s'agissait désormais de dépasser le cercle étroit des spécialistes et de conquérir le monde culturel et politique.

Rivière avait, au plus haut point, l'art de cultiver de multiples liens sociaux et politiques afin de rallier à sa cause des gens de tous bords. Il s'assura aussi bien du soutien de personnalités qui l'avaient connu sous Vichy et ne s'étaient pas compromises que de celui du président du groupe CGT-Force ouvrière, Robert Champion. Celui-ci sera le premier personnage politique à intervenir publiquement en écrivant le 17 mars 1950 à Léon Jouhaux, président du Conseil économique, afin d'attirer son attention sur la situation précaire du musée du Louvre et du musée des Arts et Traditions populaires : « C'est un fait universellement admis que l'importance et la valeur des musées sont des facteurs déterminants pour le développement du tourisme. » [...]

« En ce qui concerne le musée des Arts et Traditions populaires, aucun local ne lui a été affecté, le matériel et les documents sont entreposés dans les caves du musée des Monuments français au palais de Chaillot. Or, ce qui intéresse plus particulièrement un touriste étranger, ce sont les mœurs et coutumes du pays qu'il visite.

« C'est donc la meilleure publicité pour nos provinces qui dort dans une cave. Il convient donc [...] de permettre au musée des Arts et Traditions populaires de pouvoir montrer les pièces et documents d'un intérêt considérable pour la connaissance de la vie provinciale française[1]. »

On présente souvent Rivière sous les traits d'un dandy génial, masque derrière lequel lui-même aimait s'abriter ; on souligne ses qualités d'esthète, son art de

---

1. Archives Atp Mus.

l'entregent ; mais l'histoire des combats qu'il a menés pour conduire à bien son projet montre également ses exceptionnelles qualités de persévérance. Certes, il a usé de son charme et de son réseau personnel, mais celui-ci n'a pu fonctionner qu'au prix d'une incroyable énergie. On sait que les réseaux sociaux, comme les réseaux familiaux, ne sont jamais donnés et qu'il faut les cultiver sans relâche.

Entre 1950 et 1969, les espoirs ont succédé aux déceptions et, jusque dans les mois précédant l'installation au nouveau siège du bois de Boulogne, les rumeurs ont couru sur l'impossibilité du transfert. Il aura donc fallu près de vingt ans pour que le musée national des Arts et Traditions populaires traverse le bois de Boulogne et, quittant sa colline du Trocadéro, vienne jeter l'ancre aux côtés de la rivière enchantée du Jardin d'acclimatation. Au fil de toutes ces années, l'argumentaire développé par Rivière a beaucoup évolué, passant d'une tentative de réveil du folklorisme à la constitution d'une véritable science.

TROUVER UN LIEU POUR LE « DERNIER-NÉ DE NOS GRANDS MUSÉES »

Celui du terrain de Sceaux ayant été abandonné courant 1947[1], le redémarrage du projet peut être situé courant 1950, lorsque le Conseil économique s'est saisi de la question de l'état des musées de France, et a auditionné Georges Henri Rivière le 6 juin 1950. À tous ses interlocuteurs, celui-ci répétait le même discours : pour

---

1. Amn U 24 Atp, 1948. Rivière devra d'abord clore l'épisode du déménagement temporaire des collections qui avait été exigé pour obéir à la réquisition des locaux à l'occasion de la conférence de l'Onu de 1948.
Caisses et cartons furent déménagés dans les sous-sols du musée municipal d'Art moderne, où ils subirent une « offensive des rats », pour n'être réintégrés dans leurs locaux qu'en 1949.

mettre en valeur le patrimoine considérable accumulé depuis 1937, il fallait un bâtiment spécifique, situé près d'un parc, car le musée présenterait des spécimens d'architecture rurale et continuerait d'offrir de grandes fêtes folkloriques. Rivière ne manquait pas de souligner qu'il avait acquis désormais une grande expertise en matière de muséologie. Rappelant son association étroite à la réalisation technique de l'actuel musée de l'Homme, il citait l'expérience développée aux côtés de Marcel Maget, au cours de treize années de travail en commun ; enfin, il signalait la riche documentation existant à l'Icom, dont il était devenu directeur en 1948.

Le « tragique » de la situation

Lors de son audition devant le Conseil, Rivière souligne la situation « tragique » de l'institution et développe en un exposé éloquent tout l'acquis du travail et ses perspectives futures : « Nous avons reçu dans le palais de Chaillot ce qu'on appelle une aile, mais enfin c'est plutôt un morceau de carcasse, que M. Deschamps, le conservateur des Monuments français, nous a en quelque sorte cédée pour éviter qu'un autre musée ne s'y installe, dont on aurait pu craindre qu'il restât toujours, alors que nous-mêmes, étant donné notre programme, nous voulions nous en aller et, après cette première période d'incubation, nous avons donc pris une surface qui est d'environ deux mille cinq cents mètres carrés, ce qui est dérisoire comme on va le voir.

« Dans cette mission, nous nous débattons dans une situation tragique et je vais m'efforcer de vous montrer quels en sont les effets. La fonction spécifique d'un musée, c'est d'exposer, c'est de montrer ses richesses avec un certain art, *une certaine technique, c'est un langage qui a ses lois, qui est particulièrement efficace, qui s'emploie de plus en plus.* » Et Rivière de poursuivre : « En résumé ce que nous souhaitons, *ce n'est pas un bâtiment solennel et somptuaire* ; nous n'ambitionnons pas les colonnes de marbre, les dômes ; c'est un bâtiment simple, pratique, fonctionnel, flexible, comme disent les architectes actuellement, dont les dispositions, la structure permettraient des transformations au gré des programmes (notamment cloisons mobiles qui offrent toutes possibilités d'augmenter ou diminuer les volumes). Nous voyons ce bâtiment d'une conception moderne, avec des étages bas, des lieux de consultation, d'audition. Nous le voyons si possible situé au milieu d'un parc pour avoir la possibilité de donner des fêtes populaires avec des estrades et [...], pour ne pas qu'il y ait de note discordante, quelques bâtiments de différentes origines. Ce programme peut paraître ambitieux – ce n'est pas notre faute si le sujet est vaste – mais il est raisonnable puisqu'il peut rendre service à l'économie [1]. »

S'il récusait l'idée d'un musée « temple », Rivière rêvait, avant l'heure, d'un lieu convivial que les visiteurs pourraient s'approprier. Son argumentaire, alors, ne se plaçait pas sur le terrain de la recherche scientifique, mais sur ce qu'on appellerait aujourd'hui l'action culturelle, sous toutes ses facettes, y compris économiques.

Sans possibilité d'exposer ses collections, expliquait-il, le musée ne pouvait « vraiment assurer sa mission éducative ». En outre, cette situation « tragique » ne favorisait pas l'obtention de crédits ou de dons – les donateurs souhaitant voir ceux-ci exposés. Elle interdisait les activités spectaculaires comme la « présentation animée de chants, de la musique, des danses et costumes des provinces françaises ». Elle empêchait la promotion de

---

1. Archives Atp Mus. Rapport à M. Étienne May, en vue de l'audition du 6 juin 1950, p. 50. En annexe, il est mentionné que le musée est riche de 68 400 clichés photographiques, 37 799 calques, 13 784 monographies de meubles, 56 monographies de maisons rurales, 20 984 phonogrammes, 23 778 volumes et 1 320 séries de périodiques, 570 manuscrits, 24 921 objets ; que le musée comporte le Laboratoire d'ethnographie française dirigé par Marcel Maget et que, depuis 1946, il s'est doté d'une Société d'ethnographie française qui publie le *Mois d'ethnographie française*. Les passages soulignés du texte l'ont été par l'auteur.

l'artisanat traditionnel. Rivière insistait tout particulièrement sur ce point, en s'adressant au Conseil économique, premier soutien du projet, dans cette période d'après-guerre où les aspects économiques étaient aptes à emporter le soutien du politique. Il proposait d'organiser des salons de l'artisanat traditionnel, dans lesquels, au musée même, on pourrait vendre « des œuvres d'art folkloriques de qualité, cela dans un comptoir de vente géré aux conditions habituelles » et envisageait de « labelliser » certains produits (ce que fera Jean Cuisenier, son successeur).

Étienne May, qui présidait le Conseil, soutenait Rivière, reprenant ses termes mêmes : « Il faut doter ce musée des Arts et Traditions populaires du bâtiment neuf grâce auquel il pourra remplir sa mission scientifique, sociale et économique. Non pas un palais somptuaire, mais un édifice d'une élégante et pratique simplicité et dont la flexibilité intérieure corresponde à la nécessaire mobilité du programme. Édifice situé dans un parc servant de cadre à des fêtes folkloriques. » Un édifice dont Rivière avait déjà esquissé le plan et chiffré le coût[1]...

L'espoir d'une exposition universelle

Avec le soutien d'Étienne May et de Georges Salles, alors directeur des musées de France[2], la stratégie

---

1. Archives Atp Mus. Note du 14 juin 1950.
Provisions pour la construction du musée des Arts et Traditions populaires
1. Édifice
    1. Bloc exposition : surface planchers 5 000 m², surface au sol 5 000 m²
    2. Bloc réserves : surface planchers 4 000 m², surface au sol 1 000 m²
    3. Bloc administration-conservation : surface planchers 3 000 m², surface au sol 1 000 m²
Exposition : tout rez-de-chaussée.
Réserves : rez-de-chaussée et trois étages bas superposés.
Administration-conservation : 3 étages moyens superposés.
2. Parc : 2 hectares, renfermera quelques éléments d'architecture rurale.
Estimation générale de la construction (non compris le prix du terrain) : 300 millions.
2. La direction des musées nationaux devient direction des musées de France

adoptée consista à faire inscrire le projet de musée dans celui d'une exposition universelle programmée pour 1955, adossée à une opération d'urbanisme et de réhabilitation de vieux hôtels du Marais. L'administration caressa même un temps l'idée de loger les collections du musée dans l'hôtel Salé, rue de Thorigny, en dépit du fait que Rivière plaidait sans relâche pour un édifice spécifique.

Dans sa note du 13 juillet 1950 relative aux musées de France, Étienne May concluait : « Dans l'état actuel des choses, il ne semble exister malheureusement aucune possibilité immédiate d'installer ce musée dans un bâtiment suffisant et dans des conditions convenables, et une solution intermédiaire n'est pas à recommander : le jour où l'on fera quelque chose, il faudra que ce soit quelque chose de définitif. L'occasion va s'en présenter dans quelques années avec l'Exposition universelle de 1955. Les grandes expositions ont toujours laissé derrière elles des constructions permanentes dont nos musées ont pu ensuite prendre possession. Il en fut ainsi des deux palais des Champs-Élysées en 1900, du musée des Colonies en 1931 et l'exposition de 1937 a permis, grâce aux vastes constructions qui ont remplacé le Trocadéro, d'installer le musée d'Art moderne, le musée des Monuments français et le musée de l'Homme. C'est une solution du même genre qu'il faut envisager pour le dernier-né de nos grands musées. Il faut souhaiter que les arts et traditions populaires et artisanales soient un des thèmes de l'exposition de 1955, qu'un bâtiment définitif soit construit à cette occasion et dans lequel le musée créé en 1937 et condamné jusque-là à une vie obscure puisse enfin, au bout de près de vingt ans, s'installer définitivement[1]. »

- Dmf - en 1945. Jacques Sallois, *Les Musées de France*, Paris, Puf, Que sais-je, 1998, p. 33.
  1. Archives Atp Mus. Note du 13 juillet 1950.

Le projet d'exposition universelle fut abandonné, et avec lui le projet d'un bâtiment spécifique, mais les débats suscités permirent à Rivière de mieux se faire connaître des milieux socio-politiques[1]. Il prit alors conscience de l'impossibilité d'obtenir dans des délais rapides « son » musée et se résigna à consacrer tout l'espace qui lui restait en dehors de celui affecté aux réserves à une salle d'expositions temporaires, « solution bien médiocre, même au prix de ce sacrifice, la surface d'exposition étant de toute façon très exiguë[2] ». De 1951 à 1964, vingt-deux expositions temporaires se succédèrent, à la fois terrain d'expérimentation muséographique, occasion d'enrichissement du musée et motif pour se rappeler au bon souvenir de l'administration des musées, des décideurs politiques et de la presse (cf. chapitre 4).

Durant la même période, les arguments du plaidoyer changèrent. Dans les années 1950, Rivière caressait encore, en continuité avec l'avant-guerre et la période de la guerre, une forme de revivalisme folkloriste, qui, vêtu des habits neufs de l'action culturelle, ne semblait pas déplaire aux autorités. Il développa ensuite le rôle d'une mission éducative du musée, relativement vague. Puis, avec la fixation du projet architectural, la modernité du projet muséographique fut mise en avant. Quant à la célébration de la recherche – cette « science » qui avait été le moteur de son action pendant la guerre –, elle n'est intervenue qu'au milieu des années 1960.

---

1. Archives Atp Mus. *JO* du 25 février 1953. Le Conseil économique et social continuera de soutenir le musée, et dans une de ses sessions, au titre du « patrimoine touristique », regrette l'insuffisance des crédits budgétaires. « Dans le domaine des arts et traditions populaires, comme dans celui du folklore, des efforts suffisants n'ont pas encore été faits, afin de mettre en valeur ces deux éléments d'attrait importants, au profit de notre tourisme. »
2. Archives Atp Mus. Note de Rivière de juin 1950.

L'ambivalence de Rivière, voire ses contradictions bien souvent signalées, apparaissent très nettement dans les années de lutte intense qu'il mena pour convaincre afin d'édifier « son » musée. Selon son interlocuteur, on le voyait avancer tel ou tel argument : le folklore et le musée de plein air, les loisirs, le régionalisme, la mise en valeur de l'artisanat, la science, l'ethnographie d'urgence, la situation tragique de trésors entassés dans des sous-sols malsains, la muséographie d'avant-garde, etc., sans que jamais il semble en contradiction avec lui-même. L'obtention d'un terrain fut l'objet d'une lutte en trois temps : identifier un lieu, faire attribuer ce terrain à l'État à travers le secrétariat d'État aux Beaux-Arts, et enfin en faire bénéficier le musée. Le terrain en bordure du Jardin d'acclimatation, qui présentait les mêmes avantages que celui du parc de Sceaux, semblait prédestiné.

Du « zoo humain » [1]
au musée de plein air

Alors que le musée n'existait même pas, Jean Cassou, rêvant déjà à un lieu propice pour une installation de ce genre, évoquait le Jardin d'acclimatation du bois de Boulogne [2]. Destin curieux que celui de ce « Jardin » dont le projet initial était de faire connaître les espèces animales exotiques, qui accueillit ensuite des tribus « sauvages » pour le délice des Parisiens et qui allait enfin offrir un espace dédié à la version nationale de ces cultures exotiques.

---

1. Nicolas Bancel, Pascal Blanchard, Gilles Boestsch, Éric Deroo, Sandrine Lemaire (dir.), *Zoos humains. De la Vénus hottentote aux reality shows*, Paris, La Découverte, 2002.

2. Lettre du 12 mai 1932, Ms 84/5, Bibliothèque/Archives du musée de l'Homme, citée par Nina Gorgus, *Le Magicien des vitrines. Le muséologue George Henri Rivière*, Paris, éditions de la Maison des sciences de l'homme, 2003, p. 71.

Situé à l'ouest de Paris, ce vaste terrain fut utilisé, sous la direction de Geoffroy Saint-Hilaire, comme jardin zoologique pour « acclimater » les animaux qui peuplaient les contrées que les pays civilisés allaient coloniser. Napoléon III et l'impératrice Eugénie l'inaugurèrent en 1860. En août 1877, on eut l'idée[1] d'y présenter quatorze Africains, dénommés Nubiens, en compagnie d'animaux venus de Somalie et du Soudan – chameaux, girafes, bétail exotique, éléphants, rhinocéros nains et autruches. Par la suite furent montrés des Lapons, des habitants de la Terre de Feu, des Zoulous, des Peaux-Rouges, conduits par des négociants qui se spécialisaient dans ce genre de tournées en divers pays d'Europe. En 1883, furent exhibés dix-huit Cinghalais (Ceylanais) avec dix éléphants, deux familles d'Araucan des Andes, quinze Peaux-Rouges du Nebraska[2]. Et en mars 1892, une trentaine d'Amérindiens Kaliña de Guyane y furent présentés et photographiés par le prince Roland Bonaparte[3].

Ces exhibitions rencontrèrent un succès immense auprès de la population parisienne. Elles avaient initialement des finalités scientifiques. Dans la seconde moitié du XIXᵉ siècle, l'anthropologie physique s'affirmait comme science et comme partie prenante de la science de l'homme. Les membres de la Société d'anthropologie de Paris, fondée par Broca, conduisirent sur ces visiteurs

1. C'est à Carl Hagenbeck, dompteur d'animaux et directeur du zoo de Hambourg, qu'est attribuée l'idée d'envoyer des agents dans des terres lointaines pour ramener des groupes de « type exotique » à exposer, dans un but commercial. Curtis M. Hinsley : « The World as Marketplace : Commodification of the Exotic at the World's Columbian Exposition, Chicago, 1893 », in Ivan Karp et Steven D. Lavine (eds), *Exhibiting Cultures. The Poetics and Politics of Museum Display*, Washington and London, Smithsonian Institution Press, 1991, p. 345.

2. William Schneider, « Les expositions ethnographiques du Jardin zoologique d'acclimatation », in Nicolas Bancel, Pascal Blanchard, Gilles Boestsch, Éric Deroo, Sandrine Lemaire (dir.), *Zoos humains. De la Vénus hottentote aux reality shows*, Paris, La Découverte, 2002, p. 72-80 ; et Benoît Coutancier et Christine Barthe, « "Exhibition" et médiatisation de l'Autre : le Jardin zoologique d'acclimatation (1877-1890) », *ibid.*, p. 306-314.

3. Gérard Collomb, *Kaliña. Des Amérindiens à Paris*. Photographies du prince Roland Bonaparte présentées par Gérard Collomb, Paris, Créaphis, 1992, p. 17.

d'un genre un peu particulier toutes sortes de mensurations corporelles et crâniennes, supposées fonder une théorie raciale de l'homme.

Aux États-Unis, où la théorie évolutionniste dominait l'anthropologie, de telles exhibitions devaient servir de « ligne de référence [*baseline*] pour mesurer les progrès de la civilisation ». Frederick Ward Putnam, directeur et conservateur du Peabody Museum à Harvard, et Franz Boas firent venir à la foire de Chicago de 1893 quatorze Indiens Kwakiutl de Fort Rupert (Colombie britannique) qui exécutèrent des danses que l'on photographia[1]. Cependant le côté spectaculaire de ces présentations l'emporta rapidement sur l'objectif scientifique initial et Franz Boas reconnut plus tard que ce n'était pas là un bon moyen de faire connaître la culture des Autres. Les imprésarios en faisaient un véritable commerce qui ne bénéficiait nullement aux indigènes que l'on faisait danser à heures fixes et qui furent également présentés au Casino de Paris. Le parallèle avec les animaux était frappant lorsque, comme des cacahuètes aux singes, le public leur lançait des pièces d'argent[2].

De très nombreux groupes furent ainsi exhibés à partir des années 1880 jusqu'à la veille de la Seconde Guerre mondiale pour consolider chez les Parisiens la conscience de la supériorité de leur civilisation. En 1931 encore, lors de l'Exposition coloniale, le Jardin d'acclimatation accueillit des Kanaks de Nouvelle-Calédonie[3].

---

1. Curtis M. Hinsley : « The World as Marketplace : Commodification of the Exotic at the World's Columbian Exposition, Chicago, 1893 », in Ivan Karp et Steven D. Lavine (eds), *Exhibiting Cultures. The Poetics and Politics of Museum Display*, Washington and London, Smithsonian Institution Press, 1991, p. 348.

2. William Schneider, « Les expositions ethnographiques du Jardin zoologique d'acclimatation », in Nicolas Bancel, Pascal Blanchard, Gilles Boestsch, Eric Deroo, Sandrine Lemaire (dir.), *Zoos humains. De la Vénus hottentote aux reality shows*, Paris, La Découverte, 2002, p. 72-80 ; et Benoît Coutancier et Christine Barthe, « "Exhibition" et médiatisation de l'Autre : le Jardin zoologique d'acclimatation (1877-1890) », *ibid.*, p. 306-314.

3. Jacques Dauphiné, *Canaques de la Nouvelle-Calédonie à Paris en 1931. De la case au zoo*, Paris, L'Harmattan, 1997.

101

On retrouve d'ailleurs le reflet de l'importance de ces lieux chez Proust. Dans *À l'ombre des jeunes filles en fleurs*, Swann parle de la musique comme lui évoquant « le père Verdurin en redingote dans le Palmarium du Jardin d'acclimatation ». Quelques lignes plus loin, Odette suggère de se rendre au Jardin, ce qui est l'occasion d'évoquer le souvenir d'une Mme Blatin dont se moquent Charles et Odette Swann en rapportant cette anecdote dans la conversation suivante : « Mais quel rapport a-t-elle avec le Jardin d'acclimatation ? – Tous ! – Quoi, vous croyez qu'elle a un derrière bleu ciel comme les singes ? – Charles, vous êtes d'une inconvenance ! Non, je pensais au mot que lui a dit le Cynghalais. Racontez-le-lui, c'est vraiment un "beau mot". – C'est idiot. Vous savez que Mme Blatin aime à interpeller tout le monde d'un air qu'elle croit aimable et qui est surtout protecteur. [...] Elle est allée dernièrement au Jardin d'acclimatation où il y a des noirs, des Cynghalais, je crois, a dit ma femme qui est beaucoup plus forte en ethnographie que moi. – Allons, Charles, ne vous moquez pas. – Mais je ne me moque nullement. Enfin, elle s'adresse à un de ces noirs : "Bonjour, négro !" – C'est un rien ! – En tous cas, ce qualificatif ne plut pas au noir : "Moi négro, dit-il avec colère à Mme Blatin, mais toi, chameau[1] !" »

Construit dans les années 1890 sur un modèle

---

1. Édition de la Pléiade, tome I, p. 535-536. Autre allusion dans *Le Côté de Guermantes*, La Pléiade (tome II, p. 455-456) : « Quand le salon devenait trop plein, la dame d'honneur chargée du service d'ordre donnait de l'espace en guidant les habitués dans un immense hall sur lequel donnait le salon et qui était rempli de portraits, de curiosités relatives à la maison de Bourbon. Les convives habituels de la princesse jouaient alors volontiers le rôle de cicerone et disaient des choses intéressantes, que n'avaient pas la patience d'écouter les jeunes gens, plus attentifs à regarder les Altesses vivantes (et au besoin à se faire présenter à elles par la dame d'honneur et les filles d'honneur) qu'à considérer les reliques des souveraines mortes. Trop occupés des connaissances qu'ils pourraient faire et des invitations qu'ils pêcheraient peut-être, ils ne savaient absolument rien, même après des années, de ce qu'il y avait dans ce précieux musée des archives de la monarchie, et se rappelaient seulement confusément qu'il était orné de cactus et de palmiers géants qui faisaient ressembler ce centre des élégances au Palmarium du Jardin d'acclimatation. »

anticipant celui du Grand Palais édifié en 1900, le Palmarium, à la Belle Époque, abritait une grande serre, tandis qu'au premier étage il pouvait accueillir des banquets de plus de trois cents couverts. Avant la Seconde Guerre mondiale, les propriétaires firent creuser une vaste baignoire dans l'idée de le transformer en salle de cinéma ; après la guerre, il fut utilisé par l'armée américaine comme atelier de réparations pour ses camions [1].

Le Jardin d'acclimatation était alors à l'abandon et le Palmarium avait perdu son lustre. La situation du bâtiment vint à être discutée le 30 décembre 1950 et la Ville de Paris, s'inquiétant du renouvellement de la concession du Jardin d'acclimatation, décida de disjoindre son sort de celui du Palmarium, alléguant que ce dernier « se présente dans des conditions lamentables, est vétuste et tombe en ruine [2] ». L'État en obtint la concession, le 27 août 1952, date à laquelle la ville de Paris transféra le bâtiment au secrétariat d'État aux Beaux-Arts. L'année précédente, une campagne avait été menée en faveur de l'attribution du Palmarium au musée des Arts et Traditions populaires avec l'argument d'un musée de plein air : « Les enfants y trouveraient l'enseignement le plus précieux et le plus agréable ; les provinciaux auraient la joie et la fierté de se retrouver un peu chez eux ; les Parisiens sentiraient mieux le charme ancien de la province, menacé par le modernisme ; et les étrangers apprécieraient ce résumé de notre pays, que devrait présenter toute capitale [3]. »

---

1. Francis Oppenheim, *L'Équipe*, 13 janvier 1956.
2. Archives Atp Mus. Bulletin municipal de la Ville de Paris, exposé de M. Le Troquer, 30 décembre 1950.
3. Archives Atp Mus. Pétition d'un docteur vétérinaire Rousseau, 42, boulevard du Montparnasse, 8 septembre 1951.

L'espoir éphémère d'occuper
tout le Jardin

On faisait alors miroiter un nombre de visiteurs potentiels évalué à un million deux cent mille en 1951. Une pétition, largement diffusée, proposant de faire du Jardin une sorte de Skansen, circulait notamment dans les milieux politiques. L'accent était mis principalement sur les possibilités d'un « parc de folklore ou parc des provinces françaises dans le Jardin d'acclimatation[1] ». L'ambition débordait le seul Palmarium, Rivière ayant rêvé un moment se voir à la tête des quinze hectares du Jardin.

Pour cela, il fallait faire vibrer la fibre politique des « loisirs populaires », certainement plus convaincante pour les politiques qu'un projet de musée scientifique. Au cas où la totalité du Jardin aurait été dédiée au nouveau musée, le « musée central » n'eût en effet plus été qu'une des pièces du projet, les autres étant constituées d'une maison des provinces françaises, et d'un restaurant. On prévoyait d'organiser dans le décor végétal des jeux traditionnels : fronton basque, choule picarde, jeux de boules ; on y trouverait des théâtres de marionnettes, des ateliers d'artisans traditionnels ; un théâtre de verdure accueillerait les spectacles de danse. Des maisons seraient transférées de leurs lieux d'origine (ferme du pays d'Auge, buron d'Auvergne, forge à martinet de type pyrénéen, etc.). On pourrait y célébrer de grandes fêtes populaires ; et pourquoi pas planter des espèces traditionnelles, faire la tonte des moutons (tous programmes qui se développent aujourd'hui dans certains écomusées en région) ?

La note, qui se concluait sur ces mots : « Dédiée à la jeunesse [cette grande réalisation] en charmerait les loisirs, non sans lui apprendre à connaître et à respecter le passé », a inspiré le mémoire adressé au conseil

---

1. Archives Atp Mus. Note du 6 décembre 1951.

municipal par la Préfecture de la Seine (direction des Affaires municipales et domaniales) en mars 1952. De nombreux courriers font état de contacts entre André Malraux, Rivière, le président du Conseil municipal (Paul Coirre) gagné au projet avec le soutien de l'ethnologue Jacques Soustelle, alors député du Rhône. Les débats privés et publics allaient bon train pour savoir si le projet de musée devait concerner la totalité du Jardin ou seulement le Palmarium. Le secrétaire d'État aux Beaux-Arts, André Cornu, semblait pencher pour la première hypothèse, compte tenu des attentes à l'égard « d'un musée de plein air des Arts et Traditions populaires présentant, avec une précision scientifique rigoureuse, les anciens genres de vie des provinces françaises et [associant] intimement au fonctionnement de ce musée un centre à la fois culturel et récréatif où trouveraient place les réunions et manifestations des groupes folkloriques faisant revivre les coutumes et traditions anciennes, les danses villageoises, les fêtes régionales[1] ».

Pendant quelques mois, la Préfecture et la Ville de Paris furent ainsi tiraillées entre deux projets concurrents, débattus lors de la séance du 10 juillet 1952 du conseil municipal. La première hypothèse fut abandonnée, et André Le Troquer proposa de disjoindre de la concession générale le Palmarium, en insistant sur la vétusté du bâtiment de quatre mille mètres carrés dont les nécessaires travaux de réparation s'élèveraient à deux cents millions de francs. « Conférences éducatives et congrès scientifiques et folkloriques » pourraient prendre place dans l'auditorium ; il conviendrait aussi d'imposer au futur concessionnaire du Jardin « l'obligation d'accepter que soient construites par les soins et aux frais de l'État lui-même un certain nombre de maisons typiques dont l'entretien et le gardiennage seraient

---

1. Archives Atp Mus. Mémoire de mars 1952. Observons qu'à cette date encore, le revivalisme folklorique n'a pas été éradiqué au profit d'une mission scientifique.

assurés par l'État et dont l'accès serait gratuit pour les visiteurs du parc ». De plus, l'État conserverait le contrôle sur les fêtes et manifestations folkloriques pour s'assurer de « la haute tenue et [de leur] caractère culturel » et éviter qu'elles ne s'apparentent à des « présentations de music-hall ».

Plusieurs articles de presse saluèrent le concept de « musée de plein air » (*Les Nouvelles littéraires* du 14 août 1952) ou « des provinces de France » (*Journal du dimanche* du 12 octobre 1952). Le *New York Herald Tribune* du 1er août 1952 titra : « *Paris to Build a Museum of Real Peasant Homes*. Paris va se doter d'un musée de vraies maisons paysannes ».

Une convention fut signée entre le secrétariat d'État aux Beaux-Arts et la Ville de Paris qui concéda le grand bâtiment dit « Palmarium » ainsi qu'une parcelle de terrain contiguë à la façade est d'environ mille deux cents mètres carrés, pour trente ans. Destiné à l'installation du musée des Arts et Traditions populaires et à l'aménagement de salles de réunions ou conférences, le bâtiment devait accueillir des congrès scientifiques et folkloriques et permettre le fonctionnement d'une maison des provinces françaises.

La convention rappelait les obligations faites à la nouvelle société d'exploitation du Jardin, la société Maillot-Maurice Barrès, qui devait accepter que soient reconstruites dans le parc par les soins et aux frais de l'État (ministère de l'Éducation nationale), concessionnaire du Palmarium, des maisons rurales, au nombre de dix au maximum.

Le destin du musée semblait enfin scellé ; occuper un vaste bâtiment à rénover ; coopérer avec le Jardin d'acclimatation pour l'installation des spécimens d'architecture rurale. Mais il fallait encore attendre, car le terrain dévolu à l'État n'était toujours pas officiellement affecté au musée.

Les années 1950 furent des années difficiles à Chaillot dans le bâtiment vétuste, insalubre, inadapté. Tout en se battant à chaque phase cruciale de négociation de son projet, Rivière devait végéter au quotidien dans ses locaux exigus, incommodes, en panne de crédits et de personnel (dans diverses correspondances, on le voit se plaindre du manque de fonds ou du manque de chauffage[1]). La politique d'enrichissement du musée se poursuivait cependant, et, dans son combat, Rivière désormais n'était plus seul : il avait le soutien de de la presse[2] et surtout de celui qui allait devenir le premier ministre de la Culture, André Malraux – soutien constant jusqu'à la rupture entre les deux hommes, vers 1968.

Dans un entretien avec André Malraux, titré « L'État n'est pas fait pour diriger l'art, mais pour le servir[3] », le journaliste questionnait celui-ci sur son éventuel programme : « À supposer que vous fussiez ministre des Beaux-Arts, que feriez-vous ? » Parmi toutes les décisions qu'il énumère, Malraux signale qu'« il serait désirable d'affecter les bâtiments du Jardin d'acclimatation au musée des Arts et Traditions populaires ».

Les lenteurs de l'administration

Rivière signe un article dans *Terre de France*, en juillet 1953, dans lequel, après avoir retracé la genèse du musée et son activité depuis 1937, il laisse entendre qu'il a eu des assurances quant au bâtiment, mais fait aussi état des incertitudes quant au calendrier : « Quand occuperons-nous cet édifice à la dimension de notre programme

---

1. Amn U 23. Ainsi cette correspondance du 25 octobre 1951, où Rivière se plaint du fait que les Atp ne sont pas chauffés, ni les bureaux, ni les galeries maintenant ouvertes aux visiteurs. Il est d'autant plus amer que « les bureaux de l'agence de l'architecte et du musée de la Marine » sont chauffés, eux.
2. Archives Atp Mus. Tiroir 4, 1951 à 1964.
3. *Carrefour*, 26 mars 1952.

national : le Palmarium du Jardin d'acclimatation, mis à notre disposition par la Ville de Paris, à la demande du secrétariat général des Beaux-Arts ? Quand aménagerons-nous dans ce parc, voisin du bois de Boulogne, à l'exemple des pays scandinaves, un musée de plein air où seront quelques-uns des plus beaux types de l'architecture paysanne en France ? Demain, au gré de nos rêves... Dans quelques années, si notre persévérance surmonte les difficultés encore semées sur la route. »

Bernard Champigneulle, dans un article du *Figaro littéraire*, du 12 décembre 1953, intitulé « Les arts et traditions populaires auront-ils un musée digne d'eux ? » et inspiré par Rivière, souligne avec emphase la nécessité d'un musée de « synthèse » et se fait l'écho fidèle de son impatience : « Des négociations sont engagées pour doter enfin la France du vrai musée de ses arts et de ses traditions populaires que commandent la richesse et l'immense diversité de son folklore. On a proposé diverses solutions. Celle qui consiste à l'établir au Jardin d'acclimatation paraît excellente. Le choix du lieu, sa facilité d'accès, l'économie qui résulterait de son installation dans le Palmarium aménagé pour lui, la possibilité de disposer en annexe un musée de plein air dans une partie du jardin, tout cela paraît militer en faveur de ce projet séduisant. [...] Voilà dix-sept ans qu'un musée virtuel est installé à titre provisoire au palais de Chaillot. On voudrait être assuré qu'il ne faudra pas plus de temps encore avant de voir inaugurer le musée définitif. »

Paroles prophétiques lorsqu'on sait qu'il faudra encore dix-neuf années avant l'ouverture !

Le Jardin a rouvert ses portes en 1953, mais les lenteurs bureaucratiques, stigmatisées par la presse[1], retardaient la mise en route effective du projet muséal. Cela

---

1. « L'administration, paralysée par d'archaïques méthodes, ne livre aucun renseignement qui n'ait été visé et supervisé à tous les échelons de son décourageant dispositif hiérarchique », *Le Figaro*, 12 décembre 1953.

est si vrai qu'une seconde convention (20 décembre 1954) dut être signée entre le préfet de la Seine et le directeur des Domaines du département de la Seine représentant l'État, assisté par le directeur général des Arts et Lettres, car ce ministère qui avait initialement paraphé le document, n'étant pas techniquement destinataire du bâtiment, n'avait pas l'autorité ! Dans le même registre, et bien que rien n'ait été encore décidé officiellement, Rivière recevait déjà les demandes automatiques de l'administration le priant d'évaluer les recettes du futur musée – ce à quoi Rivière répondit très sérieusement : « Monsieur le Conservateur du musée national des Arts et Traditions populaires estime très délicate pareille estimation de recettes, dans l'incertitude encore presque totale des possibilités qui lui seront offertes de réaliser l'ensemble du vaste programme qu'il a conçu. Toutefois, afin de fournir à l'administration des domaines une base de calcul approximative, le Conservateur croit pouvoir espérer que le nombre des entrées à prévoir dans le nouveau musée, après sa réinstallation au bois de Boulogne, pourrait être estimé, pour la première année entière, à environ trente mille visiteurs payants, ce qui, au plein tarif de cinquante francs actuellement en vigueur dans la plupart des musées nationaux, représenterait une recette brute d'un million cinq cent mille francs. Ce chiffre devrait normalement, d'après les résultats constatés pour les institutions étrangères de même nature, s'accroître d'environ 20 % par an et pourrait ainsi doubler au bout de la sixième année [1]. »

Une étape décisive fut toutefois franchie avec l'arrêté du 28 juillet 1953 chargeant Jean Dubuisson du transfert du musée dans l'immeuble dit Palmarium du Jardin d'acclimatation, puis la signature de la convention entre l'État et la Ville de Paris le 20 décembre 1954, suivie le

---

1. Archives Atp Mus. Courrier du 24 juillet 1953.

31 décembre 1954 de la prise de possession des locaux par la direction des musées de France. Mais les « difficultés semées sur la route » furent encore nombreuses. Les ethnologues savent que les situations d'entre-deux, de marge, sont particulièrement dangereuses. Dans sa célèbre théorie des rites de passage, Arnold Van Gennep souligne l'usage de pratiques magiques visant à écarter les mauvais esprits qui rôdent dans les temps d'incertitude. Rivière, lui, misait sur les bons esprits en mobilisant tous ses réseaux lorsque des dangers menaçaient son projet.

Les épisodes budgétaires

Il fallut solliciter l'aide de toutes ses relations politiques et amicales pour qu'un budget fût voté le 28 janvier 1955 ou plus exactement rétabli. En effet, le Conseil de la République (ou Sénat sous la IVe République) avait supprimé le crédit de cent millions, initialement voté par l'Assemblée nationale, pour les travaux.

Cet épisode est significatif de la façon dont l'énergie, la persévérance, l'obstination même de Rivière se déployaient dans toutes les directions pour toucher le plus grand nombre de sénateurs, par divers réseaux politiques, professionnels ou amicaux. Il sollicita l'aide de René Duchet, sénateur de la Côte-d'Or et maire de Beaune, où il installait un très novateur musée de la Vigne et du Vin, comme celle de Paul Rivet à qui il écrit le 18 janvier 1955 : « Mon cher Docteur, nous avons cette année un crédit de cent millions pour les travaux. La commission des Finances du Conseil de la République, insuffisamment éclairée, l'a fait supprimer. Le Ministre en demande le rétablissement dans une très prochaine séance du Conseil de la République. Pourriez-vous faire choix parmi les amis que vous avez au Conseil de la République d'un Sénateur qui nous soutienne lorsque cette affaire passera en séance ou qui passe la consigne à l'un

110

de ses collègues ? Je vous en aurais la plus vive gratitude et c'est essentiel [1]. »

Il chercha également l'appui de Jacques Soustelle. Il avait aussi l'habileté de faire jouer de façon indirecte des relations amicales qui pouvaient toucher divers membres du Sénat, telle Mme Denise Mayer, épouse de René Mayer, futur président du Conseil. L'épais dossier d'archives concernant cette affaire renferme aussi des dizaines de lettres adressées à des correspondants divers, avec une note personnalisée chaque fois. Il s'agissait alors de contrer Jacques Debû-Bridel. Finalement, André Cornu, le secrétaire d'État, défendit le projet et l'emporta. Deux télégrammes en avisèrent Rivière alors en visite à Beaune pour la préparation du musée du Vin : « Succès complet en séance hier Sénat. Amitiés, Denise » et « Crédit voté. Félicitations Atp ». C'est le 29 janvier 1955 et l'on peut fixer à cette date le démarrage du projet.

Une note de mars 1955 le montre résolument optimiste : « Il est certain, désormais, que le musée pourra remplir, d'ici peu d'années, ce grand programme national dont l'urgence devenait tragique. Dotés de locaux adéquats, nos activités de recherche, de documentation et de conservation verront leur rendement s'accroître. De vastes galeries d'exposition permanente s'ouvriront enfin, complétées d'un musée de la Jeunesse. Cependant que nos expositions temporaires, cessant d'être des spectacles devant le rideau, prendront leur véritable fonction, celle d'interpréter l'actualité. Les plans du nouvel édifice sont dès à présent à l'étude. » Mais c'est là sans doute le volontarisme habituel de Rivière car l'ambiance générale de l'équipe était plutôt morose si l'on se réfère à l'article de la revue *Orphée* daté de janvier 1955 : « Paradoxalement favorisée par le temps de guerre, [l'activité] s'est ralentie depuis le retour de la paix et cela faute de crédits et par conséquent de personnel. Une dizaine de

---

1. Archives Atp Mus. Tiroir 99, dossier sans titre.

personnes seulement se trouvent actuellement au service du musée. La quête des objets (domestiques, mobiliers, professionnels) et des documents se fait au hasard des voyages des chercheurs, des ventes aussi car des missions organisées et fréquentes coûtent très cher... On classe des fiches et des photos dans des tiroirs, on range soigneusement les objets dans les réserves en espérant (c'est le projet qui a, paraît-il, le plus de chances d'aboutir) une prochaine installation dans de vastes locaux du Jardin d'acclimatation. »

Par rapport à la période de l'avant-guerre et même de la guerre, le début des années 1950 était en effet relativement atone, en dépit de la présence de Maget et de son laboratoire d'ethnologie [1]. L'énergie de Rivière était accaparée par trois chantiers muséographiques : celui du musée, celui des expositions temporaires et celui de la reconstruction des musées régionaux et locaux. En tant que directeur de l'Icom, il était également très sollicité. Ce n'est donc qu'à la fin des années 1950 qu'une impulsion nouvelle sera donnée aux activités de recherche.

L'espoir faisant vivre, lors de la huitième exposition temporaire intitulée : « Nouvelles acquisitions » (4 mai-13 juin 1955), Rivière fit figurer en tête du catalogue la photo du Palmarium avec les légendes suivantes :

1. à 3. Palmarium. – La plus importante des acquisitions du musée depuis ses origines : le terrain du Palmarium concédé à l'État par la Ville de Paris, le 20 décembre 1954 et sur lequel s'élèvera, voisin du Jardin d'acclimatation, le nouvel édifice du musée.

1. Carte postale figurant le palmarium vers 1910.

2. Photo figurant le Palmarium dans son état actuel, ph. 55.34.1, cliché Pierre Soulier.

3. Première esquisse du plan du nouvel édifice (Jean

---

1. Amn U 2 Atp, 4 décembre 1946. Maget a mis au point à la fin de la guerre les « instructions provisoires pour la constitution des collections muséographiques d'ethnographie française », qui deviendront son *Ethnographie métropolitaine. Guide d'étude directe des comportements culturels*, Paris, Civilisations du Sud, 1953.

Dubuisson, grand prix de Rome, architecte en chef des Bâtiments civils).

SE BATTRE POUR FAIRE CONSTRUIRE LE BÂTIMENT

Dès juillet 1953, Rivière avait été avisé par le directeur général de l'Architecture de la désignation de Jean Dubuisson, architecte en chef des bâtiments civils et des palais nationaux, ancien pensionnaire de l'Académie de France à Rome et grand prix de Rome en 1945, élève inspiré par Le Corbusier, qui d'ailleurs le recommanda. Les deux hommes ne purent se mettre tout de suite au travail, puisque, entre-temps, il avait fallu que fût signé le contrat entre la Ville de Paris et le ministère de l'Éducation nationale. C'est en 1955, une fois l'hypothèque des premiers crédits levée, que les deux hommes commencèrent à collaborer. Jean Dubuisson était l'homme de la situation, celui qui construirait « non pas un bâtiment somptuaire, mais un bâtiment moderne, flexible ».

Jean-François Leroux-Dhuys a retracé les conditions de la coopération entre ces deux hommes qui s'appréciaient mutuellement[1]. À partir d'un programme établi par Rivière, Dubuisson et Michel Jausserand, son assistant, qui resta constamment en contact avec le projet, travaillèrent sans relâche au cours de l'année 1955. L'idée initiale de l'administration était de loger le musée dans la structure métallique du Palmarium rénové. Rivière et Dubuisson surent convaincre leurs interlocuteurs d'ériger un bâtiment neuf. En effet, Dubuisson prit vite conscience qu'un aménagement du vieux Palmarium serait plus coûteux que l'érection d'un nouveau bâtiment ; Rivière fut enchanté de ces perspectives

---

1. Jean-François Leroux-Dhuys, « Georges Henri Rivière et le musée des Arts et Traditions populaires », in *Les Bâtisseurs de la modernité*, AMO (Architecture et maîtrise d'ouvrage), Paris, Le Moniteur, 2000, p. 173-180.

architecturales qui fourniraient à la beauté des collections l'écrin d'un édifice moderne.

Il est assez paradoxal de penser que le musée des Arts et Traditions populaires s'élèverait à l'emplacement même où l'on exhibait les "indigènes" à la grande époque coloniale. Le musée éradiquerait le souvenir de ces crimes culturels de la « civilisation occidentale » incarnés dans ces « expositions ethnographiques » et autres zoos humains. Outre les raisons techniques et symboliques qui militaient en faveur d'un nouveau bâtiment, après la démolition du Palmarium, Rivière souhaitait effacer la trace d'un regard occidental ethnocentrique. Bâtiment expiatoire des péchés de colonialisme, le musée offrirait un lieu de réhabilitation et de légitimation à cet art et à ces cultures « autres », ici celles des mondes populaires et paysans.

Et à bâtiment moderne, il fallait un projet scientifique novateur débarrassé de toutes les connotations nostalgiques du folklore.

Le premier projet de Dubuisson

Dès le mois de juillet 1955, Dubuisson et Rivière proposèrent un projet à René Perchet, directeur général de l'Architecture, issu d'un travail conduit avec « acharnement » et dont ils étaient satisfaits : « Nous croyons très sincèrement être arrivés à une solution neuve, autant que raisonnable, reflétant l'expérience internationale, tout en convenant très étroitement à nos propres besoins. » La presse[1] souligna la coopération modèle

---

1. Maximilien Gauthier, *Aux écoutes*, 20 mai 1955. « M. Jean Dubuisson n'a rien décidé sans demander conseil au conservateur du musée, M. Rivière, lequel se soucie moins d'obtenir un nouveau palais qu'une construction intelligemment adaptée à sa fonction principale, qui sera d'instruire le public en le divertissant. Ce fut ainsi que M. Carlu procéda, lorsqu'il fut désigné pour l'établissement du musée de l'Homme ; il fit sagement demander conseil au professeur Rivet, fondateur de ce musée ; résultat : un ensemble de salles, de galeries et de réserves que les muséologues du monde entier considèrent comme un modèle. »

entre l'architecte et le conservateur, ce qui était plutôt contraire aux habitudes – de sorte que, souvent, le contenant ne convient pas au contenu. Ici, au contraire, les deux marchent de pair. Et dans une note du 9 juillet 1955 Rivière se montrait optimiste : « L'état d'avancement des études nous permet d'envisager une ouverture du chantier dans le premier semestre de 1956[1]. » Mais le projet sera retardé encore de trois années. Tantôt il n'y avait pas de crédits, puis, quand les crédits étaient acquis, diverses circonstances retardaient la démolition du vieux bâtiment, de sorte que, lorsque celle-ci était décidée, les crédits faisaient à nouveau défaut.

Infatigable, usant de son charme et de sa force de conviction bien connus[2], Rivière sollicitait sans relâche les milieux politiques comme les diverses strates de l'administration partenaires[3] du projet, afin de les amener à soutenir son entreprise : direction de l'Architecture des bâtiments civils et des Palais nationaux, direction des Beaux-Arts, Éducation nationale, Finances, direction des musées de France, etc. Parmi tant d'autres cas, ce courrier du 5 août 1955 à Jean Leymarie, conservateur du musée de Grenoble, à qui Rivière demandait

---

1. Archives Atp Mus., tiroir 99 : « Nous disposons actuellement d'une somme de 120 millions et les travaux du gros œuvre sont évalués à 270 millions. Il serait donc nécessaire de demander un complément de crédit de 150 millions, afin de traiter l'ensemble des travaux de gros œuvre. » Téléphone avec M. Barbot, chef du bureau, du 27 juillet 1955 : « L'ensemble de l'opération est à évaluer à 550 000 millions » (gros-œuvre 300 millions, corps d'état secondaire et équipement 250 millions).

2. Un de ses grands amis, Alfred Métraux, dit à son propos : « Georges Henri est très conscient de son charme et l'exerce systématiquement », dîner du 22 juillet 1953, *Itinéraires 1 (1935-1953), Carnets de notes et journaux de voyage*, Paris, Payot, 1978, p. 515. André-Marcel d'Ans, qui a compilé ces carnets, les a introduits et annotés, remarque : « Rivière semble exercer sur Métraux une influence particulière du fait de l'originalité de ses goûts esthétiques. De plus en plus, il deviendra pour les loisirs culturels de Métraux un compagnon privilégié et sans doute admiré » (p. 342).

3. Archives Atp Mus. Rivière rend compte d'une visite à M. Pierre Ceccaldi, chef de cabinet du ministre des Finances, le 27 juillet 1955 : « Je lui explique les grandes lignes du projet et lui en montre l'avant-projet Dubuisson. Accueil très sympathique. Il fera tout son possible pour nous aider, principalement à l'échelon des finances. »

une intervention auprès de Jean Berthoin, le ministre de l'Éducation nationale (dont dépendait le secrétariat aux Beaux-Arts). Après les politesses d'usage et l'exposition de son futur projet, « témoignage d'architecture contemporaine qui fera honneur, j'en suis sûr, à notre pays », Rivière vient au fait : « Nous sommes en pleine offensive financière. Ne faut-il pas ajouter aux cent vingt millions dont nous disposons déjà les quatre cent trente millions de crédits d'engagement représentant l'ensemble des dépenses à prévoir, étant entendu que les dépenses effectuées s'échelonneront sur plusieurs exercices... »

Le Palmarium étant toujours l'objet de multiples convoitises, et les travaux n'ayant pas encore débuté un an après sa remise au secrétariat d'État aux Beaux-Arts, l'année 1956 était, en effet, celle de tous les dangers[1]. Pour Rivière et Dubuisson, il fallait absolument boucler le dossier architectural et financier.

En avril, le secrétaire d'État aux Arts et Lettres écrivit à Dubuisson lui demandant de lui faire parvenir le projet définitif. Il lui indiquait : « Le crédit total retenu pour la réalisation de cette opération est de 550 000 000 francs à savoir – 20 000 000 au titre de l'exercice 1954 ; 100 000 000 en 1955 ; 230 000 000 en 1956 ; 200 000 000 en 1957. »

Le mois de mai 1956 s'avéra encore un mois crucial puisqu'il fallut convaincre la commission des Finances de l'Assemblée nationale et son président Paul Reynaud ; Rivière eut recours à ses amis habituels, tels Jacques Soustelle, Mme René Mayer. Pour promouvoir son projet, Rivière disposait désormais du capital de ses expositions temporaires à l'inauguration desquelles il ne manquait pas d'inviter des personnalités politiques. Il faisait alors vibrer la corde nationale. C'était moins le contenu

---

1. Archives Atp Mus. Lettre du 27 janvier 1956, du préfet de la Seine au directeur des musées nationaux, Georges Salles, dans laquelle il s'étonne que les travaux n'aient toujours pas commencé.

qui était célébré que le mode d'exposition. Un musée « national », cela voulait dire alors un musée dont la France pouvait s'enorgueillir en offrant aux musées similaires du monde entier un projet architectural modèle.

Aux motifs mis en avant dans les années 1950 – tourisme, loisirs populaires, revivalisme folklorique –, succédait désormais la vibrante célébration du projet du bâtiment, associant à une architecture nouvelle une muséographie révolutionnaire. Et Rivière s'empressa de publier le projet dans les revues internationales des musées afin de s'assurer le soutien de tous les conservateurs du monde. Il écrivait ainsi : « Les plans [du futur musée] répondent aux exigences de la muséographie moderne. Ce sera en France le premier musée construit selon ces données. Il fera honneur au pays. Si cette œuvre ne s'accomplit pas dans le plus proche avenir, un musée national mourra d'étouffement et de découragement. Conséquence d'autant plus scandaleuse qu'elle se produira, en regard d'efforts exemplaires étrangers, dans le pays le plus riche peut-être en arts et traditions populaires [1]. » De même, dans une lettre adressée à un journaliste, à propos de la représentation de l'art forain, Rivière, fidèle à sa méthode (influencer et devancer), expliquait : « Nous saurons dans quelques semaines s'il est possible d'entreprendre, dès cette année, l'édifice du musée des Arts et Traditions populaires. Vous pensez bien qu'un tel résultat ne s'atteint pas sans des études, sans des démarches pour lesquelles, Dieu merci, toute la compréhension, toute la bienveillance de l'administration nous sont acquises [2]. »

C'était évidemment un mensonge, car les travaux n'étaient pas encore commencés, et le projet de Dubuisson-Jausserand était, lui, soumis à réajustement.

---

1. Archives Atp Mus.
2. Archives Atp Mus. Note du 22 mai 1956.

Le second projet

Nombre de bonnes et méchantes fées se sont penchées sur le berceau du nouveau-né, ce premier musée construit dans l'après-guerre, objet de satisfactions – Rivière qualifiait l'édifice d'« élégant, simple et pratique » – mais aussi de convoitises.

L'avant-projet de Dubuisson reçut l'accord de la direction de l'Architecture (section spéciale des bâtiments civils du Conseil général des bâtiments de France) le 26 juillet 1956 et l'architecte poursuivit l'étude technique permettant d'établir les dossiers d'appel à la concurrence, mais le coût financier conduisit à le réviser. En fait, il lui fallut sérieusement retoucher sa copie.

Les architectes avaient fait une première proposition prenant la forme de deux structures distinctes : « La première à étages bas et multiples, affectés aux services administratifs, techniques et documentaires, la seconde à deux étages élevés, affectée aux organes intéressant le public : hall, auditorium, galeries d'expositions temporaires et permanentes, musée de la jeunesse[1]. »

Dans la nouvelle conception muséographique, on prenait désormais en compte le public, sa psychologie et sa physiologie. Dans une lettre à M. de Villenoisy, directeur général de l'Architecture, Rivière expliquait vouloir « tout faire pour éviter les inconvénients actuels de l'escalier qui, au musée de l'Homme, conduit aux galeries[2] » et se référait à l'exemple du musée de São Paulo édifié par Oscar Niedermayer. Au musée des Arts et Traditions populaires, on accéderait aux galeries par une rampe d'accès. Le projet architectural enthousiasma les conservateurs de musée, à l'image de celui du musée national suisse de Zurich, F. Gysin, également président du comité consultatif de l'Icom : « Pour moi, le projet reste l'expression la plus pure et la moins encombrée de

---

1. *Museum*, IX, 2, 1956.
2. Archives Atp Mus. Lettre du 17 juillet 1956.

compromis de tendances actuelles dans la muséologie, à savoir : créer un instrument de travail parfait et bien équilibré qui permette un libre essor de l'imagination créatrice dans la présentation des collections et qui, en même temps, prenne tout à fait au sérieux les multiples tâches de conservation, de classification et de recherche qui nous incombent à tous... Si l'on a le courage de faire ceci chez vous, vous aurez une fois de plus donné aux pays qui vous regardent un enseignement que nous serons contents d'accepter [1]. »

Alors que les crédits qui correspondaient au gros œuvre étaient accordés en juillet 1956 et que la démolition du vieux bâtiment était prévue en novembre, l'administration de l'Architecture demanda cependant à Dubuisson de revoir son projet sur deux points, dont le principal concernait la « rampe d'accès ». Les architectes en abandonnèrent alors l'idée au profit d'une autre formule : les galeries d'exposition seraient situées de plain-pied et en sous-sol, offrant un accès aisé.

Le 21 janvier 1957, Rivière écrivait au directeur des musées de France pour lui proposer la nouvelle version et le document montrait clairement que l'architecture et la muséographie avaient été, une fois encore, pensées ensemble. Deux galeries avaient été prévues qui, dans leur spécificité, marquaient la séparation entre la fonction culturelle et la fonction scientifique du musée. S'y ajoutait un troisième espace, le musée de la Jeunesse (qui, lui, ne verra jamais le jour).

Le courrier soulignait les résultats essentiels suivants : « 1) L'étage supérieur destiné au "musée public" est supprimé. Le musée public rejoint au rez-de-chaussée le musée de la Jeunesse et la galerie d'expositions temporaires. Donc, plus de rampe d'accès. Le problème de la portée des poutres en reçoit également solution. Le public n'aura pas à monter au premier étage. La hauteur

---

1. Archives Atp Mus. Lettre du 29 août 1956.

du musée public est diminuée de moitié, ce qui est de nature à satisfaire les urbanistes.

« 2) Sous le musée public est créé un musée semi-public ou d'étude (objets en exposition dense, avec appareil muséographique minimum), auquel il sera possible d'avoir accès, selon l'expérience, soit aux mêmes conditions que le musée public sans qu'il en résulte un contrôle supplémentaire, mais à condition de sonner à la porte, comme il en est avec le plus grand succès à Amsterdam, pour les galeries d'étude du Rijksmuseum.

« 3) La réserve de collection passe de 2 800 à 2 415 mètres carrés. Tenu compte de l'allègement apporté par le musée d'étude, cela représentera en fait une augmentation considérable. Nous pourrons dans les plus larges limites jouer notre rôle de conservatoire national et de "dispatching" des musées de province dans notre spécialité.

« 4) De plus grandes facilités d'exploitation autonome sont données au grand auditorium.

« 5) La protection du musée est mieux assurée.

« 6) L'ensemble des solutions est plus économique.

« Tel qu'il se présente à l'heure actuelle, tenu compte des remarques de nombreux collègues français et étrangers auxquels nous l'avions soumis entre-temps, grâce aussi au sens technique et à l'imagination créatrice de notre architecte et de son collaborateur, M. Josserand[1], nous présentons un projet longuement mûri, répondant bien à toutes les exigences de la muséographie moderne en général et sous l'angle de notre spécialité, qui laissera à Paris un témoignage caractéristique de l'architecture française de notre temps, en harmonie avec le beau site du bois de Boulogne[2]. »

Suivait un vibrant plaidoyer aux autorités de tutelle afin de faire accélérer le processus que Rivière concluait

---

1. Nom mal orthographié : il s'agit de Michel Jausserand.
2. Archives Atp Mus. Lettre du 21 janvier 1957.

sur ces mots : « Je me permets, une fois de plus, de demander toute votre aide et celle de M. Jaujard [directeur des musées de France] pour défendre ce projet. Nous faisons une lutte contre la montre. Nos capacités de magasinage sont utilisées à l'extrême. Chaque jour qui passe, c'est un nombre croissant d'objets dégradés par les conditions, véritablement indignes, de conservation qui leur sont infligées dans nos locaux actuels, chaque jour qui passe, c'est aussi, sur notre terrain, un nombre croissant d'occasions perdues à jamais. Notre musée se fait à la limite extrême de ses conditions de création. Plus tard serait trop tard. »

La modernité du projet était en effet radicale... Pour le réaliser, la stratégie de Rivière consistait à le promouvoir partout en France, comme dans les musées des pays étrangers qu'il avait l'occasion de visiter dans le cadre de sa présidence de l'Icom.

Se dénommant lui-même le « pèlerin des musées », il consacra dès lors de plus en plus de temps à prodiguer ses conseils aux musées régionaux qui se rénovaient ou se créaient, ne manquant jamais une occasion de rendre publique son entreprise en s'appuyant particulièrement sur la presse. Lorsque s'ouvrait une exposition temporaire, on le voyait très attentif à surveiller la liste des invitations aux journalistes, à répondre à d'éventuelles critiques, ou à remercier lorsque des propos louangeurs lui étaient adressés. Bref, c'était un expert en communication avant l'heure [1].

L'ouverture des crédits pour la démolition du Palmarium du Jardin d'acclimatation en avril 1957 donnerait

---

1. Entretien avec Olga Fradisse, 16 et 22 mai 1957, dans *Les Lettres françaises*. Rivière a invité la journaliste et lui a détaillé le projet de la salle principale dont toutes les cloisons seront mobiles, à côté de laquelle se trouvera le musée de la Jeunesse ; en dessous le musée d'études : « On y présentera les objets en position serrée, mais tous seront visibles, il faudra sonner pour entrer ! » Dans le sous-sol un auditorium et les réserves, enfin les services seront situés dans la tour et « ce qui est "musée à la page", un restaurant avec vue panoramique sur le bois de Boulogne ».

à penser que le premier coup de pioche était imminent : l'opération fut repoussée de deux mois car une réception placée sous la présidence d'honneur de M. le président de la République devait se dérouler au Jardin d'acclimatation en juin. Mais Rivière n'était pas au bout de ses peines.

« LES INNOMBRABLES OBSTACLES,
DE BONNE OU DE MAUVAISE FOI,
MIS SUR NOTRE ROUTE [1] »

L'épisode de la piscine

Alors que des discussions se poursuivaient sur des points techniques concernant le bâtiment, surgit soudain une calamité inattendue : un projet de piscine présenté comme une solution plus économique et plus utile à la Ville de Paris que le musée.

Dès 1956, le journal *L'Équipe* s'emparait du dossier. Le quotidien du sport était porteur d'un projet concurrent et affichait dans une grande manchette du 13 janvier : « Paris possède (sans le savoir) un magnifique stade couvert. Des millions de francs pourraient être sauvés. » Sous la photo du Palmarium, « un legs de la Belle Époque », figurait ce commentaire : ce bâtiment « appartient à l'Éducation nationale et attend la pioche des démolisseurs. À peu de frais, on pourrait y édifier le stade nautique qui manque à Paris ». Le trou creusé avant guerre pour faire un cinéma et dont le projet avait été abandonné ne pourrait-il servir pour l'essentiel à la réalisation de ce bassin olympique qui faisait tant défaut à

---

1. Archives Atp Mus. Edmond Sidet, directeur des musées de France, dans une note destinée au ministre d'État le 14 mai 1959 pour hâter cette démolition, souligne que « depuis quatre ans, M. Georges Henri Rivière s'attache, aidé par vous, à surmonter un à un les innombrables obstacles qui ont été, de bonne ou de mauvaise foi, mis sur notre route ».

Paris ? Quant au musée, qu'on l'édifie sur un autre terrain. La partie était encore jouable, puisque le propriétaire du bâtiment était l'Éducation nationale, dont dépendait, rappelons-le, le secrétariat d'État aux Beaux-Arts, avant que soit créé le ministère de la Culture.

Une campagne de presse hostile mit en avant le coût « pharaonique » du projet du musée. *L'Aurore* du 26 juillet 1957, titrant « La folie des dépenses », annonçait que la construction du musée coûterait un milliard et demi de francs. Même si ces chiffres étaient faux, il est vrai qu'au vu du budget de la France d'après-guerre, le coût pouvait paraître colossal. Nous sommes aujourd'hui habitués à des investissements considérables dans les monuments de la culture. Il n'en allait pas de même alors que la France sortait à peine de la pénurie d'après-guerre. L'article ouvrait simultanément un autre champ de bataille : la taille de la tour qui allait dépasser des frondaisons du bois de Boulogne. Dans *Le Parisien libéré* du 2 août 1957, Henry Hugault rédigeait lui aussi un article au vitriol, sous le titre « Piscine ou... musée dans l'ancien Palmarium ? ». Le journaliste soulignait que, bien que n'ayant plus son mot à dire, le conseil municipal de Paris n'était guère favorable au projet, de même que le président de la Société du Jardin d'acclimatation qui n'était autre que le maire du XVIe arrondissement (où se situait le Palmarium) ; il avançait à nouveau le coût d'un milliard ; enfin il reprenait l'argument de la piscine « déjà creusée ».

Rivière mit rapidement en place des contre-feux. Désormais méfiant, et veillant à ce qu'on appelait encore la « propagande » et pas encore la « communication », il fit adresser un dossier aux principaux organes de presse [1] présentant le projet et rétablissant la vérité quant

---

1. Archives Atp Mus. Dossier contenant un communiqué de presse d'août 1957 avec les noms des journalistes présents qui ont signé, *Le Monde, RTF, Le Progrès de Lyon, Le Figaro, La Croix, Franc-Tireur, Combat*, etc.

au budget, ce qui obligea *Le Parisien libéré* à faire paraître un démenti et incita de nombreux journaux à publier des articles sur le sujet. Le directeur de cabinet du secrétariat d'État, lui-même, fut contraint de tenir une conférence de presse. Il était décisif que de nouveaux articles « créent une ambiance favorable avant que s'ouvre la prochaine session du conseil municipal dont nous ne voudrions pas qu'il revienne sur la convention signée entre Paris et l'État mettant à notre disposition le Palmarium[1] ».

Rivière organisa donc tout un plan de bataille en mobilisant Paul Rivet[2] qui le soutint auprès de Jules Romain (membre du conseil municipal) : « Je vous prie d'accueillir mon ami Rivière, directeur du musée des Arts et Traditions populaires, après avoir été pendant des années mon bras droit dans la fondation du musée de l'Homme. Je ne vous ferai pas l'injure de vous expliquer pourquoi il est urgent de sauver notre folklore. Cela fait partie d'un patrimoine sacré mais, ce que je dois vous dire, c'est que Georges Henri a fait depuis vingt ans une œuvre admirable qu'il faut maintenant mettre à portée du public français et international dans un musée digne de la France.

« C'est dans cet esprit que le conseil municipal de Paris a décidé d'affecter le Palmarium du Jardin d'acclimatation à ce musée. Tout marchait bien et les travaux

---

1. Archives Atp Mus. 20 août 1957.
2. Archives Atp Mus. Note du 24 août 1957 : « Vu à sa demande le Dr Rivet le 23 août 1957. Il offre toute son aide.
a) Il fait lettre à Jules Romain, qui est aussi un des rédacteurs de *L'Aurore*.
b) Il écrit aujourd'hui au ministre M. Bordeneuve [ou nave] pour le féliciter d'avoir organisé la campagne de presse.
c) Il convoque chez lui aujourd'hui M. Langeron pour lui demander son appui.
d) Il écrit ce jour au préfet de la Seine.
e) Il charge Mme Vacher d'obtenir le livret du conseil municipal en vue d'écrire à tous les conseillers qu'il connaît.
f) Il s'offre à intervenir le moment venu auprès de M. Guy Mollet et M. Le Troquer.
g) Il me demande de le revoir au début de la semaine prochaine pour le tenir au courant. »

allaient commencer lorsqu'une campagne de presse a été lancée contre ce projet pour lui substituer un projet de piscine olympique. Des articles de journaux fort bien faits, des conférences de presse remarquables ont tenté de remettre les choses au point. Il semble que seule *L'Aurore* n'a pas suivi. Je viens vous demander de soutenir une œuvre de haute culture et de pur patriotisme[1]. »

Le 5 octobre, Paul Rivet écrit à M. Billières, ministre de l'Éducation nationale, une lettre dans laquelle il ne ménage point son soutien à Rivière : « J'apprends qu'on est à la veille de résoudre de façon définitive la question de l'établissement du musée national des Arts et Traditions populaires dans l'ancien Palmarium du Jardin d'acclimatation. C'est moi qui, en 1937, ai obtenu la création de ce musée et qui en ai fait confier la direction à un de mes collaborateurs dont j'avais pu apprécier l'intelligence et le goût au cours d'une longue collaboration au musée de l'Homme : Georges Henri Rivière.

« Ce savant qui a conquis un prestige international considérable a sauvé depuis 1937 tout ce qu'il a pu recueillir du patrimoine de nos arts et traditions populaires, à un moment où celui-ci est en voie de disparition rapide. Les précieuses collections ainsi formées sont actuellement entreposées dans des locaux insuffisants et insalubres de l'aile Paris du palais de Chaillot et ne peuvent profiter, de ce fait, ni à la science ni à l'éducation populaire. C'est dans ces conditions que le gouvernement, en accord avec la Ville de Paris, a décidé de créer un musée spécial, à l'emplacement du Palmarium, bâtiment délabré et depuis longtemps inutilisé. Il est indispensable que cet établissement dont le but est de faire connaître aux Français et aux étrangers les richesses populaires de notre pays, soit enfin réalisé. Le site choisi est particulièrement favorable, au voisinage de ce beau jardin largement fréquenté par la jeunesse.

---

1. Archives Atp Mus. Lettre en date du 24 août 1957.

« Un contre-projet tendant à installer au Palmarium une piscine olympique a déjà été écarté. Il est évident qu'on pourra aisément trouver un emplacement pour cette création, tandis que le Palmarium convient parfaitement au projet du musée des Arts et Traditions populaires, dont j'ai étudié et approuvé les plans, de même que ceux du musée de plein air des provinces françaises qui doit l'accompagner.

« J'ajouterai que la France a la chance de posséder en Georges Henri Rivière qui exerce depuis quelques années la fonction de directeur du Conseil international des musées, un des meilleurs, sinon le meilleur muséographe du monde et qu'il serait lamentable de ne pas l'utiliser au maximum et de ne pas lui donner la possibilité de réaliser l'œuvre patriotique et scientifique qu'il a conçue au cours de vingt années de travail... [1] »

Le Dr Paul Rivet, alors très malade [2], a engagé toutes ses forces dans la bataille. Malgré la campagne en direction de la presse qui avait porté ses fruits puisque *La Croix*, *Combat*, *Le Parisien libéré* insistèrent sur l'urgence et la nécessité du projet, ou encore la revue *Art* (28 août au 5 septembre) titrant : « Un Louvre de plein air va naître », *L'Aurore* persistait encore le 28 octobre 1957 en titrant : « L'argent par les fenêtres du Palmarium ». Ce quotidien était aux mains d'un industriel, Marcel Boussac, qui fit tout pour contrer projet. La destination du bâtiment fut finalement régularisée [3] lorsque, le

---

1. Archives Atp Mus. Lettre en date du 5 octobre 1957.
2. Il mourra en mars 1958.
3. Archives Atp Mus. Projet de lettre pour régler le sort du futur bâtiment de la direction des affaires domaniales : « Le nouveau bâtiment deviendra propriété de la Ville de Paris, sans indemnité d'aucune sorte. Cependant, en ce qui concerne le sort de ce bâtiment à l'expiration de la convention actuelle (soit le 31 décembre 1984 – trente ans après l'entrée en jouissance de l'État), je tiens à vous préciser qu'il n'est pas dans les intentions de la Ville de Paris d'en reprendre possession, aussi longtemps qu'il sera affecté à l'usage prévu par la convention et que celle-ci sera renouvelable par tacite reconduction à l'expiration de la période de trente ans actuellement en cours », lettre rédigée dans ces termes entre le préfet de la Seine vers le ministre de l'Éducation nationale, datée du 26 novembre 1957.

7 décembre 1957, le conseil municipal de Paris donna son accord pour l'exécution des travaux de démolition du Palmarium, pour un coût de huit millions [1], même si – probablement pour la forme – le directeur des musées de France, Edmond Sidet, invite Rivière, trois jours après, à visiter un autre site [2].

Dans une note du 11 décembre 1957 qui récapitulait le coût total du projet de construction du musée (550 000 000 francs dont 7 480 000 de démolition), Rivière recensait tous les organismes avec lesquels il avait dû négocier, qu'il avait dû persuader, bilan d'une lutte de plusieurs années illustrant la complexité de l'administration française : direction générale des Arts et Lettres et de l'Architecture, direction des Domaines, conseil général des Bâtiments de France, commission départementale des Sites, Préfecture de la Seine, conseil municipal de Paris, etc.

Fin 1957, le suspense semblait enfin s'achever. Rivière fut autorisé par le directeur des musées de France à donner des interviews à la radio, « à répondre favorablement à ces propositions. Pourquoi même ne pas évoquer le Palmarium [3] ? ». Rivière y croyait, puisque dans le rapport du 24 octobre 1957, il évoquait l'ouverture possible

1. Archives Atp Mus. Bulletin municipal officiel de la Ville de Paris, 5 septembre 1957, n° 42, p. 865 : exécution des travaux de démolition de l'ancien Palmarium du JA.
2. Archives Atp Mus. Il s'agit d'un bâtiment faisant 3 932 mètres carrés, rez-de-chaussée et cinq étages (manuscrit : Société des glaces de Boussois, Cie Saint-Gobain, occupant sans titre), proposé par le cabinet Auguste-Thouard et qui serait libéré courant 1958. M. Sidet écrit à Rivière : « Je serais heureux que d'extrême urgence vous preniez contact avec le cabinet Thouard, 21, rue Cambon, pour visiter avec un de ses représentants l'immeuble sis 29, avenue Mac-Mahon, qui nous est offert pour servir de musée. À défaut d'une visite des lieux, vous pourriez demander à ce cabinet des précisions sur la distribution des lieux. Vous voudrez bien me faire connaître confidentiellement votre avis sur le local en cause sans qu'il y ait lieu dans cet avis de comparer les mérites respectifs des deux solutions Palmarium-Avenue Mac-Mahon. Un simple avis sur l'adaptation de ce dernier local à usage de musée suffira. » Rivière s'y rend immédiatement et constate que l'immeuble ne convient « absolument pas à un musée ».
3. Archives Atp Mus. Courrier du 27 décembre 1957.

du musée en 1963. Mais d'autres écueils surgirent sur la route du « meilleur muséographe du monde ».

Les riverains contre le bâtiment ;
des crédits en déshérence : « C'est notre
destin de n'en avoir jamais fini [1] *»*

Parmi tous les griefs accumulés contre le musée, l'article du *Parisien libéré* du 2 août 1957 signalait ceux des riverains du Jardin d'acclimatation (boulevard Maillot et boulevard Maurice-Barrès) – pour la plupart actionnaires de la Société [du Jardin d'acclimatation] : ils « poussent les hauts cris, peu soucieux de voir s'élever une tour de huit étages à l'orée du Bois ».

L'administration, sensible à cette attaque, demanda, dès le 6 août, à Jean Dubuisson ce qui justifiait une tour à trente et un mètres. Celui-ci répondit le 10 août que, lors de la modification du plan du bâtiment en 1955 supprimant la rampe d'accès aux galeries et réintégrant les services dans les galeries, « les services sont répartis dans un bâtiment de huit niveaux à partir de la terrasse du musée. Chaque niveau a une fonction bien déterminée et il semble très difficile actuellement de modifier ces dispositions sans entraîner une refonte complète du projet et une réduction du programme. Ce projet a été étudié pour donner à ce bâtiment un aspect harmonieux par le juste rapport de ses dimensions. Il n'est donc pas possible, à mon avis, d'envisager la suppression de trois niveaux sans reprendre toute l'étude pour allier de nouveau les impératifs fonctionnels à l'harmonie générale du bâtiment. Enfin la hauteur de ce bâtiment ne devrait pas, à mon avis, nuire à la beauté du site car il a été étudié pour être simple, léger et élégant ». Et Rivière de soutenir, évidemment, la réponse de Dubuisson.

C'est Marcel Boussac qui avait pris la tête de la fronde

---

1. Archives Atp Mus. Lettre du 18 avril 1958 à M. le directeur des musées de France.

contre le projet. Pot de fer contre le pot de terre, la lutte du grand industriel cotonnier contre le projet de Rivière fut féroce. La réussite économique de Marcel Boussac lui avait ouvert les portes de tous les milieux mondains et politiques. Propriétaire d'une écurie de courses, il s'était aussi « offert » Christian Dior, la maison de haute couture. Ses ambitions politiques étaient claires et Boussac était l'ami du président de la République Vincent Auriol comme de Guy Mollet. Dans son château de Mivoisin, il recevait tout ce qui comptait sous la IVe République[1]. De plus il avait acquis en 1951 *L'Aurore* qui mena les virulentes campagnes de presse contre le projet du musée des Arts et Traditions populaires. Il appartenait à un groupe d'hommes « maintenant leurs privilèges avec férocité » et « manœuvrant les élus »[2]. Le combat entre les deux hommes était inégal.

Dès octobre 1957, Rivière avait essayé de le rencontrer et lui avait adressé un courrier aimable dans lequel il faisait référence à Christian Dior, leur relation commune, qui venait de décéder. Une rencontre dut avoir lieu puisque Rivière fait allusion « à une guerre sans merci annoncée verbalement[3] » mais pour une fois, son charme habituel n'avait pas dû opérer. Le grand patron industriel était courroucé à l'idée qu'une tour dépasse des frondaisons du bois de Boulogne et gâche la vue dont il jouissait depuis les étages élevés de son appartement, au 74, boulevard Maurice-Barrès.

L'affrontement entre une entreprise culturelle nationale inscrite dans un projet architectural novateur et le confort visuel d'un grand industriel aux réseaux politiques puissants fut sévère : Boussac se faisait d'ailleurs le porte-parole de tous ses voisins. La presse suivait le

---

1. Jean-Pierre Rioux, *La France de la IVe République.* 2. Paris, Éditions du Seuil, 1990, p. 182.

2. *Ibid.*, p. 292.

3. Archives Atp Mus. Lettre de juillet 1958 à M. Michel Florisoone, directeur adjoint des musées de France.

combat. Ainsi, *Les Lettres françaises* du 27 février - 5 mars 1958 proposaient cette fable : « En ce temps-là, il avait été décidé de construire, à l'emplacement connu sous le nom de "Jardin d'acclimatation", un très beau musée consacré aux Arts et Traditions populaires. Chacun s'en réjouissait et se promettait de bientôt visiter les collections précieuses qui allaient enfin trouver un cadre digne d'elles.

« Seul de toute la population, un riche marchand ne partageait pas l'allégresse générale. La chronique nous a transmis son nom : quelque chose comme Grossac. Il voyait ce projet d'un mauvais œil car, habitant à proximité de l'emplacement prévu, il refusait de souffrir les moindres désagréments, au nombre desquels il énumérait :

– le bruit et la poussière pendant la construction ;

– les restrictions à la vue dont jouissait son appartement ;

– et surtout, une fois le musée ouvert, la présence intolérable, dans un quartier cossu, d'une foule de visiteurs de tous âges et plus ou moins élégamment vêtus. D'ailleurs, à quoi pouvait bien servir un musée de ce genre ? Il le disait lui-même : "Cela n'intéresse personne de savoir comment on découpait le gigot au XVIIIᵉ siècle."

« Bref, il avait décidé que le projet de musée devait être remplacé par un projet de piscine. [...] Pourtant les gazettes risquaient de s'émouvoir et de transmettre leur émotion au grand public, ce qui aurait gêné le riche marchand. Déjà quelques journalistes, en termes voilés, avaient exprimé leurs craintes. Il fallait arrêter au plus tôt la vérité en marche. De telle sorte qu'un beau matin, chaque directeur de gazette convoqua son chroniqueur artistique et lui signifia en termes clairs : "Plus un mot sur l'affaire, sans quoi la publicité des Établissements Grossac nous sera coupée : j'en ai reçu l'ordre impératif." Et ce marchand a le bras long ! »

Campagne de chantage à la publicité, distillation d'informations fausses, tout était bon pour essayer de faire capoter le projet. Ainsi dans *France-Soir* du 20 mai 1958, un « potin de la commère » (rubrique très suivie) rapporte : « Les chiffres parlent : la démolition du Palmarium du bois de Boulogne coûtera six millions et demi. L'Éducation nationale a décidé de verser trois cents millions pour la construction à son emplacement d'un palais des arts et traditions populaires. »

Cela valut à « Chère Hélène », l'épouse de Pierre Lazareff, directeur de *France-Soir*, elle-même rédactrice en chef du célèbre *Elle*, une réponse circonstanciée de Rivière dans laquelle celui-ci expliquait que le bâtiment à venir ne serait pas un « palais », et qu'écrire cela, c'était « propager une contrevérité auprès de l'immense public du journal », et « nuire ingénument à une cause d'intérêt culturel et national » : il suggérait donc une « rectification modérée et gentille ». Mais Rivière craignait réellement le pire, comme en témoigne ce courrier de février 1958 adressé par le directeur des musées de France, Edmond Sidet dont il a toujours le soutien, au directeur général des Arts et Lettres pour faire pression auprès du ministre : « M. Rivière m'a dit avec une grande dignité combien il lui serait difficile de conserver au sein de l'Icom l'autorité dont il jouit au cas où son activité en qualité de conservateur du musée des Arts et Traditions populaires viendrait à être désavouée du fait de la renonciation au plan qu'il avait pris soin de faire approuver par ses chefs hiérarchiques [1]. »

Malgré tous les contre-feux, la situation demeurait difficile et Rivière s'en faisait encore l'écho en juillet 1958 auprès de Michel Florisoone, directeur adjoint des musées de France. Il rappelait que le premier coup de pioche n'avait toujours pas été donné, puisque, en raison des « offensives d'un industriel bien connu », celui-ci avait obtenu, par le biais de réseaux politiques proches du gouvernement, que la démolition ne démarre que

---

1. Amn U 2 Atp, 4 février 1958.

lorsque tout le financement serait assuré. De plus, celui-ci intriguait pour que le nouveau bâtiment soit construit sans délai ; or, Rivière savait bien que c'était impossible : « Il est à craindre que de longs mois s'écoulent encore avant que le vérificateur ait terminé ses opérations. La situation du projet est donc plus sérieuse que jamais. Dieu veuille que cela ne tienne qu'à la complexité et à la lenteur des divers rouages administratifs en cause et qu'il n'y ait pas là un effet de cette guerre sans merci que m'avait annoncée verbalement notre adversaire, sans d'ailleurs avoir le courage de m'en dire les raisons d'intérêt personnel bien connues de tous. Il me semble impensable que le gouvernement actuel se fasse le fossoyeur d'un projet dont l'intérêt national a été suffisamment démontré pour qu'il soit nécessaire d'en rappeler ici les motifs. [...] Le professeur Rivet n'est plus là, hélas, pour faire entendre sa grande voix. C'est vers vous seul que je me tourne maintenant, sûr que votre esprit et votre cœur sauront m'entendre[1]. »

Tous ces atermoiements avaient de graves conséquences sur le plan financier, puisque les crédits débloqués n'étant point utilisés, il fallait se battre pour les faire réinscrire de nouveau au budget.

La création du ministère de la Culture, avec à sa tête André Malraux qui avait soutenu le projet, allait enfin permettre de le mener à son... début. Après de nouvelles craintes, la partie fut finalement emportée en mars 1958, avec « la décision du ministre, fermement et clairement définie, d'engager les travaux du Palmarium et d'en inscrire les moyens au budget ». Le permis de construire ne fut cependant signé qu'en mars 1959, et la démolition commença en juillet de la même année. Toujours optimiste, Rivière espérait que l'édification du musée ne prendrait que quelques années.

---

1. Archives Atp Mus., lettre de juillet 1958.

LE PALMARIUM EST DÉSORMAIS LE NOUVEAU SIÈGE

Un chantier difficile

Les années 1960 furent celles des travaux de gros œuvre ; des difficultés diverses se levèrent alors avec le Jardin d'acclimatation au sujet de l'aménagement d'un théâtre de l'Enfance, accolé au Palmarium, qui fut démoli en même temps que celui-ci. Années très lourdes pour Rivière qui, en tant que directeur de l'Icom, multipliait les déplacements à l'étranger pour faire le tour du monde des musées. Mais qu'il soit à Tokyo, à Los Angeles ou en Irak, il ne perdait jamais son « enfant » de vue, laissant à André Desvallées, qui arriva au musée en février 1959, peu avant le premier coup de pioche donné en octobre 1959, le soin de suivre l'avancement du chantier, et à Michèle Richet de prévoir les crédits nécessaires à l'aménagement intérieur du musée, ainsi que le mobilier.

Du premier budget de cinq cents millions de francs voté par l'Assemblé nationale, le Sénat en rabattit cent cinquante. La première enveloppe budgétaire fut ainsi entièrement consacrée aux marchés de la maçonnerie, de l'électricité, d'une partie de la menuiserie. Et il fallait chaque année négocier un nouveau budget avec le nouveau ministère de la Culture, dont les crédits étaient par ailleurs bien maigres. C'est pourquoi le chantier prit tant de retard [1].

Ce fut sans cesse la course aux crédits ; le budget initial dérapa largement [2] et la totalité du chantier finira par coûter environ vingt-trois millions de francs.

---

1. Entretien avec André Desvallées, 6 février 2004.
2. « Le chantier ne se déroula pas dans de bonnes conditions. [Rivière] a proposé la pire solution : construire par lots séparés en ne réalisant d'abord que la structure estimée à son vrai prix et minimiser les lots différés, de telle sorte que l'ensemble n'apparaisse qu'à la moitié de l'estimation proposée ! Une telle méthode de travail interdisait de coordonner les études d'exécution et le chantier ne pouvait avancer qu'au rythme des déblocages de crédits [...]. Les chiffres sont

Au fil du temps, Rivière renonça à ses projets les plus coûteux. La climatisation des bureaux fut abandonnée faute de crédits, et selon une décision du ministre en personne qui trancha, seules les réserves d'objets en bénéficièrent. Les difficultés budgétaires s'amoncelaient et Rivière en appelait à Malraux en dernier recours. Dans un lettre rédigée d'un ton las, il annonce ainsi au « très cher et grand ami » qu'il part faire le tour du monde (New York, Los Angeles, Honolulu, Tokyo, Ventiane, Bagdad), et joint encore une note technique retraçant les difficultés en cours, également adressée à divers correspondants, M. Seyrig, nouveau directeur des musées de France, M. Perchet (directeur général de l'Architecture au ministère d'État des Affaires culturelles), M. Dubuisson, Mme R. Mayer, terminée par ces mots : « Mais j'ai aussi, avant de partir, un appel quelque peu tragique à vous adresser, concernant une fois de plus le Palmarium, que nous appelons désormais notre nouveau siège. La copie jointe de ma lettre à Seyrig vous dira en détail de quoi il s'agit. L'appui de votre haute autorité peut être décisif. À la veille d'aboutir, aidez-nous à ne pas sombrer. Affectueusement à vous [1]. »

Requête entendue. Sur ce courrier figure la mention manuelle d'un appel téléphonique reçu de M. Malraux pour « dire à Rivière de ne pas s'inquiéter, qu'il soutenait le projet ». Quoi qu'on ait pu dire sur la brouille entre les deux hommes dans les années 1970, l'action de Malraux fut décisive à certaines étapes cruciales. Plus tard, au

---

cruellement accusateurs pour les services techniques et financiers qui avaient la tutelle du chantier des Atp. La première estimation acceptée en mars 1957 est de 5,5 MF, valeur juin 1956. Les plans de structure sont remis par l'architecte en octobre 1959 pour passer des marchés en 1960. Mais on ne débute les travaux qu'en avril 1963. L'estimation est alors corrigée à 12 MF après intégration du conditionnement d'air refusé jusque-là. » Jean-François Leroux-Dhuys, « George Henri Rivière et le musée des Arts et Traditions populaires », in *Les Bâtisseurs de la modernité*, AMO (Architecture et maîtrise d'ouvrage), Paris, Le Moniteur, 2000, p. 173-180.

1. Archives Atp Mus. Lettre du 22 août 1960.

moment des bilans, des membres du sérail ont jugé qu'entre les musées et le premier ministre de la Culture, « il y eut un malentendu, un malentendu relativement profond. Pour André Malraux, les musées avaient peut-être un tort : celui de ne pas être... imaginaires[1] ». Dans le cas des Arts et Traditions populaires, son soutien fut sans faille.

Au cours de cette tournée internationale, Rivière put s'assurer de la modernité de son projet par rapport à d'autres établissements de même nature ; il écrivit aussitôt au nouveau directeur des musées de France pour souligner « l'avance que nous avons encore ; ainsi *la flexibilité d'espace 100 %* de notre futur musée principal que je retrouve à présent dans le plan de la nouvelle aile du Museum of Modern Art[2] » (mais aussi pour se plaindre de la faiblesse du budget qui contraint souvent le chantier à s'arrêter).

Le grand auditorium fut achevé en mai 1961 ; mais la menace de coupures de crédit était toujours là. Dans une lettre à Dubuisson, en novembre 1961, Rivière évoquait avec nostalgie le fait que « moins de six années restent dans ma vie de fonctionnaire pour conduire à son terme, côté conservateur, la réalisation de notre grand projet et en goûter un peu les fruits[3] ».

Auparavant, le 2 mars 1961, *Les Lettres françaises* avaient néanmoins, une fois encore, fait l'éloge du projet : « Un musée révolutionnaire est en train d'élever lentement ses huit étages de fer, de béton et de verre. Pour la première fois en France se construit un complexe muséographique imaginé et calculé point par point selon les perspectives les plus avancées de la science. »

---

1. Hubert Landais, « La direction des musées de France de 1939 à 1989 », in *André Malraux ministre. Les Affaires culturelles au temps d'André Malraux 1959-1969*, Paris, La Documentation française, 1996, p. 205.

2. Archives Atp Mus.

3. Archives Atp Mus. Lettre du novembre 1961.

Adieu aux bâtiments ruraux dans le Jardin d'acclimatation

Il y eut cependant plusieurs renoncements. D'abord celui d'un musée de la Jeunesse, troisième pilier du projet à côté des deux galeries et que l'article des *Lettres françaises* célébrait : « musée de la Jeunesse, de plain-pied avec le Jardin d'acclimatation, cumulant pédagogie et distraction. Ateliers divers initiant les jeunes à la poterie, au tissage, aux marionnettes... Présentation d'objets que les enfants pourront toucher, comparer, dessiner ou simplement regarder tranquillement chez eux. Tout cela risque fort de faire déserter dans l'enthousiasme les toboggans et la rivière enchantée. »

Rivière souhaitait aussi associer des artistes à l'embellissement du bâtiment. Il essaya ainsi de convaincre Giacometti de sculpter un saint Martin à cheval pour le hall du musée ; mais la mort de l'artiste l'en empêcha[1]. Il sollicita aussi Fernand Léger qui promit une œuvre, mais mourut en août 1955 avant d'avoir pu la réaliser : « Quelle catastrophe, cette mort de Léger ! écrivait Rivière à Leymarie. Il y a quelques mois, je lui avais proposé, en accord avec Dubuisson, de faire une immense mosaïque dans le hall de notre futur musée sur le sujet "Travaux et loisirs du peuple de France" et il m'avait dit "je suis ton homme". Nous lui avions réservé pour cela un emplacement magnifique[2]. »

Appartenant à des cercles différents, les deux hommes avaient néanmoins bien des points communs. Léger avait réalisé une grande toile pour décorer le nouveau musée des Sciences du Grand Palais lors de l'Exposition internationale de 1937. Cette année-là, il avait déclaré : « Ce qu'il faut maintenant, c'est conquérir le peuple, dont les aspirations se précisent de plus en plus et lui donner

---

1. Information d'André Desvallées, 4 juin 2004.
2. Archives Atp Mus. Tiroir 99, lettre du 23 août 1955.

matière à une évolution digne de lui[1]. » Lié à Le Corbusier dont Dubuisson avait été l'élève, il était fasciné par le monde des objets, « qui offre la médiation la plus directe avec le réel[2] » et ne pouvait qu'être intéressé par ceux que collectait le musée. À la fin de sa vie, il reçut de nombreuses commandes dont une mosaïque pour le mémorial de Bastogne, et des vitraux pour l'église de Courfaivre.

On peut rêver au produit de cette rencontre qui n'eut malheureusement pas lieu. Certaines œuvres de Léger, telle *Les Constructeurs* (1950) avec leurs poutrelles métalliques, évoquent le bâtiment des Arts et Traditions populaires lui-même, d'autres, telle *La Grande Parade* (1954) avec ses clowns, ses acrobates, le cheval paré, les musiciens et l'accordéon, ou encore *Les Campeurs* (1954), loin de toute héroïsation comme de « tout misérabilisme[3] », trouvent un ton juste, assez proche du regard distancié de l'ethnologue.

Il fallut surtout renoncer à l'un des projets phares du musée, celui qui avait même servi d'argumentaire initial pour le choix de l'emplacement : les maisons rurales. Depuis les années 1955, les relations avec le Jardin étaient tendues et Rivière se vit contraint de renoncer à ces maisons, délivrant la Société du Jardin de l'obligation qui avait été faite par la convention qui lui cédait l'exploitation du lieu. Pourtant il s'était montré conciliant en proposant de lui laisser la jouissance du grand auditorium ou d'accueillir ses cortèges. Mais l'affaire Boussac s'étant greffée là-dessus, la coopération devint impossible.

Une lettre de Rivière, le 16 janvier 1960, tente de convaincre Jacques Driencout, directeur au Comptoir de l'Industrie cotonnière, et président de la Société : « La

---

1. Arnauld Pierre, *Fernand Léger. Peindre la vie moderne*, Paris, Gallimard, Découvertes, 1997, p. 76.
2. *Ibid.*, p. 53.
3. *Ibid.*, p. 75.

convention nous fait obligation, si je ne me trompe, de donner à vos visiteurs l'accès gratuit des maisons que nous construirions ainsi. J'ai la plus ferme conviction qu'elles constitueraient pour vos visiteurs une attraction de premier ordre. Il n'en résulterait pas pour nos visiteurs la gratuité d'entrée à votre jardin.

« Elles seraient précieuses à nous-même à plus d'un titre : éléments de culture nationale, qu'il entre dans notre mission de diffuser ; moyens d'une propagande touristique désintéressée et de qualité ; témoins scientifiques ; exemples de ce qu'on pourrait faire dans certaines de nos régions, où nous avons espoir et devoir de faire créer des musées de plein air.

« Mais si j'en crois ce que m'en a dit mon excellent ami votre Président directeur général et ce que vous m'en avez dit vous-même, de telles constructions ne paraissent guère séduire vos administrateurs[1]. » Ne souhaitant pas entrer en conflit avec son voisin, Rivière proposa d'installer une seule maison, mais le souvenir de la lutte contre Marcel Boussac avait laissé de profondes cicatrices, aussi en abandonna-t-il l'idée. Réduite à une seule unité, la démonstration de la diversité de l'architecture vernaculaire aurait d'ailleurs perdu tout son sens.

L'INSTALLATION DANS LE NOUVEAU SIÈGE

Le 21 février 1963, il neigeait sur le bois de Boulogne qui était tout blanc, le local de réception était ouvert aux vents froids, mais, en présence de l'architecte et de ses collaborateurs, du directeur des musées de France et des membres de l'équipe des Arts et Traditions populaires, on fêtait dans la bonne humeur la pose de la charpente, de son ossature et de sa couverture. Une de ses plus

---

1. Archives Atp Mus. Lettre du 16 janvier 1960.

fidèles collaboratrices, Mariel Jean-Brunhes Delamarre[1], raconte cet épisode tant attendu de la construction : « Tandis que Rivière conviait les participants à sabler le champagne, deux charpentiers – "charpentier du fer", précisa l'un d'eux – allèrent poser, à quelque trente-cinq mètres du sol, le "bouquet de terminaison" – en l'occurrence une branche de sapin – tout au sommet du bâtiment, geste traditionnel des charpentiers ayant terminé leur tâche. Le nouveau musée ne devait-il pas d'être aussi l'occasion de ce cérémonial de fin de chantier[2] ? »

Ultimes lenteurs

Si les délais prévus pour la passation des marchés et l'exécution des travaux, selon les plannings du 24 mai 1963, avaient été respectés, l'édifice et son équipement auraient dû être prêts en mai 1965 à accueillir le personnel et les biens culturels du musée. Hélas, il n'en fut rien, et les dernières années de la construction ne furent pas moins dures que les premières. Une grave crise eut lieu dans les années 1964 et 1965, opposant par-dessus la tête de Rivière le directeur des musées de France, qui lui accordait son soutien, et un autre directeur du même ministère, Max Querrien, directeur de l'Architecture, qui ne supportait plus les changements incessants de programme que le conservateur proposait, entraînant des surcoûts et des retards.

Lorsque le projet de musée fut lancé en 1954, écrit le directeur des musées de France au directeur de cabinet du ministre d'État chargé des Affaires culturelles, un montant de « six cents millions d'anciens francs était prévu. En fait, les estimations les plus sérieuses étaient à

1. Martine Segalen, « Mariel Jean-Brunhes Delamarre (1905-2001), une œuvre entre géographie et ethnologie », *Ethnologie française*, XXXII, 2002, 3, p. 529-539.

2. Mariel Jean-Brunhes Delamarre, « Conclusion générale de la RCP Aubrac et en hommage à Georges Henri Rivière », *L'Aubrac,* tome VII, 1986, p. 16-17.

l'époque de neuf cents millions ; elles ont été constamment majorées depuis cette époque[1] ».

Devant le décalage entre demandes initiales puis demandes rectifiées, le directeur des musées de France s'alarmait : les demandes avaient-elles été « systématiquement sous-évaluées » ? ou bien évaluées à la légère ? qu'en serait-il des demandes de l'année suivante ? Fermement, mais amicalement, il concluait ainsi sa lettre : « J'admets parfaitement que des modifications des plans primitifs apparaissent comme nécessaires en cours même de réalisation, en raison notamment des progrès de la muséologie moderne. Il est cependant indispensable de s'arrêter un jour dans cette recherche du dernier perfectionnement ou il faut renoncer à jamais à ouvrir un établissement qui sera toujours moins perfectionné que si on l'inaugurait dix ans plus tard. J'écris tout cela sans acrimonie. Je sais combien vous êtes passionné par l'œuvre que vous poursuivez et je comprends que cette passion vous amène parfois à bousculer des prévisions budgétaires : vous savez aussi que je m'efforce de vous aider au maximum. Mais je dois, moi, tenir compte des impératifs budgétaires[2]. »

Au fur et à mesure de l'avancement du chantier, Rivière remaniait en effet le programme des aménagements intérieurs : acoustique, installation téléphonique, phonothèque, etc., à la grande fureur des services du ministère[3]. Ayant eu l'occasion de se déplacer à Bagdad

---

1. Amn 6 HH 2 Atp. Lettre du 23 septembre 1964.
2. Amn 6 HH 2 Atp, 21 juillet 1964. Et Amn 6 HH2 Atp, 7 août 1964. Rivière répondit sur tous les points, en soulignant : « Quant à l'idée que je pourrais vous présenter des évaluations sciemment sous-estimées, elle me fait horreur. J'ai toujours professé de dire la vérité. »
3. Amn 6 HH 2 Atp, 6 décembre 1965. Une note de Max Querrien à Jean Châtelain la traduit bien : « 1° Il n'appartient pas à M. Rivière de décider des changements au programme. Il peut seulement les suggérer, nos deux directions restant seules compétentes pour prendre une décision qui, en principe, ne pourra retenir une modification que si celle-ci est sans incidence directe ou indirecte (retard dans la marche du chantier notamment) sur le coût de l'opération. 2° La

avec le directeur des musées de France, Rivière adresse à ce dernier, dans le style lyrique qui est le sien, une longue lettre qui explicite les ultimes difficultés de l'achèvement de son œuvre : « Je me permets de vous rappeler nos conclusions à notre récent entretien de Bagdad au cours duquel, dans la ville des Mille et Une Nuits, vous avez eu la gentillesse de vous pencher sur nos problèmes des mille et un jours de Paris [1]. » Le travail a certes bien avancé, on n'en est plus aux questions de gros œuvre, mais aux problèmes concernant un personnel qui fait cruellement défaut : bibliothécaire, restaurateur spécialiste, compte tenu des nouvelles installations techniques.

L'année 1966 fut consacrée au « travail gigantesque », un « effort surhumain » selon les termes du conservateur, que représentait la mise au point de la Galerie culturelle, avec comme toujours des retards [2]. C'était là

---

direction de l'Architecture, étant maître de l'ouvrage, est seule habilitée à donner des instructions à l'architecte. »

1. Archives Atp Mus. Lettre au directeur des musées de France, Jean Châtelain, 21 décembre 1966. Dans ce courrier d'une longueur exceptionnelle dont Rivière s'excuse en fin de missive, il fait entendre le cri de son cœur : « Excusez ce serpent de mer, cette bête du Gévaudan que je n'ai pas, hélas, le temps de peigner, de fignoler, comme je l'aurais voulu. Un premier jet un peu brûlant, avec trop de vapeur sans doute. »

2. Archives Atp Mus. Lettre de Rivière au directeur des musées de France, 21 décembre 1966 : « Un seul document n'a pas été fourni jusqu'à ce jour, à savoir en mai 1966, le programme de la Galerie culturelle. Il s'agit d'un travail littéralement gigantesque sur la date de présentation duquel j'ai exprimé à ce moment-là toutes mes réserves, vu le manque absolu de moyens techniques (cf. notamment ma lettre n° 134, en date du 5 juillet 1966). En juillet dernier, pressé de réaliser, j'ai pu obtenir de deux amis les moyens de rétribuer les concours graphiques et administratifs indispensables, cela fin juillet 1966 (cf. ma lettre n° 01496 à Dmf en date du 2 août 1966).

« Moyennant un effort surhumain, ce travail doit être adressé au début de la semaine prochaine. Je me réserve de le présenter sans délai à l'architecte, pour échanges de vues et ajustement préalables, selon notre tradition. Nos collections sont extrêmement riches, aussi ai-je tenu à voir grand, quitte à comprimer s'il le faut, une fois confrontés ces points de vue à ceux de l'architecte, et l'expression graphique davantage poussée.

« Ce retard involontaire n'aura pas de conséquences pratiques, l'architecte n'ayant pu nous remettre à ce jour son projet définitif pour la salle d'expositions

le chantier ultime, l'aboutissement de trente années de luttes : cette galerie qu'il fallait sans cesse alléger, épurer, tant étaient riches les collections. Les temps n'étaient plus ceux de l'avant-guerre quand il fallait solliciter le don de collections pour réaliser le programme muséal. L'équation était alors inverse : que choisir dans la richesse des fonds accumulés ?

L'achèvement de la programmation générale du nouveau siège et la seconde édition du programme de la Galerie culturelle sont datés de juin 1967. Rivière a dû partir à la retraite le 11 juillet 1967. Le bâtiment fut remis par l'architecte en 1969 ; le transfert des collections s'effectua en l'espace de trois mois, entre le 31 mars 1969 et le 15 mai 1969. Il fallait transférer la bagatelle de quatre-vingt mille objets de Chaillot au nouveau siège. Jacqueline Demoinet, le conservateur en charge des collections depuis 1962, dut guerroyer contre le conservateur nouvellement nommé qui la pressait d'organiser ce déménagement dans les meilleurs délais, menaçant même de demander à l'armée de le faire si elle n'obtempérait pas. Or il fallait du temps pour que les objets soient pointés au départ et à l'arrivée, puis aussitôt replacés en rayons[1].

Grâce à la ténacité de la responsable et à la rigueur de l'entreprise, on a toujours retrouvé les objets, ce qui, si étonnant que cela paraisse, est exceptionnel dans un musée d'ethnologie, où d'ordinaire ils sont introuvables, prêtés ou déplacés. Aussitôt les objets arrivés, Rivière demandait qu'on les ressorte des réserves afin qu'il puisse effectuer son choix pour la réalisation de la Galerie d'étude.

L'emménagement de l'équipe eut lieu en juin 1969. À cette date, le coût total de la construction du musée (sans compter l'aménagement des galeries) s'élevait à

---

temporaires, clef partielle du projet, voire du programme, pour la Galerie culturelle. »

1. Selon les informations de Jacqueline Demoinet, il y avait une équipe de cinq personnes au départ et à l'arrivée de chaque camion. Entretien du 24 mars 2004.

26 550 000 anciens francs[1]. La Galerie d'étude fut ouverte le 1er février 1972 et la Galerie culturelle le 10 juin 1975.

Le mal nommé

Alors que les équipes étaient sur le point d'entrer dans les nouveaux locaux, en octobre 1968, la question de la dénomination du musée resurgit. Jean Cuisenier, le nouveau conservateur en chef[2], adressa une lettre au directeur des musées de France dans laquelle il indique qu'« il serait bon qu'une décision soit prise sans tarder car l'architecte doit passer très prochainement un marché et le bâtiment a besoin d'avoir son titre affiché ». Des membres de la maison furent consultés, et deux d'entre eux, Hélène Tremaud et Pierre Soulier, proposèrent « musée Georges-Henri-Rivière ». Auparavant, dans une note manuscrite du 10 mars 1964[3] intitulée « Dénomination du musée », l'ancien conservateur, pensant que le transfert vers le nouveau siège était proche, saluait « une occasion unique, qui ne se représentera jamais, [...] pour donner au musée son vrai nom, pour débarquer le nom qu'en 1936-1937 on [lui] avait imposé contre [s]on gré[4] ». On le sait, tant il l'a dit et répété :

---

1. Amn 6 HH 2. Lettre de Jean Châtelain à Henri Lecomte, sous-directeur de la Création architecturale et des Constructions publiques, le 18 février 1969.

2. Archives Atp Mus. Alors conservateur ff, ce qui dans la langue administrative veut dire « faisant fonction », avant d'être institutionnellement confirmé.

3. Archives Atp Mus. Note manuscrite adressé à M.R. (Michèle Richet) : « Ouvrir un dossier de travail : pour une nouvelle dénomination du nouveau Atp à l'occasion de son transfert dans le nouveau siège. Y placer 1) un exemplaire de la note que je vous ai adressée récemment concluant sur "musée de la Tradition française" (MTF) ; 2) l'extrait du discours du général de Gaulle devant l'Assemblée de Mexico le 18 mars 1964. Cette référence à la tradition peut nous être précieuse en haut lieu le moment venu ; 3) la note suivante : 20.3.64 – Il serait utile de constituer le plus tôt possible un dossier d'attestations en faveur de la dénomination "musée de la Tradition française", sollicitées de quelques savants comme M. Claude Lévi-Strauss, André Leroi-Gourhan, – Duby [*sic*, est-ce à dire que Rivière ignorait le prénom de l'historien : Georges], Jean Cassou, Aragon, Francastel, Chastel. »

4. Ce qu'il a réaffirmé à plusieurs reprises, par exemple dans une conférence : « Je suis évidemment en France le premier qui ait voulu sortir l'ethnologie de

il « détestait » les termes « arts et traditions populaires ». En témoignent ses commentaires sévères sur les noms possibles :

« Musée des Arts et Traditions populaires : est trop long et ne "s'en tire que par un sigle qui ne fera fortune qu'entre nous" ; "arts et traditions" font mal la balance ; "populaire" est, selon l'angle, confus ou discriminatoire ; "français" est absent, alors que c'est géographiquement capital. Parmi les autres dénominations possibles, "musée français", le plus percutant, reprend au sommet national l'exemple d'un certain nombre de musées régionaux : musée basque, musée lorrain, musée alsacien, musée dauphinois, musée gascon, etc., mais on peut lui reprocher un certain impérialisme. "Musée d'ethnologie française" est le plus exact car il renvoie à "notre discipline de base", mais "un peu pédant." » Et Rivière de rappeler qu'au « temps héroïque du Dr Rivet, nous avions tous deux changé musée d'Ethnographie (du Trocadéro) en musée de l'Homme ». Finalement, c'est « musée de la Tradition française » qui a sa préférence, à condition que l'on fasse figurer en sous-titre, au moins sur le papier à lettres, la mention « Centre d'ethnologie française, qui affirmerait notre double vocation ». Pour renforcer le poids qu'il accordait à cette dénomination, Rivière se référait à un extrait du discours du général de Gaulle, prononcé à l'université de Mexico le 18 mars 1964, disant ceci : « Si puissant et précipité que soit le mouvement qui nous emporte, rien ne peut empêcher qu'à l'origine de tout ce qui peut être découvert et accompli, il y ait l'esprit humain, disposant certes de moyens grandissants mais lui-même immuable dans sa nature et sa capacité. C'est dire *qu'aucune avance ne*

---

l'ornière, enfin des "arts et traditions populaires" – comme on dit vulgairement dans cette horrible expression qu'on m'a imposée. » Débat-conférence de Detref-Hoffmann-Maison des sciences de l'homme, Paris, 1977, in H. Hourmat, *Les Musées, histoire critique des arts*, 3ᵉ et 4ᵉ trimestres 1978, Paris, Éditions de l'Histoire critique des arts, p. 44.

s'effectue jamais sur la table rase, que le renouvellement serait incompatible avec le reniement, bref que le progrès se conjugue avec la tradition » (souligné par Rivière).

Le problème était resté en l'état jusqu'en 1968, alors que le déménagement tant attendu approchait enfin. Jean Cuisenier reprit l'essentiel de la note de Rivière, mais sans s'attarder sur la mention « musée de la Tradition française » qui lui semblait masquer les recherches sur la société contemporaine ; son choix se porta en premier lieu sur « musée de France » et en second lieu sur « Musée national populaire » qui semble avoir été un temps la dénomination retenue puisqu'elle figure dans le *Bulletin folklorique de l'Île-de-France* de l'hiver 1968[1].

Finalement, la dénomination resta inchangée. Mais ces hésitations, à ce moment clé de l'histoire du musée, trahissent dès avant son ouverture les incertitudes quant à la vocation de l'institution, l'enjeu étant alors de marier populaire, national et scientifique.

Populaire, le musée l'était doublement, dans son champ, la culture du peuple, comme dans son objectif proclamé, un musée pour tous, et pas seulement pour l'élite.

National, évidemment et dans toutes ses versions, passant du Front populaire au maréchalisme, il avait encore incarné l'identité française quelque temps après la guerre. Puis ensuite, à partir de 1960, la modernité du projet architectural était devenue un argument et un motif d'orgueil national de la grandeur gaullienne, les autres pays nous enviant son caractère novateur, voire révolutionnaire.

Scientifique, enfin, il se séparait clairement du folklore, en axant de plus en plus ses objectifs sur une recherche qui se voulait fondée sur des méthodes rigoureuses.

Mais les mariages à trois ne font pas de bonnes unions et la suite le montra rapidement.

1. Roger Lecotté, vice-président de la Société d'ethnologie française, « La voix du Président », *Bulletin de la Société folklorique d'Île-de-France*, hiver 1968, p. 66.

4

L'activité scientifique du musée
jusqu'à l'ouverture du nouveau siège

Tout en conduisant son grand dessein au prix d'un combat acharné contre les institutions, Rivière continue de développer les activités du musée dans des conditions difficiles, tant sur le plan des locaux que du personnel. Cependant, ainsi qu'il s'en est expliqué, il ne pouvait se contenter d'attendre l'ouverture du nouveau siège ; il décida donc, jusqu'en 1964, de donner à voir ses collections dans des expositions temporaires qui lui permettaient aussi de tester son projet muséographique. De plus, dans le courant des années 1950, une fois clos les grands chantiers de l'architecture rurale ou du mobilier, ces expositions constituaient un excellent moyen d'enrichir les collections et de développer les liens avec les musées de province.

Pour faire face à la pénurie de main-d'œuvre scientifique du côté des musées de France, et en l'absence de tout lieu de formation des ethnologues, Rivière s'est de plus en plus appuyé sur les moyens en personnel obtenus, avec une relative générosité, du Centre national de la recherche scientifique (Cnrs). L'ouverture de l'équipe à ces chercheurs venus de divers horizons orienta le propos du musée vers des concepts inspirés d'une démarche scientifique, débarrassée de l'hagiographie du passé. Dans la filiation avec le Laboratoire d'ethnographie française, fondé en 1944 et dirigé par Marcel Maget, la collaboration avec le Cnrs fit du musée le lieu fondateur d'une véritable ethnologie scientifique de la France et, sur le plan institutionnel, conduisit en 1966 à la création tant de fois évoquée par Rivière d'un « musée-laboratoire ». Le redémarrage de la recherche fut cependant lent et force est de constater que la séparation avec le musée de l'Homme entraîna une rupture avec l'ethnologie exotique. De même, le lien originel avec l'histoire s'est distendu, laissant l'institution sur le bord de la route, alors que se développaient de nouveaux courants de recherche, liés à l'École des Annales.

LES EXPOSITIONS TEMPORAIRES : « DES SPECTACLES DEVANT LE RIDEAU »

De ces spectacles annonciateurs du grand œuvre, il y en eut vingt-deux entre 1951 et 1963 ; ces expositions qui ont jalonné l'histoire agitée de l'édification du musée témoignent aussi de l'évolution des intérêts et des méthodes de Rivière et de son équipe. Chacune d'elles fut un moyen d'explorer à fond le thème traité en développant une coopération étroite avec les musées régionaux et locaux, les collectionneurs, les spécialistes de la question. Les premières expositions temporaires étaient moins le résultat d'une accumulation préalable, qui permettrait la présentation de collections constituées, qu'un moyen d'avancer en marchant pour enrichir celles-ci ou compléter la documentation, car toute pièce prêtée était photographiée et cataloguée. C'est la méthode que Rivière avait commencé d'expérimenter dès 1937. D'abord centrées sur les thématiques de l'art populaire, l'imagerie populaire notamment, ces expositions ont progressivement évolué vers des présentations plus ethnographiques portant sur divers aspects de la société traditionnelle. Avec le temps, elles tendaient à préfigurer les galeries permanentes. La réussite des présentations des dernières années incitera même Rivière et son équipe à les reproduire dans la Galerie culturelle ou la Galerie d'étude. Tandis que le chantier s'éternise au bois de Boulogne, Rivière martèle ainsi sans relâche son message. En témoigne, parmi tant d'autres, cette lettre du 19 août 1960 adressée au directeur des musées de France : « Privés d'un musée normal, nous nous employons, dans un acte de foi en l'avenir, à réaliser des expositions dont chacune exploite un des thèmes de notre programme et, dans la mesure du possible, développe largement les collections en vue de présentations permanentes futures. Ainsi en a-t-il été avec nos expositions comme "Coiffes des pays de France", "Jeux de force et d'adresse dans les pays de France", "Théâtre populaires de marionnettes", "Paris et les Compagnons du Tour de France", sans compter nos expositions quinquennales d'enrichissements[1]. »

En outre, la plupart des expositions sont accompagnées d'un catalogue[2] dont l'introduction est l'occasion

---

1. Archives Atp Mus. Lettre du 19 août 1960.
2. Archives Atp Mus. Non sans qu'il y ait à chaque fois de grandes difficultés avec l'éditeur qu'est la Réunion des musées nationaux. En témoigne cette correspondance savoureuse. À l'occasion de la seconde exposition consacrée, entre le 25 octobre et le 20 décembre 1951, à « L'imagerie, Le Mans, Chartres, Orléans », surgit un différend entre Rivière et les services techniques de la Rmn à propos du catalogue. Rivière en trouve le prix trop élevé et demande qu'il soit baissé, ce qui lui vaut la réponse suivante : « Mon cher ami, l'exposition de la Bretagne se clôture, en ce qui concerne mes services, par une perte de trois cent cinquante mille francs environ. Ainsi que nous en avons convenu, il faudra, dans l'avenir, trouver une autre formule de catalogue, l'expérience ne pouvant être renouvelée.

« À ce propos, vous m'aviez demandé deux cents catalogues, que je vous ai remis, en remplacement des droits d'auteur que je n'aurais pas à acquitter.

« Or, ces deux cents brochures représentent, au prix de revient, plus de quatre-vingt mille francs, alors que si j'avais versé aux auteurs les droits correspondant aux ventes, je ne leur aurais versé que quinze mille francs environ ! Vous ne sauriez douter de ma générosité. Il va de soi que je ne recommencerai pas.

« Passons au compagnonnage : le directeur a admis le prix de soixante-quinze francs. Je ne changerai pas sauf contrordre de sa part. »

Le problème des catalogues est récurrent, soit ils arrivent après la fermeture de l'exposition, soit la Rmn les refuse. Dans le cas des *Jeux de force et d'adresse*, la formule

149

d'un manifeste concernant tel ou tel thème présenté ou relatif à la muséographie.

Les années de « propagande » (1951-1955)

Le combat fut rude pour l'aménagement de la Galerie d'exposition, mais il laissa le temps à Rivière de mettre au point sa doctrine muséographique. Il cosigna avec Jacques Barré, un ancien des Chantiers intellectuels que Rivière avait fait entrer comme technicien muséographe au Muséum d'histoire naturelle, un « programme de la salle d'expositions temporaires » qui précisait : « Les formes [des vitrines] doivent être discrètes : servantes, et non point maîtresses. Une harmonie, en effet, doit régner partout : proportions, équilibre des pleins et des vides, couleurs ; qu'il suffise de rappeler pour celles-ci les principes qui doivent, selon nous, les régir : matité, ni contrastes ni monochromie, mais un registre de nuances délicates, sorte de camaïeu en sourdine, qui suffise à distinguer, sans les souligner, les diverses structures. C'est aux seuls objets qu'il appartient de briller, dont la préservation et la mise en valeur justifient les musées[1]. »

On reste confondu devant le rythme de ces expositions qui furent souvent montées au rythme de deux par an. Certes, un petit nombre d'entre elles avait été présenté en province, comme « L'imagerie de Lille » ou « Les potiers de La Borne », mais Rivière y apportait toujours sa touche personnelle, notamment dans la muséographie, et l'équipe avait fort à faire.

La préparation des expositions, intense, commençait plusieurs années à l'avance ; chaque thème nécessitait un séjour sur le terrain, généralement extensif (série de courtes visites), pour établir les contacts et s'assurer la

---

choisie fut celle du numéro spécial de revue, de même que pour *Paris et les Compagnons du Tour de France*.

1. Amn U 24 Atp, 14 mai 1947, p. 20.

collaboration avec les institutions gérant tel ou tel secteur du folklore (le Compagnonnage par exemple), ou la contribution des musées détenteurs de pièces de collection. Ainsi l'exposition consacrée aux « Objets domestiques » ouvrit ses portes en 1953, mais près de deux années auparavant, Rivière, assisté de Suzanne Tardieu, qui s'était spécialisée dans le domaine, adressait une lettre circulaire à de nombreux musées de France, leur demandant s'il existait dans leurs collections des peintures, estampes et dessins représentant des intérieurs domestiques dans lesquels figuraient des meubles (avec un descriptif typologique très détaillé) – à la condition qu'ils soient soigneusement localisés. Celle-ci parvint ainsi à une remarquable recension de ce type d'images.

Bien que sans murs, le musée, grâce à ces expositions temporaires, réussit à se placer en tête du réseau de musées régionaux. Ceux-ci étaient la propriété de municipalités, de départements ou d'organismes privés. Depuis la transformation de la direction des musées nationaux en direction des musées de France, cette dernière jouait un rôle actif via la procédure d'acceptation par un conseil artistique des musées dits « classés et contrôlés », conseil équivalent à celui des musées nationaux devant lequel le Mnatp présentait ses collectes afin de les intégrer dans le patrimoine national. La Dmf encourageait en particulier cette nouvelle orientation qui tendait « à faire des musées de province le lieu de rassemblement des vestiges régionaux de la tradition rurale et artisanale, laquelle disparaît depuis l'éclosion de la civilisation industrielle [1] ».

Rivière fut chargé à plusieurs reprises de ces missions d'inspection auprès de musées qu'il connaissait très bien pour avoir souvent coopéré avec eux, soit qu'il les

---

1. Michel Florisoone, « Musées régionaux de la France », *Museum*, 1958, XI, 3, p. 165.

conseillât, soit qu'il y fît des emprunts pour les expositions parisiennes.

Les premières expositions avaient une fonction de « propagande » comme on disait alors ; elles permettaient de faire parler deux fois par an du musée dans la presse, attisant ainsi la flamme nécessaire pour obtenir les crédits que l'État, en cet après-guerre difficile, distribuait chichement. Veillant au service de presse, Rivière parvenait à toucher la plupart des grands quotidiens ou magazines de Paris et de province, qui ne manquaient pas de vanter la qualité de ses expositions et de le soutenir dans son combat rituel pour le nouveau musée. Ainsi *France-Soir* (20 mars 1954), rendant compte de l'exposition « Art populaire de 1789 à 1852 », n'hésitait pas à titrer « Un musée fantôme : faute de place pour pouvoir être exposées – deux mille cinq cents mètres carrés alors qu'il en faudrait quinze mille –, ses collections restent entassées dans des caisses. » De plus, des personnalités appartenant au monde socio-politique comme à celui des musées et des beaux-arts étaient invitées aux inaugurations. Ainsi le 10 décembre 1951, à l'occasion de l'exposition sur les « Compagnons du Tour de France », on retrouve dans la liste des invités le président du conseil municipal de Paris, le préfet de police, le président de la chambre de commerce, divers conseillers municipaux, le directeur général des Beaux-Arts de la Ville de Paris, le ministère de la Reconstruction et de l'Urbanisme..., toutes personnalités parties prenantes dans le débat qui s'instaurait autour du destin du Palmarium.

La première exposition, intitulée « Bretagne, art populaire, ethnographie régionale » (23 juin - 22 octobre 1951), fut un coup de maître, encensé par la critique unanime. Le catalogue la présentait ainsi : « Consacrée aux arts populaires de la Bretagne, elle comprend, outre une introduction évoquant l'histoire de cette province des origines à nos jours, des séries concernant la sculpture et l'imagerie religieuse, le mobilier et les arts domestiques, le costume, la poterie et la musique.

« Les galeries étant sonorisées, des auditions de musique bretonne enregistrée y sont données par intermittence. Il s'y ajoute, chaque samedi et dimanche à 16 heures, un concert de musique enregistrée et commentée, avec le programme suivant, préparé par le service d'ethnographie musicale du musée : 1. Air de Basse-Cornouaille – 2. Marche de Rostrenen, etc. »

La plus ethnographique des sections, sans doute, résultait du travail d'enquête conduit sur le terrain par Dan Lallier, sous la direction de Marcel Maget suivant les préceptes de son fameux guide d'enquête ethnographique, auprès du centre céramique de Saint-Jean-la-Poterie.

La presse salua cette exposition comme l'« ouverture du musée national des Arts et Traditions populaires ». Pour la première fois, le public découvrait l'histoire du musée, de sa fondation, des conditions de sa survie pendant la guerre, de l'enrichissement de ses fonds, des méthodes de l'ethnographie qui consistent « à explorer les milieux d'origine eux-mêmes ». Cependant les critiques furent relativement surpris par la forme des présentations qui, pour la revue *Arts*, apparaît plus « intellectuelle que spectaculaire » (29 juin 1951). L'article de *Combat* du 15 septembre 1952, sous le titre : « L'art populaire et les musées d'aujourd'hui », saluait au contraire sans réserve le travail accompli : « La densité même de cette première exposition, la valeur aussi et la clarté d'une présentation qui la rendaient très facilement accessible au public, témoignaient à la fois de la valeur des méthodes muséographiques appliquées dans le nouveau musée et du travail qui, entre 1936 et 1951, avait été accompli. »

Avec cette exposition, Rivière et le musée des Arts et Traditions populaires entrèrent dans le cénacle international des musées d'ethnographie scientifique puisque la prestigieuse revue d'anthropologie anglaise *Man* (1952, 44) en fit largement mention [1].

Chaque exposition est l'occasion d'inventer soit une animation, soit une mise en perspective culturelle afin d'intriguer et d'attirer public comme journalistes. Ainsi, à l'occasion de la troisième exposition temporaire (21 décembre 1951 - 21 avril 1952), « Paris et les Compagnons du Tour de France », une fête fut donnée pour les Compagnons, qui servit de cadre à la distribution des prix à leurs élèves. Cette exposition fut réalisée avec les Compagnons et le soutien de Roger Lecotté, spécialiste de la question, par la suite fondateur du musée ouvert à Tours sur le sujet. Sur le même principe, fut conçue la dixième exposition temporaire (21 décembre 1956 - 25 mars 1957), avec l'aide des gens du cirque, artistes ou directeurs.

D'autres expositions jouaient sur le dépaysement, comme celle consacrée aux « Théâtres populaires de marionnettes », qui, dès l'entrée, mettait en présence un guignol bien parisien et un théâtre javanais de Wayang afin d'évoquer les analogies mystérieuses et profondes existant entre un spectacle enfantin et d'antiques mythes religieux.

À une exposition consacrée à « L'image de Toulouse », largement appuyée sur des fonds publics toulousains et des fonds privés, succéda ce qu'on peut véritablement qualifier de première exposition ethnographique dont on retrouvera la postérité dans plusieurs présentations du musée, notamment dans la vitrine de

---

1. « Nos collègues français se tournent vers l'étude ethnographique d'eux-mêmes. Pour les expositions, l'art populaire prend la première place dans les présentations, mais on se doute que les collections qui illustrent les évolutions technologiques ont commencé et sont affrontées au problème du stockage d'objets qu'il faut préserver. Les références à Saint-Jean-la-Poterie et ses femmes potières travaillant sous les ordres de maîtres qui contrôlent les fours sont particulièrement intéressantes. »

la Galerie d'étude consacrée au même sujet. Il s'agit des « Objets domestiques des provinces françaises dans la vie familiale et les arts ménagers » (avril 1953 - février 1954), qui connut un très grand succès. Suzanne Tardieu (membre de l'équipe depuis 1941 et enfin titularisée au Cnrs), déjà forte de l'expérience de l'exposition « Bretagne » dans laquelle elle avait traité du mobilier, en fut la cheville ouvrière. Elle faisait alors équipe avec Louis Dumont, qui, devenu indianiste entre-temps, travaillait en Grande-Bretagne. Et Rivière, qui recherchait volontiers sinon une mise en perspective comparatiste, du moins une invite à un décentrement culturel, en profita pour s'enquérir auprès de lui de la valeur symbolique du foyer en Inde[1] : « Je me soucie à présent de l'exposition "Foyer domestique et arts ménagers" dans les provinces de France. Me rappelant nos conversations dernières, je vous sollicite de m'envoyer le plus tôt possible quelques indications bibliographiques et réflexions sur l'idée du foyer chez les Indo-Européens, avec quelques traits spectaculaires de comparaisons : idée du feu-foyer, caractère bénéfique du feu domestique, dieux et coutumes magico-religieuses du foyer, aspects objets domestiques, des âges de la vie. Il s'agit moins, je le répète, d'une exposition systématiquement comparée, que d'une tendance à ouvrir, à quelques endroits, des échappées et des sondages. Je vous rappelle que le plan de l'exposition est ainsi ; en deuxième partie, les objets domestiques sous l'angle économique ou si vous voulez répartis par fonctions techniques (feu et foyer, eau, alimentation, etc.), en première partie, les objets domestiques répartis par fonctions idéologiques et sociales : magie-religion, classes d'âge (en particulier, vitrine de choc sur les fiançailles et le mariage), voisinage (veillées), etc. C'est cette première partie que j'espère, selon

---

1. Archives Atp Mus. Courrier du 29 novembre 1952 avec Louis Dumont, alors à l'Institute of Social Anthropology, Oxford.

vos conseils et ceux de deux ou trois autres grands amis genre Lévi-Strauss, Métraux, Soustelle, enrichir de tels éléments. Sans pour autant exclure les touches de folklore dans le deuxième secteur et aussi y inclure, en quelques points appropriés, des termes ultra-modernes de comparaison : exemple, un sympathique robot, comme le souhaite notre Suzanne au voisinage des mortiers et râpes.

« Dépêchez-vous de me répondre, et excusez ce courant d'air dans la tour d'ivoire. Le Tout-Paris des muséographes compte sur vous. »

La réponse de Louis Dumont, le 6 décembre suivant, fut laconique : « On s'aperçoit quand on y regarde que sorti de quelques clichés généraux on a peu cherché, surtout en fait de *realia*. J'ai cependant une description rituelle il est vrai du foyer domestique et il y a une grande richesse de rites (mariage), mais c'est d'en préciser l'aspect matériel qui est difficile. »

Un vaste public fut sensible à ces présentations, alors que la modernisation de l'équipement domestique était encore bien loin d'avoir touché les foyers (il faudra attendre vingt ans). Les objets et ustensiles présentés, les techniques documentées renvoyaient à l'expérience des visiteurs ou à celle de leurs propres parents. La plupart d'entre eux pouvaient ainsi s'approprier symboliquement des objets qu'ils avaient vus dans leur enfance ou que leurs grands-parents peut-être utilisaient encore. La guerre avait en effet retardé la modernisation de l'équipement domestique et nombre de vieilles façons de faire sur le point de disparaître furent réactivées en ces temps de pénurie. À la même époque, le Salon des arts ménagers attirait des millions de visiteurs plus enclins à admirer les appareils modernes qu'à les acheter (ils étaient encore fort coûteux et pas très efficaces). Les Arts et Traditions populaires étaient d'ailleurs régulièrement présents au salon avec une vitrine présentée dans la section « Formes utiles » que dirigeait Abel Hermant[1].

L'exposition connut un succès si considérable qu'elle fut prolongée jusqu'en février 1954. Elle était le fruit des enquêtes du chantier 909 qui avait permis de rassembler quatorze mille monographies de meubles, et d'enquêtes intensives sur le terrain pour collecter des objets. Et, nouveauté muséographique relevée par la presse, on avait poussé l'audace jusqu'à rapprocher des objets du XIXe siècle d'objets modernes remplissant les mêmes fonctions – ainsi le mortier voisinait-il avec un robot-mixeur.

Pour attirer les plus larges publics, un gros effort fut fait en direction des écoles (un courrier précisait que l'exposition présentait « un intérêt tout particulier pour les petites filles et les jeunes filles »), des écoles de dessin, des associations familiales, des amicales d'originaires, etc. La presse s'en fit le chaleureux écho et vanta particulièrement la qualité de la muséographie. « On ne peut rêver plus belle "mise en scène" ni meilleure présentation d'objets qui possèdent chacun leurs qualités esthétiques propres et qu'il fallait mettre en valeur sans heurts et sans violence. De savants éclairages éclairent les reflets, allègent les ombres, caressent les courbes et l'on ne se lasse point d'admirer – en dépit de leur grand nombre – des objets dont la diversité ne suffit pas expliquer le charme... Leçon de pédagogie, aussi. De profondes vitrines, un matériel d'exposition ultra moderne, des notices discrètes, mais claires, permettent au visiteur de suivre sans lassitude le plan logique qui a présidé au groupement des objets et de dégager les grandes lignes d'une exposition que sa richesse aurait pu rendre touffue et indigeste[2]. »

---

1. Martine Segalen et Béatrix Le Wita, « Les vertus de l'intérieur », in Martine Segalen et Béatrix Le Wita (dir.), *Chez soi. Objets et décors : des créations familiales ?*, Autrement, 1993, série Mutations n° 137, p. 30-50.
2. *L'Éducation nationale*, 7 mai 1953, article de M. Kahan-Rabecq.

Visiter cette exposition était un phénomène de mode, et *Cinémonde* (l'équivalent de *Gala* aujourd'hui) vint faire photographier une starlette dans l'exposition. Outre son succès populaire, « Objets domestiques » bénéficia, elle aussi, du prestige d'une recension dans *Man*, le journal du Royal Anthropological Institute. On peut soupçonner la main de Louis Dumont dans cette référence.

La huitième exposition, « Nouvelles acquisitions », (4 mai - 13 juin 1955), prolongée jusqu'au 31 octobre 1955, fut relativement modeste, à ceci près que Rivière put enfin mentionner la plus importante des acquisitions : le Palmarium (cf. chapitre 3, p. 112). L'avant-propos du catalogue marquait une étape dans la réflexion sur la mission du musée : les objets présentés « illustrent les résultats et les difficultés de notre politique d'achats. Ne devons-nous pas constituer des fonds représentatifs, tout à la fois, de l'ensemble des pays de France et des catégories si variées que recouvre notre domaine : genres de vie, métiers, habitat, équipement domestique, costumes, cérémonies, arts, littérature orale, etc. » ? Conçue comme le hors-d'œuvre des « Chefs-d'œuvre de l'art populaire », projet que Rivière caressait depuis longtemps, elle devait surtout sensibiliser la presse aux promesses du musée. Les journaux titrèrent sur le projet du Palmarium, tel *Le Monde* du 4 mai 1955 annonçant : « Dans quatre ans, le musée des Arts et Traditions populaires trouvera son cadre définitif au Jardin d'acclimatation. »

« Trésors d'art populaire dans les pays de France » (13 mai 1956 - 24 septembre 1956) eut une portée institutionnelle importante. Neuvième exposition, elle avait déjà une longue histoire. En 1951, Rivière avait répondu à une demande du président du comité d'organisation d'une exposition de l'Hôtel de Ville, prévue en 1953. Il s'agissait de « prouver les facultés de renouvellement des métiers d'art » en organisant des présentations dans les « palais » bordant la Seine ainsi qu'au Petit Palais, au musée d'Art moderne, au musée Galliera, etc. Dès septembre 1951, Rivière avait proposé une exposition sur le thème « Chefs-d'œuvre de l'art populaire en France », susceptible « de rassembler un choix assez retentissant d'œuvres anciennes, en provenance de toutes les provinces et de Paris même [1] ».

Le projet resta en sommeil jusqu'à sa relance en 1954, nécessitant alors une large prospection que Rivière organisa avec Michèle Richet dans le centre et le sud-ouest de la France, en septembre 1955. Pour ces « Trésors », Rivière emprunta une large sélection d'objets dans vingt-quatre musées ou mairies [2], les collections du musée n'étant en effet pas suffisantes. Dans le contexte de conflit institutionnel d'alors, l'insistance sur l'« art » se révélait un bon choix tactique vis-à-vis d'une direction des musées de France dominée par l'art savant et l'esthétique. D'ailleurs *Le Figaro littéraire* du 19 mai 1956 titrait son compte rendu : « Vers un musée d'art populaire ».

C'était l'occasion de prolonger le débat ouvert au musée de l'Homme avant la guerre, confrontant culture populaire et art, par celui qui opposait arts plastiques ou graphiques et arts appliqués. Derrière, planait l'idée qui avait animé le musée à ses débuts de fournir des modèles aux artistes et artisans régionaux. Françoise Choay, bien connue depuis pour ses travaux sur l'histoire de l'architecture et de l'urbanisme [3], consacra une longue critique à l'exposition dans le *France-Observateur* du 28 juin 1956, dans lequel elle s'interrogeait sur l'« ambiguïté » du concept d'art populaire, récusant un certain nombre de documents présentés qui n'étaient, selon elle, que « touchants ou intéressants », mais dépourvus de qualités esthétiques.

L'esthétique s'affirmait en revanche nettement dans la muséographie. Armand Lunel, dans une chronique

---

1. Archives Atp Mus. Dossier 9ᵉ exposition, « Trésors d'art populaire dans les pays de France », 13 mai 1956 - 24 septembre 1956.
2. Par exemple, des statues du Christ d'une église à Blaincourt (Oise).
3. Françoise Choay, *L'Allégorie du patrimoine*, Paris, Le Seuil, 1992.

de *La Table ronde*, en novembre 1957, ne tarissait pas d'éloges sur « la présentation des objets sous vitrine, qui, en quelque sorte aérienne, les épanouit dans leur espace vital en même temps qu'elle les offre à l'admiration sous toutes leurs faces et leur confère une gloire sans rien leur faire perdre de leur délicieuse humilité ».

Le renouveau muséographique était bien là, issu d'une doctrine clairement explicitée : « L'expression muséographique est un art, l'art de vulgariser les résultats de la science au moyen de combinaisons de volumes, de couleurs, et tous procédés graphiques aptes à susciter l'intérêt, fixer l'attention et nourrir la mémoire et la sensibilité. Elle se trouve solidaire des données scientifiques à exprimer et des aptitudes du public à atteindre [1]. »

Mais si Rivière est bien l'inventeur de cette muséographie artistique, il faut rappeler que la mise en exposition était effectuée par Jacques Barré, et que le donneur d'ordres était d'un niveau d'exigence qui pouvait tourner au perfectionnisme !

À partir de 1957 :
vers des expositions ethnographiques

Les expositions suivantes, « Arts du cirque » (décembre 1956 - mars 1957) et « Jeux de force et d'adresse dans les pays de France » (juillet 1957 - 6 janvier 1958) furent le fruit d'une lente maturation. Elles s'appuyaient sur une prospection préalable, pour la première parmi les professionnels et les amateurs, pour la seconde auprès des conservateurs de musée et archivistes afin qu'ils inventorient leurs fonds iconographiques sur le sujet.

En ce qui concerne les « Jeux », dès 1954 le musée reçut un soutien du directeur de la Jeunesse et des Sports, Gaston Roux, qui lui permit de s'adresser aux recteurs d'académie et lui ouvrit aussi les portes des

---

[1]. Amn U 2 Atp. *Les Fonctions principales du musée des Arts et Traditions populaires et du Laboratoire d'ethnographie française et leur répartition possible*, ronéoté, s.d., p. 1.

diverses fédérations de jeux, car, contrairement aux expositions sur l'image, certains des jeux présentés dans l'exposition étaient encore bien vivants : pelote basque, joutes nautiques, courses de taureaux, tir à l'arc. Cette démarche permettait d'enrichir les collections grâce aux dons stimulés par la perspective de les voir exposés. Dans l'introduction du catalogue, Rivière le signalait : « C'est surtout le fonds d'objets qui a été bénéficiaire, puisqu'il s'est accru, au moment où nous écrivons ces lignes, de 126 achats et 236 dons, soit au total 362 objets : ensemble extrêmement varié et représentatif, et qui fait bien augurer de la future section des jeux dans les galeries de l'édifice qui sera construit à l'emplacement de l'ancien palmarium [1]. » La récolte fut si abondante que Rivière écrivit à Gaston Roux qu'ils étaient littéralement « débordés par la matière ». Les critiques de la presse furent enthousiastes, une fois encore. *Connaissance des arts* de septembre 1957 parlait d'« objets harmonieusement disposés dans les vitrines. Il faut voir à cet égard la vitrine de quilles et de boules, composée comme une sculpture abstraite ». Celle-ci sera intégralement reprise dans la Galerie d'étude.

L'exposition consacrée aux « Coiffes de France » (février-octobre 1959) fut l'occasion d'aborder une question cruciale dans un musée, celle de la conservation et de la restauration des tissus. Des courriers témoignent de l'incessante lutte contre la pénurie de moyens et, dans ce cas, pour financer la restauration de deux cent cinquante coiffes prêtées par des musées régionaux. Un mécène, Pierre David-Weill, vint au secours du conservateur en finançant l'installation d'un atelier de restauration des tissus et le salaire d'un professeur de l'école normale d'apprentissage [2] spécialiste du repassage de « fin ».

---

1. *Arts et Traditions populaires*, 6ᵉ année, 1-2, 1958 ; 3-4, 1958, p. 3.
2. Cette spécialiste formera d'ailleurs un des gardiens du musée, Robert Benoît. Il n'est nul besoin de parler des fins doigts de femme lorsqu'on voit comment celui-ci pouvait tuyauter une coiffe de dentelle avec des brins de paille.

D'un genre particulier, la quatorzième exposition résultait d'une commande du ministère de l'Éducation nationale qui souhaitait célébrer le centenaire du poème provençal *Mireille*. Mi-littéraire, mi-ethnographique, elle était fondée sur des collaborations avec le museon Arlaten (qui prêta le manuscrit de Frédéric Mistral), la Bibliothèque nationale, et diverses associations. Sous le titre « *Mireille* et la Provence » (18 décembre 1959 - 22 mai 1960), l'exposition concernait d'une part l'histoire de la littérature, et d'autre part une Provence inventée par Mistral, à travers la présentation d'éléments de divers chants du poème. La reine d'Arles 1959 fut présente à l'ouverture et de nombreuses associations actives dans le maintien des traditions provençales adressèrent leurs chaudes félicitations au conservateur en chef.

Quant à André Malraux, depuis peu ministre d'État chargé des Affaires culturelles, il s'excusa de ne pouvoir l'inaugurer et assura Rivière de son « sympathique souvenir ». Comme chaque fois, la muséographie souleva l'enthousiasme des commentateurs. *Arts, Lettres, Spectacles*, le 9 février 1960, parle de l'exposition comme d'une « œuvre d'art et de poésie ».

Après l'exposition « Cinq ans d'enrichissements » (22 juin 1960 - 10 janvier 1961), le temps semblait venu de se consacrer au programme muséographique du musée dont la structure métallique était enfin en train de s'élever dans le bois de Boulogne. Le musée présentera donc trois expositions conçues par d'autres établissements, quitte à les enrichir avec une collaboration parisienne. Il en fut ainsi de « La Charité de saint Martin [1] » (mars-mai 1961) et « Peintures sous verre alsaciennes des XVIIIe et XIXe siècles ». Quant à « Potiers en terre du Haut-Berry » (décembre 1962 - février 1963), c'était le fruit d'une enquête conjointe entre Pierre Soulié et Jean

---

1. André Malraux vint visiter cette exposition dont la seconde partie, consacrée à la statuaire, avait été conçue par sa collaboratrice Clémence Duprat.

Favier, alors conservateur du musée du Berry à Bourges. Sur ces sujets relevant de l'histoire religieuse ou de l'artisanat, des pièces de très grande qualité furent présentées surtout pour leur attrait esthétique, mis en valeur par la muséographie. *Le Monde* du 28 décembre 1962 faisait l'éloge des vitrines, pareilles à certains tableaux ; c'étaient des « vitrines-natures mortes parfaites ».

La série des expositions temporaires s'achèva en 1963 avec « Arts et Traditions des pays de France, trois ans de travaux et d'acquisitions » (mai-octobre 1963), dont le catalogue, dans une édition typographique moderne qui rompait avec les précédents, présentait une synthèse de ce que serait le futur musée. Auparavant, l'exposition « Bergers de France » (juillet-novembre 1962) fut une réussite exceptionnelle, à la hauteur des énergies engagées. Préparée de longue date, précédée de collectes (cent dix objets), elle était le fruit de coopérations nombreuses, sous la houlette d'une femme énergique, dont les cheveux étaient blancs et bouclés comme la toison de ses chers moutons, Mariel Jean-Brunhes Delamarre [1]. « Chef d'orchestre », selon l'expression de Georges Henri Rivière, elle rassembla tout le personnel du musée et nombre de concours extérieurs, pilotés par Jean Blanc, un berger autodidacte tout de passions et de connaissances, qui marqua ceux qui travaillèrent avec lui. La Bergerie nationale de Rambouillet, la Fédération nationale ovine et la revue *Pâtre* furent de la partie. L'exposition, dédoublée en deux thèmes, montrait, d'une part, le rayonnement de la civilisation pastorale encore proche dans la mémoire collective, et, d'autre part, l'ethnographie de l'élevage ovin.

La dernière partie, dans laquelle MJBD (comme on disait) [2] s'impliqua le plus, traitait du berger et de la

---

1. Martine Segalen, « Mariel Jean-Brunhes Delamarre (1905-2001). Une œuvre entre géographie et ethnologie », *Ethnologie française*, XXXII, 2002, 3, p. 529-539.

2. Rappelons que Georges Henri Rivière avait mis au point un système d'initiales pour tout son personnel (à dominante féminine) dont il raffolait. Il alla même

bergerie en suivant une progression problématique qui allait de la culture matérielle aux croyances et aux savoirs propres aux bergers : musique, littérature, danse. La richesse du catalogue[1], impensable aujourd'hui, reflétait le credo de l'époque : l'importance accordée à l'objet-signe et témoin.

La muséographie de Rivière atteignait son apogée. Les visiteurs étaient accueillis par une immense vitrine, où des bergers suivis de leurs troupeaux et de leurs chiens contemplaient l'apparition d'un bâton pastoral à l'image de l'Agneau mystique. André Malraux l'inaugura, ainsi que le ministre de l'Agriculture Edgard Pisani. À cette occasion, Rivière fit organiser par la comtesse de Chambure, spécialiste d'instruments de musique ancienne, un concert de musique vocale et instrumentiste du XIIIe au XVIIe siècle. L'homme, décidément, était « magicien des vitrines », mais aussi des relations publiques !

L'accueil fut enthousiaste : la presse célébra tantôt la force esthétique de cette muséographie, sa « magnification du réel[2] », sa « déification du banal : l'outil familier, suspendu au bout d'un fil invisible, pris dans le feu d'un projecteur et mis à l'abri dans une vitre devient une pièce rare[3] », tantôt la valeur pédagogique de cette « présentation remarquable [qui] montre tous les aspects de la "civilisation du mouton" en France. Souvent voisinent dans la même vitrine l'outil ancien et son homologue actuel : la force à tondre et la tondeuse électrique, le seau à traire et la trayeuse électrique. Les progrès sont ainsi mis en évidence, même pour l'œil le plus profane[4] ».

---

jusqu'à rebaptiser une des ingénieur(e)s afin qu'il n'y ait pas de confusion avec une autre personne !

1. *Bergers de France*, catalogue établi par Mariel Jean-Brunhes Delamarre, aidée d'un groupe de chercheurs, *Arts et Traditions populaires*, X, 1962.

2. Raymond Cogniat, « Bergers et bergeries au musée des Arts et Traditions populaires », *Le Figaro*, 2 août 1962.

3. *Ibid.*

4. Yvonne Rebeyrol, « Bergers de France au musée des Arts et Traditions populaires », *Le Monde*, 29-30 juillet 1962.

« Il est difficile de lier plus étroitement art et science qu'on ne le fait au musée des Arts et Traditions populaires. C'est une habitude que Rivière a inculquée à tous ses collaborateurs. Aussi, attendons-nous avec impatience le moment où sera inauguré au bois de Boulogne le grand musée qu'on y construit, qui marquera le lien trop souvent oublié du passé et du présent, de l'art et de la vie de tous les jours. Ce musée sera beaucoup plus qu'une rétrospective, il sera une leçon constante et particulièrement opportune », écrivait un journaliste de *La Croix* le 31 août 1962.

Avec « Bergers de France », dont une vitrine fut reprise dans la Galerie culturelle, Rivière avait gagné définitivement son pari ; il pouvait désormais se consacrer à la programmation du musée tout en conduisant la grande entreprise de recherche que fut l'Aubrac.

La question du public

En dépit des éloges de la presse, le public n'était pas au rendez-vous. Les expositions temporaires des années 1950 et 1960 n'attiraient pas beaucoup de visiteurs. Des courriers en témoignent, tel celui de ce correspondant expliquant qu'il avait visité plusieurs expositions, chaque fois dans des salles vides. Il suggérait un moyen de les remplir : « Changez de clientèle et intéressez-vous uniquement aux gosses... Ou les écoles parisiennes prendront l'habitude de venir vous rendre visite tous les jours, par roulement, ou vous continuerez de vivoter jusqu'au jour où, faute de crédits supplémentaires, vous devrez mettre la clef sous la porte. » Pour « revivifier d'un sang neuf » le musée, le correspondant suggérait même de faire réaliser par des enfants de maternelle des dessins qui seraient muséographiés, ce qui attirerait aussi les parents[1]. Intuition prémonitoire ! À quoi Rivière répondait (le 14 mars 1960) que

---

1. Archives Atp Mus. Lettre de Jean-Maurice Pollefliet, 1er mars 1960.

dans le projet qui s'édifiait au bois de Boulogne, était prévu un « musée de la Jeunesse » comportant un espace dans lequel il serait permis de manipuler les objets et un atelier pour apprendre à les fabriquer. On sait qu'il dut y renoncer.

Comme ce visiteur, les autorités de tutelle s'inquiétaient de cette désaffection du public. Chaque dossier traitait du coût de l'exposition et de son catalogue qui était supporté par la Réunion des musées nationaux, le bras commercial de la direction des musées de France. La Rmn s'étonnait régulièrement du faible nombre d'entrées. C'était là un souci récurrent et l'on craignait que les détracteurs du projet, encore fragile dans les années 1950, ne s'emparent de cet argument pour le faire capoter.

Edmond Sidet, directeur des musées de France, déjà alerté sur ce problème, défendit avec vigueur l'institution et le projet de musée. Dans une note du 8 juillet 1958 adressée au cabinet du ministre de l'Éducation nationale, il reconnaissait « le petit nombre de visiteurs et la faiblesse des recettes de l'actuel musée des Arts et Traditions populaires, comparés au coût de construction du nouveau musée », mais ajoutait : « Il est paradoxal de reprocher à un musée l'insuffisance de son public et de ses recettes (sans d'ailleurs tenir compte du grand nombre de visiteurs scolaires gratuits) et, dans le même temps lui contester la possibilité d'avoir des galeries d'expositions permanentes pour accroître son rayonnement[1]. »

Quant à Rivière, il expliquait cet état de fait par le caractère provisoire et transitoire de l'entreprise : « Nos expositions temporaires, de sujet très limité, n'ont d'autre but que de manifester notre existence au public, rendre hommage aux donateurs, marquer l'effort de nos enquêteurs, vérifier et, le cas échéant, compléter dans

---

1. Archives Atp Mus.

un secteur donné l'état de nos collections. De telles expositions ne sauraient capitaliser un public[1]. »

Un document intitulé « Politique d'accroissement des collections[2] » récapitulait leurs fonctions : enrichir les collections en pratiquant une sorte d'ethnographie institutionnelle, toucher le public, éprouver des nouvelles méthodes muséographiques et préfigurer le contenu des futures galeries. Chaque exposition temporaire était aussi le moyen de tisser des liens avec des musées locaux, d'encourager leur développement : « Nous passons notre temps à tendre la main à toutes les provinces de France [...] pour y faire se créer là où il n'en existe pas encore un musée de la Province[...] Ces musées, de Paris nous les aidons, mais nous voulons qu'ils conservent et qu'ils soient d'initiative régionale, qu'ils aient leurs statuts propres, qu'ils aient leur physionomie propre[3]. »

La coordination de l'activité des Arts et Traditions populaires et des musées en région était en effet un souci permanent de Rivière[4]. Outre les expositions temporaires qui permettaient de collaborer avec des musées locaux et régionaux, l'action fédératrice ou initiatrice de Rivière contribua à la création de plusieurs musées (musée du Vin à Beaune, musée de Bretagne à Rennes,

1. Archives Atp Mus. Lettre adressée à M. le ministre d'État par le biais de Georges Salles et Edmond Sidet le 24 avril 1959.

2. Archives Atp Mus. « Politique d'accroissement des collections », en date du 9 octobre 1961.

3. Conférence de Rivière devant le Félibrige, en 1958, à l'occasion de la préparation de l'exposition « Mireille ».

4. « Mnatp. Politique d'accroissement des collections », note dactylographiée, 7 décembre 1961 (document Marie-Chantal de Tricornot) : « Un musée comme le nôtre ne saurait promouvoir un plan national de récoltes ethnographiques véritablement efficace, si ce plan n'était coordonné avec un ensemble de plans régionaux analogues. [...] Sinon que de lacunes, que de doubles emplois, que de gaspillages d'énergie et de ressources, voire que de litiges en perspective ! À telle enseigne que là où n'existe pas encore le partenaire régional, notre musée s'efforce de le faire naître, de préférence à un niveau largement régional. La liste est déjà longue de créations de ce genre dont l'initiative honore notre maison. »

Musée comtois de Besançon, Musée catalan de Perpignan, etc.).

Les expositions temporaires jouèrent donc plusieurs rôles dans la période de latence entre la fin de la guerre et l'ouverture des galeries : galop d'essai pour le projet muséal au bois de Boulogne, entretien de la flamme des contacts, essai de la doctrine de recherche et muséologie. Et, tandis que s'élaborait le pôle de la muséographie ethnographique, se construisait l'autre pôle de la maison, celui de la recherche.

Vers une recherche scientifique en ethnologie de la France

Outre les acquisitions institutionnelles, les collectes d'objets liées aux plus récentes expositions temporaires étaient le fruit de démarches raisonnées et documentées sur le terrain (Louise Alcan pour le vêtement, Mariel Jean-Brunhes Delamarre pour l'agriculture et l'élevage, Hélène Tremaud pour les jeux, Suzanne Tardieu pour la vie domestique, Claudie Marcel-Dubois et Maguy Pichonnet-Andral pour la musique, André Desvallées pour l'artisanat...). Dans la seconde moitié de la décennie 1950, s'affermit la politique de recherche du musée, nouée par le biais de liens institutionnels avec le Cnrs qui iraient s'intensifiant. Un pôle scientifique majeur et unique, à l'échelle de la France, était en voie de constitution, mais cela plus de dix années après le redémarrage de l'ethnologie hors métropole.

La coupure entre le musée
et l'anthropologie sociale

La lenteur de cette gestation s'explique par un ensemble de facteurs. La recherche était avant tout conduite sous les auspices de la démarche muséographique, et donc commandée par le recueil d'objets ou de documents ; de plus, elle avait été coupée du développement de l'ethnologie telle qu'elle se pratiquait après la guerre au musée de l'Homme, à partir d'enquêtes approfondies au cours de longs séjours sur le terrain. Rivière lui-même n'était pas isolé du monde de l'ethnologie. Sa relation avec Louis Dumont est toujours restée étroite. En attestent aussi ses liens avec Alfred Métraux dans les années 1950, les nombreux repas qu'ils prirent ensemble avec les Lévi-Strauss, Michel Leiris et la plupart des grands ethnologues du moment [1]. Mais les enquêtes françaises n'avaient pas encore intégré les méthodes et les objectifs dessinés notamment par l'anthropologie anglo-saxonne.

Aux Arts et Traditions populaires, les chercheurs conduisaient, selon le vocabulaire en cours, des « prospections », brefs séjours de terrain auprès d'informateurs institutionnels ou d'informateurs sélectionnés par le biais des réseaux de correspondants. Ils étaient essentiellement à la recherche de témoins matériels des techniques en voie de disparition. Les excellentes monographies d'artisans conduites selon les préceptes de Marcel Maget s'apparentaient le plus souvent à des fouilles de sauvetage.

Trois enquêtes tranchaient cependant avec l'atonie de la recherche en France : celle de Lucien Bernot et René Blancart consacrée à *Nouville, un village français,* qui s'intéressait aux relations sociales et attitudes psychosociologiques d'une commune où se côtoyaient paysans et ouvriers de la verrerie ; celle de Louis Dumont qui, à propos de la fête de la Tarasque, réfutait les analyses des folkloristes pour en montrer le sens historique et social ; et celle de Lawrence Wylie, anthropologue américain,

---

1. Entre janvier 1952 et octobre 1953, Métraux, qui était alors parisien et occupait des fonctions à l'Unesco, note dans ses carnets plus de quatorze repas, visites, conversations avec Rivière. Alfred Métraux, *Itinéraires 1 (1935-1953). Carnets de notes et journaux de voyage,* Paris, Payot, 1978.

qui, sur les conseils de Rivière, se rendit dans un village du Vaucluse pour y étudier les comportements culturels[1].

Mais ces travaux pionniers n'étaient guère liés aux Arts et Traditions populaires. C'est Claude Lévi-Strauss à qui l'Unesco avait demandé de piloter une enquête novatrice, inspirée des travaux américains, qui avait proposé à Lucien Bernot de réaliser l'enquête sur Nouville ; Lawrence Wylie venait d'Amérique ; seul Louis Dumont appartenait à l'institution, mais la guerre avait redéployé ses curiosités bien au-delà des frontières nationales, et ces monographies furent sans lendemain. D'ailleurs Lucien Bernot devint par la suite anthropologue de l'Asie du Sud-Est et Louis Dumont de l'Inde. À la vérité, jusqu'aux années 1960, le terrain français offrait le plus souvent un lieu de galop d'essai pour des apprentis ethnologues qui iraient ensuite faire de la « vraie » recherche, le plus loin possible de chez eux.

C'est pourquoi l'ethnologie française, qu'il s'agisse du Lef (Laboratoire d'ethnologie française), du Mnatp (musée national des Arts et Traditions populaires), de la Sef (Société d'ethnologie française), est « désespérément absente du renouveau extraordinaire des sciences sociales », remarque Florence Weber, alors qu'elle observe qu'une semaine consacrée en 1960 à « l'écriture et la psychologie des peuples » regroupe des historiens, des linguistes, des anthropologues prestigieux, mais pas un seul ethnologue de la France[2].

---

1. Lucien Bernot et René Blancart, *Nouville, un village français*, Paris, 1953, republié aux éditions des Archives contemporaines, 1995 ; Louis Dumont, *La Tarasque. Essai de description d'un fait local d'un point de vue ethnographique*, Paris, Gallimard, 1951, réédité en 1987 ; Lawrence Wylie, *Village in the Vaucluse. An Account of Life in a French Village*, Cambridge, Harvard University Press, 1957, trad. française : *Un village du Vaucluse*, Paris, Gallimard, 1981.
2. Florence Weber, « Politiques du folklore en France (1930-1960) », in Philippe Poirrier et Loïc Vadelorge (dir.), *Pour une histoire des politiques du patrimoine*, Paris, Comité d'histoire du ministère de la Culture, Fondation Maison des sciences de l'homme, 2003, p. 298.

Un rassemblement unique en France de chercheurs

Tout en menant son épuisant combat pour le musée, Rivière se portait sur tous les fronts : outre ses fonctions fort accaparantes à l'Icom, il était membre de nombreux comités de gestion des musées, il inspectait les musées de province relevant du domaine, il présidait le conseil scientifique de la Confédération des groupes folkloriques. Il avait créé, en 1947, la Société d'ethnographie française, qui publiait le *Mois d'ethnographie française,* revue scientifique qui prendra le titre de *Arts et Traditions populaires* en 1953. Mais surtout, il était membre de la commission d'ethnographie du Cnrs et, à ce titre, parrainait et dirigeait des chercheurs de cet organisme.

Le Cnrs fut partenaire du musée, dès ses débuts, fournissant au coup par coup, soit des moyens en missions, soit des allocations pour des projets de recherche. Ainsi la mission folklorique de Basse-Bretagne de 1938 fut financée par le Cnrs, et pendant la guerre plusieurs membres du musée, Suzanne Tardieu, Ariane de Félice, Guy Pison et Claudie Marcel-Dubois, bénéficièrent de ses allocations. De plus, il abondait le budget d'équipement, autorisant l'achat d'appareils photographiques ou pour réaliser des registrements sonores. En 1957, le musée bénéficiera même d'une dotation exceptionnelle pour s'équiper en caméras, appareils photo, et machine à écrire.

Dès 1943, la situation de Claudie Marcel-Dubois fut stabilisée par sa nomination au titre de chargée de recherches (alors deuxième grade dans la carrière), de même que celle de Suzanne Tardieu en 1946. Maguy Pichonnet-Andral commença comme stagiaire de recherches la même année, puis d'autres chercheurs vinrent les rejoindre dans la seconde moitié des années 1950. Aucun d'entre eux n'avait véritablement de formation ethnologique, cursus qui d'ailleurs n'existait pas ; ils venaient d'horizons divers, comme la géographie (Mariel

Jean-Brunhes Delamarre), la littérature (Marie-Louise Tenèze), etc. Faute d'un personnel suffisant issu du ministère de la Culture, le schéma institutionnel élaboré par Rivière consistait à confier à ces chercheurs tout à la fois l'aspect recherche et l'aspect scientifico-administratif de la collecte, la gestion des collections et la mise en exposition. En somme, il s'agissait d'établir une continuité entre le travail scientifique de recherche, de collecte et son aboutissement au musée, dans les circuits du catalogage, de la restauration et de l'exposition. Symbiose éphémère tenue jusqu'à l'ouverture du musée.

L'augmentation du nombre des chercheurs contribua à réorienter les problématiques, mais la coexistence avec les quelques conservateurs relevant du ministère de la Culture ne fut pas toujours pacifique. Au-delà des individus, il s'agissait d'articuler les fonctions de la recherche et de la muséographie, ce qui n'est pas toujours simple ; d'autant plus que les savoir-faire en matière de muséographie faisaient plutôt défaut.

Une sorte de charte du Laboratoire d'ethnologie française tenta de fixer compétences et exigences :

« 1. Le musée des Arts et Traditions populaires et le Laboratoire d'ethnographie française ont à remplir trois fonctions principales :

1. recherche scientifique
2. documentation
3. exposition ou expression muséographique

« [Points 2 et 3]...

« 4. L'expression muséographique est un art, l'art de vulgariser les résultats de la science au moyen de combinaisons de volumes, de couleurs, et tous procédés graphiques aptes à susciter l'intérêt, fixer l'attention et nourrir la mémoire et la sensibilité. Elle se trouve solidaire des données scientifiques à exprimer et des aptitudes du public à atteindre.

« 5. Recherche et expression muséographique font appel chez les différents spécialistes ou chez un même individu – dans le cas où des fonctions sont cumulées – à des aptitudes et à des formations spécifiques (sinon contradictoires ou exclusives l'une de l'autre), comme le prétendent certains pessimistes marqués par la trop fameuse antinomie, "matheux"/"littéraires".

« 6. D'autre part, pour le meilleur rendement de l'une et de l'autre, il est préférable que la recherche précède l'exposition. Cette dernière est expression ; pour parvenir à une expression pleine et valable, il faut avoir quelque chose à dire. En d'autres termes, il est plus sûr de faire des vitrines avec les produits de la recherche, menée conformément à un plan scientifique, que de faire de la recherche pour remplir les vitrines [1]. »

À partir de 1955, on vit grossir le nombre des personnels Cnrs [2] qui, outre leurs propres travaux, devaient consacrer une partie de leur temps à des « travaux d'intérêt collectif » (cf. annexe VI), exercés en principe le plus possible selon leur spécialisation [3]. Dès lors, la recherche prit le pas sur toutes les autres considérations, comme le proclame Rivière lors d'un congrès international : « La recherche est l'infrastructure de toute notre institution. Elle constitue notre contribution à l'avancement de l'ethnologie, elle conditionne le rassemblement des objets et des documents, elle inspire l'action éducative et culturelle. Nous sommes en définitive un musée-laboratoire et cela explique que le Centre national de la recherche scientifique nous donne son appui [4]. » Et cette

---

1. Amn U 2 Atp. « Les fonctions principales du musée des Arts et Traditions populaires et du Laboratoire d'ethnographie française et leur répartition possible », s.d.

2. Isac Chiva est nommé en 1954, Louise Alcan en 1955, Jean-Michel Guilcher en 1958, MJBD en 1959, Geneviève Vayssière (archives) en 1962, Denise Gluck en 1964, Alain Guey (photographe) en 1965.

3. Ce fut généralement le cas, mais pas toujours. Ainsi Jacques Gutwirth, spécialiste d'anthropologie religieuse bien connu, trouvera tout à fait normal de consacrer quelques heures par semaine au département du Costume.

4. Archives Atp. Communication devant la section de muséologie du VIIᵉ Congrès international des sciences anthropologiques et ethnologiques tenu à Moscou, août 1964. Le texte décrit les formes de la collecte, en relation avec les

recherche n'était plus seulement orientée vers la connaissance des techniques ; elle s'intéressait de plus en plus aux « structures sociales, aux représentations [1] ».

Cet infléchissement vers la recherche eut une double conséquence vis-à-vis du ministère de la Culture : sur le plan interne, ses personnels se trouvèrent rejetés vers des tâches administratives et techniques ; sur le plan institutionnel, la tutelle, toute organisée autour des Beaux-Arts, ne comprenait pas la nature de la démarche ethnologique, le temps qu'elle nécessite, les aléas qui lui sont liés.

En 1963, l'organigramme du musée comporte ainsi deux structures, les services d'une part (photothèque, phonothèque, bibliothèque, laboratoire, collections, etc.) et les départements d'autre part, qui couvraient les secteurs scientifiques au nombre de douze (artisanat, costume, coutumes et croyances, danse, équipement domestique, esthétique, ethnomusicologie, histoire, jeux, littérature, techniques d'acquisition et de production, structures socio-économiques) ; comme l'indique leur nom, les services sont au service... de la science. De plus, Rivière nourrissait une illusion : couvrir tous les champs du social, les découper en domaines à la tête desquels serait placé, si possible, un tandem constitué d'un chercheur et d'un conservateur, ou sinon l'un ou l'autre.

La création du musée-laboratoire

Dans les années 1960, le Cnrs était alors en plein développement et relativement généreux. Rivière se tournait

---

démarches de préhistoriens ou d'archéologues : il faut savoir rechercher les *unica* comme les *typica* pour constituer des séries limitées et raisonnées à fin de constitution de types, sachant que le musée peut consentir des dépôts à des musées de province. En 1961, le musée compte 59 280 objets, 70 500 imprimés, 11 000 phonogrammes, plus de 100 000 documents photographiques dont près de 90 000 avec leurs clichés, 37 500 calques, 1 634 monographies d'architecture rurale, 13 784 monographies de meubles régionaux, et des cartes postales innombrables.

1. Rapport du 9 octobre 1961 intitulé « Politique d'accroissement des collections ». Il s'agit de la première version du rapport du 7 décembre 1961.

vers lui pour essayer de résoudre ses besoins criants en personnel[1].

Le Cnrs fonctionnait avec des commissions disciplinaires décidant des recrutements et carrières des personnels, ainsi que de l'allocation des moyens. Rivière, promu au grade de conservateur en chef le 13 avril 1962 et toujours fin stratège, se fit élire à la commission compétente, alors section 20 (anthropologie, préhistoire, ethnologie) en 1957, puis en 1963[2] afin d'être au cœur du dispositif. Et avec succès, puisqu'en 1964, il pouvait écrire que « 7 sur 12 des départements sont dirigés par des chercheurs Cnrs Atp, 10 des 18 membres des départements sont des agents Cnrs ». L'équipe Cnrs des Atp qui préparait les collectes, conduisait des enquêtes, participait à la programmation scientifique du nouveau siège (souvent par le biais des expositions temporaires dont ils avaient eu la charge, comme « Bergers de France » pour MJBD), trouvait aussi son compte dans le musée, dans le cadre, écrit Rivière, « de leur contrat de bonne volonté » : « Ils sont les utilisateurs privilégiés des ressources du musée, les départements qu'ils gèrent constituent pour eux des observatoires aux larges perspectives, ils se sentent les membres d'une communauté de travail. »

La position de Rivière, au centre même d'une institution qui ne lui refusait pas grand-chose[3], ajoutait à ses responsabilités une charge de travail considérable[4]. Mais,

---

1. Ainsi celui-ci accorda-t-il en 1962 un collaborateur technique pour travailler à l'ancien Office de la documentation désormais rebaptisé Service de documentation, riche de 3 881 manuscrits, 37 590 calques, plus de 100 000 clichés, et qui jouait un rôle scientifique et culturel de première grandeur dans la maison.

2. Aux côtés de tous les membres fondateurs de l'ethnologie française que sont Claude Lévi-Strauss, Georges Condominas, Germaine Dieterlin, Jean Guiart, Jean-Paul Lebeuf, Jean Rouch, Henri Vallois. En 1967, la commission deviendra la section 23.

3. Cependant, en 1955, Rivière ne put obtenir du Cnrs une automobile pour les travaux de terrain ; le refus lui fut signifié par Henri Vallois, président de la commission. Il l'obtiendra en 1964 pour la Rcp Aubrac.

4. Archives Atp Org Div. Paris. Cnrs. 1940-1952. On trouve ainsi dans ces dossiers les doubles de tous les rapports relatifs aux membres de son laboratoire, qu'il

placé au cœur du système, il sut évidemment se saisir de l'occasion ouverte par la création de structures mixtes de laboratoires associés à diverses institutions scientifiques ou d'enseignement. Le musée disposait d'un laboratoire, dit d'« ethnographie française », que dirigea Marcel Maget, mais c'était une structure purement interne. Après son départ, en 1962, la recherche ne trouvait son compte ni dans les services, ni dans les départements. À la demande d'un africaniste, Jean-Paul Lebeuf, qui travaillait à l'université de Nanterre-Paris X dans le jeune département d'ethnologie fondé par Éric de Dampierre, Rivière fournit en janvier 1965 un rapport détaillé des liens entre le musée et la recherche autour de quatre axes : le terrain, le laboratoire, les publications, la Rcp Aubrac (cf. annexe VI). Et pour mieux convaincre ses interlocuteurs que les Arts et Traditions populaires étaient débarrassés de tout folklore passéiste, il insistait sur l'inflexion du domaine : « L'ethnologie de la France, désormais, s'axe sur le passage de la société traditionnelle à la société industrielle, constitue sur la première de vastes archives écrites et audiovisuelles et coopère avec d'autres disciplines – notamment l'histoire et la sociologie, l'anthropologie sociale et l'agronomie – en vue d'une connaissance rétrospective et prospective de notre pays[1]. »

Fin connaisseur des rouages administratifs du Cnrs, et en étroite complicité avec son directeur général, Rivière inscrivit donc le musée dans la première vague de créations de musées-laboratoires[2]. Restait la question de son nom et la commission exprima « le souhait que sa déno-

---

s'agisse des recrutements ou des promotions, ou de l'attribution de primes aux agents techniques, ou encore ceux qui soutenaient l'action des chercheurs parrainés. Rivière préparait également les dossiers de demandes de subvention pour les publications auprès d'une administration qui devenait de plus en plus tatillonne.

1. Contribution de Rivière au rapport de conjoncture de la 20e section du Cnrs (ethnologie).

2. La convention d'association par le directoire du Cnrs est approuvée en décembre 1965.

mination soit modifiée et corresponde d'une façon plus précise aux recherches effectuées par [les] équipes ».

Le document original stipule donc : « Art. 1er [ici est couverte de croix à la machine la formule : *Le laboratoire du musée des Atp* et à la place figure] Le Centre d'ethnologie française est associé au Cnrs pour la période du 1er janvier 1966 au 31 décembre 1969. Signé par Pierre Monbeig[1], directeur général du Cnrs, Georges Henri Rivière et Jean Châtelain, directeur des musées de France. »

La grande enquête sur l'Aubrac avait compté pour beaucoup dans le processus qui conduisit le Cnrs à s'allier étroitement au musée.

L'Aubrac

Au milieu des difficultés institutionnelles, il y eut toutefois la « grande aventure de l'Aubrac ». Rivière pouvait évoquer avec fierté la conception et la mise en œuvre de la « Recherche coopérative sur programme », dite Rcp Aubrac. Moment historique de l'émergence d'une ethnologie scientifique et d'une alliance étroite et unique entre recherche, collecte et muséographie, cette enquête allait donner ses lettres de noblesse à l'ethnologie française au sein de l'anthropologie sociale.

Rcp ? Tel était le sigle adopté pour désigner les programmes scientifiques lancés par le Cnrs afin d'impulser un dialogue entre les disciplines. Avant l'Aubrac, il y avait eu les enquêtes de Plozévet. Menés par le musée de l'Homme sous la houlette du Dr Gessain, qui avait succédé à Paul Rivet, les travaux, initialement censés étudier les causes de la luxation congénitale de la hanche (proposition de génétique humaine), s'étaient dispersés en fonction des intérêts et domaines des participants. Les

---

1. En privé, Rivière avait adressé une lettre à Pierre Monbeig, le 27 décembre 1965, « à vous qui êtes la clef de ce succès, je dis ma très chaleureuse, ma très profonde gratitude. »

chercheurs, nombreux, se consacrèrent à bien d'autres thématiques (historiques, géographiques, sociologiques, économiques, etc.). Il manquait à ce terrain français, qui a cependant produit quelques textes fondateurs[1], une véritable coordination scientifique. Tirant parti de ces errements, la recherche Aubrac, elle, fut menée de main de maître et pilotée de bout en bout par Georges Henri Rivière.

L'Aubrac est une région située à cheval sur trois départements : l'Aveyron, le Cantal et la Lozère. D'origine volcanique, elle déroule en altitude entre mille et mille quatre cents mètres de hauts plateaux désignés localement sous le nom de « montagnes ». Ces vastes étendues d'herbe, enneigées l'hiver, sont pâturées en été par les troupeaux de bovins. Autrefois vastes forêts, elles ont accueilli dans la seconde moitié du XIXᵉ siècle une économie fromagère, réalisée dans le cadre du système des « burons », terme local pour désigner les fromageries d'altitude. Par ailleurs, le maintien des communautés villageoises s'est appuyé depuis longtemps sur une migration importante, notamment vers Paris. En 1963, deux pôles aubraciens se dessinaient : celui des hauts plateaux de la Truyère et des bas pays du Lot, auxquels s'ajoutait celui de Paris.

Avec le préhistorien-ethnologue André Leroi-Gourhan, Georges Henri Rivière soumit le projet devant la commission du Cnrs qui l'accepta en juillet 1963. L'enquête se déroula sur quatre années (1964-1968) et la publication démarra en 1970 pour s'achever en... 1986. L'objectif était de décrire une totalité sociale : sans que ceux-ci fussent encore questionnés, on s'intéressait aux concepts de « collectivité », « groupe », « établissement » dont on souhaitait donner un tableau complet, à l'aide d'une ethnologie neuve tournant définitivement le dos à un

---

1. Edgar Morin, *Commune en France : la métamorphose de Plodémet*, Paris, Fayard, 1967 ; André Burguière, *Bretons de Plozévet*, Paris, Flammarion, 1975.

folklore qui ne s'intéressait qu'aux formes traditionnelles du passé ou aux coutumes pittoresques. Les chercheurs devaient prendre en compte les changements socio-économiques importants qui touchaient la région, alors que s'ébauchait une Europe agricole du premier Marché commun. Dans un rapport destiné à un membre de la commission [1], Rivière soulignait combien « cette entreprise marque une étape très importante du développement de notre discipline. Elle souligne dans notre domaine, comme le font parallèlement d'autres branches de l'ethnologie, que notre science n'a pas pour seule mission de sauver des patrimoines en voie de disparition, mais que, engagée dans les problèmes du présent, elle contribue à une prospective de l'homme ».

Afin de « donner une image multiple et cohérente d'une collectivité vivante », Georges Henri Rivière, André Leroi-Gourhan et Corneille Jest (chef de mission) vont faire appel aux ethnologues du musée, mais aussi à d'autres spécialistes, historiens, géographes, sociologues, agronomes, linguistes. Il fallait une équipe « dont la composition corresponde aux besoins de la mise en évidence des lignes de construction de la société considérée ». On rêvait alors de pluridisciplinarité.

On a aussi parlé de « l'entreprise Aubrac [2] », et c'en fut bien une, scandée par des réunions de travail qui coordonnaient les missions sur le terrain. Divers documents [3] répètent à l'envi que « l'enquête sur le terrain est le fait d'une communauté », « chacun aura à cœur de se conformer à la règle communautaire ». Tirant la leçon de la « surenquête » subie par les Plozévétiens, on

1. Archives Atp. Rapport à Jean-Paul Lebeuf, 25 janvier 1965.
2. Une commission permanente est mise en place sous le contrôle du Cnrs avec deux représentants qui seront André Leroi-Gourhan et André Fel, professeur de géographie à la faculté des lettres et sciences humaines de Clermont-Ferrand.
3. Les développements qui précèdent et suivent sont tirés de Mariel Jean-Brunhes Delamarre, « Conclusion générale de la Rcp Aubrac et en hommage à Georges Henri Rivière », L'Aubrac, tome VII, 1986, p. 16-17.

centralisait le fichier des informateurs, afin que ceux-ci soient mis en présence de l'enquêteur compétent. Autrement dit, quand un chercheur rencontre sur son chemin une conteuse, il signalerait son nom à Marie-Louise Tenèze, si un autre observait une bourrée typique, il préviendrait Jean-Michel Guilcher. Les réunions furent nombreuses à Paris, et surtout au quartier général situé dans une salle mise à la disposition de l'équipe par le curé de Laguiole.

L'enquête fut un modèle sur le plan de l'organisation, ce qui fit sa réputation, mais elle faillit en revanche à son idéal d'interdisciplinarité. Quand on se reporte aujourd'hui aux sept volumes publiés, il est clair que les disciplines se sont plus côtoyées que mêlées, à l'exception peut-être des agronomes. En effet, leur recherche, inspirée dans un premier temps par l'écologie, s'intéressa aux problèmes sociaux liés à la reconversion de l'économie d'élevage à finalité fromagère vers un élevage destiné à la viande.

Outre le travail sur le terrain, la publication fut également coordonnée, et cela reste unique dans les annales de l'ethnologie française. Les sept volumes sortirent lentement[1], au gré des crédits concédés par le Cnrs. Ils furent peu lus par la nouvelle génération d'ethnologues[2], car dans les années 1970 et 1980, les champs d'intérêt de l'ethnologie s'étaient déplacés, les méthodes d'enquête avaient changé et les échelles du travail étaient passées du « grand au petit[3] » (cf chapitre 6).

Les années Aubrac ont marqué l'apogée des Arts et Traditions populaires. Le bilan, tracé dans le tome VII,

---

1. En réalité neuf, car le tome VI a été dédoublé, et une « carte et catalogue » des montagnes s'ajoute à l'ensemble.

2. Martine Segalen, « L'Aubrac, bientôt trente ans », *Ethnologie française*, XVIII, 4, 1988, p. 390-395.

3. Christian Bromberger, « Du grand au petit. Variations des échelles et des objets d'analyse dans l'histoire récente de l'ethnologie de la France », in Isac Chiva et Utz Jeggle (dir.), *Ethnologies en miroir. La France et les pays de langue allemande*, Paris, éditions de la Maison des sciences de l'homme, 1987, p. 67-94.

montre combien l'entreprise a contribué à enrichir le musée, à commencer par le buron de Chavestras bas qui y fut reconstitué dans la Galerie culturelle, comme une des unités écologiques les plus significatives. En tout, quatre unités écologiques furent collectées, mille objets concernant l'agriculture, l'élevage, l'artisanat, la vie domestique etc., dix mille photographies, sept cents dessins sur calques, près de quatre mille phonogrammes, une douzaine de films vinrent enrichir les collections.

L'Aubrac fut également une expérience unique puisque les chercheurs assumèrent toutes les tâches, depuis l'enquête de terrain, la collecte, la documentation jusqu'à l'élaboration des vitrines, sous la direction de Georges Henri Rivière. Une telle cohésion ne se retrouvera plus, en tout cas à cette échelle.

À LA VEILLE DU DÉMÉNAGEMENT, LE BILAN CONTRASTÉ ÉTABLI PAR LE FONDATEUR [1]

Dans deux volumineux dossiers manuscrits datant de 1964, souvent très raturés, comportant quelques passages dactylographiés, Rivière entreprit l'analyse totale des actions du musée, telles qu'elles furent menées et telles qu'elles auraient dû l'être, qu'il s'agisse des locaux ou du personnel. Rapport de bilan et rapport prospectif d'un musée idéal disposant de tous les moyens techniques et humains nécessaires, ce texte était aussi une sorte de longue plainte adressée à l'« autorité supérieure ».

Le préambule de la conclusion [2] jetait un regard rétrospectif sur la « construction empirique, réalisée au travers des années et des difficultés. Des idées-force néanmoins ont présidé à cette œuvre :

---

1. Archives Atp. Musée, projet de rapport général, 1ʳᵉ partie, 1964.
2. Première partie de ce qui apparaît être le préambule placé cependant dans le dossier conclusion (ce texte est manuscrit et fort raturé).

« a) Réaliser un équilibre entre les trois fonctions fondamentales propres à tout musée de quelque importance : étudier, conserver, mettre en valeur.

« b) Construire un musée-laboratoire ayant pour discipline de base l'ethnologie française, conçue au sens le plus large : de la socio-économie à l'ethno-esthétique.

« c) Obtenir le personnel technique nécessaire au fonctionnement de services et de départements, en d'autres termes pallier le vide technique dont souffrent encore la plupart des musées français.

« d) Remodeler toujours en logique ce qu'impose l'empirisme quotidien – poursuivre un grand dessein, auquel la préparation du nouveau siège est étroitement liée. »

Au fur et à mesure que l'on s'enfonce dans la lecture de ce texte, émerge l'image d'un homme vieillissant, pris d'un fort sentiment d'amertume, voire aigri, usé et épuisé par les luttes[1]. Ses propositions d'organisation, prévues avec un degré de minutie quasi obsessionnelle, révèlent sa fixation maladive sur le détail au point de rendre impossible tout fonctionnement[2]. Ce travers,

---

1. « La situation est particulièrement cruelle pour le conservateur. Agent d'une grande valeur scientifique, spécialiste reconnu de l'art populaire, il est à ce point sollicité par la gestion du secrétariat qu'il doit pratiquement renoncer à toute activité, partageant son temps entre l'orientation quotidienne des collaborateurs et des visiteurs, un téléphone du genre sap 1, la dactylographie, le classement du courrier, etc. Le contrôle des services et des départements risque d'échapper à ces deux agents surmenés. Dans le plan d'urgence qu'ils dressent au début de chaque matin, maintes sérieuses questions sont écartées, qui s'enlisent finalement dans les instances. La possibilité n'existe pas de rattacher à ce poste de commande les assistants devenus depuis peu, avec la réforme du statut, conservateurs adjoints. La santé de l'un ne lui permettrait pas de faire face à une activité aussi anormale. L'autre se dépense dans un poste clef, qu'il ne pourrait délaisser sous peine de catastrophe : la gestion des archives scientifiques et documentaires. Pas même de possibilité d'assistance du côté des deux assistants Musées nationaux, lesquels sont chargés des autres postes clefs : la gestion des collections d'objets, celle de la surveillance et de l'entretien du matériel, plus la coordination des préparatifs du nouveau siège. »

2. Ainsi au chapitre « bibliothèque », il va jusqu'à signaler les équipements : « Massicot, grande et petite presse, cisaille, poinçoir de l'atelier de reliure ; deux

bien connu de son équipe, ne fit que s'accentuer avec l'âge.

Georges Henri Rivière espérait (ou faisait semblant de croire) que l'installation au bois de Boulogne aurait lieu en 1966 : l'entrée dans le nouveau siège devait couronner « sa vocation de musée-laboratoire d'ethnologie de la France, de musée français[1] ». Mais ses propos trahissaient sa lassitude et son sentiment d'être mal compris des « autorités supérieures » – ainsi qu'il les nommait.

armoires métalliques, machine à écrire électrique, fichier rotatif, fichier Kardex pour pointage des périodiques. »

1. Sur la couverture du dossier, figure de sa main : « Archives Projet de rapport général 1964. Éléments élaborés à des degrés divers, d'un rapport général que j'ai pu achever, et que remplace en plus bref le rapport général 1966. À conserver néanmoins, du fait que certains documents renferment des renseignements intéressants » (note qui indique que Rivière regarde ses archives).

5

L'ouverture du musée
et ses années fastes (1972-1980)

L'ouverture tellement retardée et tant attendue fut saluée par la presse comme un grand événement. *Le Monde*, enthousiaste, qualifia le bâtiment de « pur vaisseau de cristal teinté », et l'ensemble de l'institution de « machine muséale d'une dimension sans exemple en Europe, peut-être dans le monde[1] ».

Certes, la structure de verre et d'acier avait de quoi surprendre tant elle était en opposition, voire en contradiction, avec le nom du musée qu'elle abritait : en allant visiter les Arts et Traditions populaires, on s'attendait à voir surgir au coin du bois une chaumière au toit de paille ou une ferme en pierre de granit plutôt qu'un parallélépipède d'acier et de verre. Le bâtiment avait aussi de quoi séduire par sa rigueur et sa simplicité qui offraient un contraste saisissant avec l'environnement urbain cossu et l'entourage de verdure.

---

1. Jacques Michel, « En bordure du bois de Boulogne, ouverture du musée des Arts et Traditions populaires », *Le Monde*, 3 février 1972.

LE MUSÉE ET SES GALERIES :
LE « LOUVRE DU PEUPLE [1] »

Pour réaliser un musée moderne, dont le contenu serait à l'unisson du contenant, il convenait de balayer les vieilles idées de folklore auxquelles était associée la vision de mannequins poussiéreux devant des cheminées en carton-pâte, entourés d'ustensiles agricoles et d'objets domestiques hétéroclites. Présenter de façon scientifique des séries d'objets qui avaient été collectés d'une façon systématique et documentés par l'enquête sur le terrain, tel était le projet enfin mené à bien.

L'obsession scientifique

Avant même l'association officielle avec le Cnrs, la volonté de Georges Henri Rivière de consacrer son musée à la science s'était renforcée. Devant des interlocuteurs s'étonnant des espaces de bureaux destinés aux chercheurs [2], il insistait sur l'importance de la recherche. Science de la connaissance, mais aussi science de la conservation. Dans un rapport sur l'ethnologie de la France qui lui fut demandé par le Cnrs en décembre 1963, Rivière notait : « Dès la fin de 1965, Atp recevra un édifice de conception ultra moderne. Près du tiers de ses dix-sept mille mètres carrés de surface de plancher seront réservés à la recherche scientifique et à ses moyens documentaires : à quoi s'ajouteront les ressources polyvalentes de deux auditoriums et autres salles de réunion. La recherche ethnomusicologique y bénéficiera d'installations particulièrement développées. Destinées fondamentalement au grand public, les galeries d'exposition n'en revêtiront pas moins une signification scientifique élevée, elles refléteront les grandes structures de l'ethnologie, le professeur Lévi-Strauss veut

---

1. *Ibid.*
2. *Ibid.*

186

bien, pour leur conception, nous honorer de ses conseils. » L'ambition scientifique se situait à un double niveau : muséographique et ethnologique. La préservation des collections faisait désormais partie des objectifs d'un musée moderne : il fallait des réserves suffisamment importantes pour accueillir des collections qui ne cessent de s'enrichir ; il fallait pouvoir conserver celles-ci dans des conditions optimales afin de garantir leur pérennité ; un laboratoire de restauration des objets était indispensable ; le contrôle climatique et optique des conditions de présentation des objets devait être rigoureux. Le discours muséologique, quant à lui, était tout entier dominé par le souci de la scientificité. Il visait à faire comprendre l'objet dans sa relation avec la société de façon aussi subtile et précise qu'une description écrite. Ayant définitivement renoncé aux maisons de plein air, Rivière inscrivit sa doctrine muséale dans les deux galeries de Dubuisson – Galerie culturelle, Galerie d'étude – et une salle d'expositions temporaires ainsi qu'un centre culturel, ultime avatar du projet de musée de la Jeunesse qui ne vit jamais le jour.

L'achèvement matériel des galeries ne fut pas une petite affaire : la direction des musées de France comme celle de l'Architecture au sein du ministère de la Culture pressaient le nouveau conservateur et l'architecte de mener l'opération à bien dans les meilleurs délais. L'exceptionnelle longueur du chantier est en partie imputable aux indications d'un Rivière vieillissant, modifiant sans cesse le programme. Dubuisson, dans un courrier adressé au directeur de l'Architecture, se dédouane des ultimes lenteurs en ces termes : « Vous savez certainement avec quel soin et quelle conscience nous avons poursuivi l'étude et la réalisation de ce programme en collaboration étroite avec les utilisateurs, ne ménageant ni notre temps, ni les frais d'études.

« Si par moments nous marquons un peu de lassitude, vous nous en excuserez certainement car vous comprendrez facilement que le perfectionnisme, s'il est une attitude compréhensible pour un édifice pilote, entraîne pour l'architecte des pertes de temps et d'argent et qu'il est lassant de faire, défaire, refaire et modifier trop souvent.

« Soyez toutefois assuré que j'attache personnellement toute l'importance qu'il convient aussi longtemps qu'il sera nécessaire au parfait achèvement du musée des Arts et Traditions populaires pour lequel j'ai un "amour filial" [1]. »

La Galerie d'étude

Les deux galeries furent conçues dans un même élan, l'une étant le complément de l'autre. La galerie destinée au grand public [2] aurait dû ouvrir en premier : la réalisation de celle-ci tardant, et contrairement aux prévisions, la Galerie d'étude, plus vite achevée, fut inaugurée le 1er février 1972. Il n'était que temps d'offrir au public ce musée attendu par Rivière depuis plus de cinquante ans, et par les administrations depuis une bonne quinzaine d'années. Jacques Duhamel, ministre de la Culture, l'inaugura. Les troupes coloniales, à la demande du Dr Rivet, avaient rehaussé de leur présence en 1938 l'ouverture du musée de l'Homme [3] ; cette fois, la République dépêcha un piquet d'honneur de vingt et un cavaliers à pied de la Garde républicaine pour célébrer l'ouverture du premier musée national après la guerre [4]. Les temps avaient donc bien changé par rapport à la situation des années d'avant-guerre où l'on aurait sans

---

1. Amn 6 HH 3 Atp. Lettre du 22 juillet 1974.
2. Selon André Desvallées, initialement, la Galerie culturelle devait être nommée Galerie du grand public.
3. Benoît de Lestoile, « From the Colonial Exhibition to the Museum of Man. An Alternative Genealogy of French Anthropology », *Social Anthropology*, 2003, 11, p. 352.
4. Amn U 2 Atp, 1er février 1972.

doute fait appel à des groupes folkloriques. La présence militaire fut préférée pour incarner la nation française.

Avec cette galerie destinée à un public de spécialistes – et avant l'ouverture de la Galerie culturelle au grand public – la vocation scientifique du musée n'en était que plus clairement affirmée, comme le soulignait un article du *Monde*[1] consacré à l'ouverture de la galerie et du bâtiment lui-même : « L'architecture même de ce nouveau musée répond à cette dualité : des "espaces culturels" sont ouverts au grand public et des "espaces scientifiques" sont dévolus à l'étude et à la recherche. C'est là une des idées les plus chères à Georges Henri Rivière, celui qu'on pourrait appeler le père-fondateur des "Atp" ou, mieux, l'infatigable père pèlerin de cette entreprise unique en France et bien au-delà, voulue et poursuivie à travers mille difficultés [...] Cette rencontre de deux vocations en un seul établissement est fondamentale. Elle s'est trouvée accentuée et officialisée quand le Cnrs en 1965 a érigé en laboratoire associé les structures de recherches déjà attachées au musée pour en faire le Centre d'ethnologie française. »

L'idée est que le profane pourra s'initier à certaines questions vers lesquelles sa curiosité le conduit, et il pourra y accéder en montant les étages à la bibliothèque, aux cabines acoustiques, à la photothèque. Dans l'entretien qu'il accorde alors à Michel Conil-Lacoste, Rivière – usant du vocabulaire du sacré – en faisait une sorte de profession de foi : « Le profane doué de curiosité devient un chercheur en puissance, une vocation en devenir. [...] Celui-ci passera ainsi s'il en est digne, du narthex à la nef et à la cella. Ainsi le musée sera-t-il en même temps un instrument de promotion culturelle et scientifique. »

Initialement désignée sous le nom de « Galerie scientifique et documentaire », la « Galerie d'étude », située

---

1. Article du *Monde*, « Le nouveau musée des Arts et Traditions populaires : Transmettre le nouveau message du terroir », 6-7 février 1972.

au premier sous-sol du bâtiment, était donc destinée aux publics spécialisés. Sur une surface de deux mille cinq cents mètres carrés, elle était constituée de rues consacrées aux thématiques coiffées par chacun des douze départements. Dans un sous-sol sombre dont seule la lumière éclairait les objets, le visiteur était invité à regarder les gestes techniques de l'agriculture, de l'élevage, de la vie domestique, etc.

Dix rues bordées de vingt vitrines parallèles, longues de 25 mètres, hautes de 2,26 mètres et profondes de 1,13 mètre s'éclairaient à la pression du doigt du visiteur. Celui-ci était saisi par la sobriété des indications : peu d'étiquettes et pas de commentaires dans la vitrine. L'objet, qui focalisait tout l'éclairage, était présenté dans sa nudité sur fond noir, suspendu par un fil de nylon.

Et lorsqu'on parle de muséographie exigeante, l'exigence est du côté des muséographes comme du côté du public. Volontairement, cette galerie fut composée comme un livre. « André Desvallées, chef du service de muséologie et Jacques Pasquet, muséographe-designer, recourent volontiers au vocabulaire de la typographie. "Nous n'avons recherché aucun *effet* en soi. Nous avons ordonné les séries comme un typographe compose une page, signe après signe, groupe de signes après groupe de signes, en ménageant des espaces entre les paragraphes, des respirations, des ponctuations. [...] Nous avons voulu épurer, abstraire. On nous taxera peut-être de jansénisme. De toute manière, dans un musée, les objets ont rompu le contact avec leur milieu d'origine[1]." »

Le contexte social et culturel complémentaire des objets, outils, costumes etc. était donné dans des alvéoles courant le long des murs : des moyens audiovisuels variés – visionneuses automatiques de diapositives, magnétophones, projecteurs cinématographiques en miniature à écrans incorporés – furent installés. Avant l'ère de

---

1. *Connaissance des arts*, 239, janvier 1972.

l'interactif et du multimédia, Rivière fit appel à la technique la plus sophistiquée en matière de réalisation audiovisuelle de l'époque. Ainsi, la dimension historique était restituée grâce à la projection de diapositives qui représentaient les pages de livres d'heures témoins de l'ancienneté des techniques de l'agriculture et de l'élevage, reprenant le thème de l'exposition de 1941 (cf. chapitre 2). Une séquence de film sur le battage au fléau en Aveyron exposait la dimension technique ; un enregistrement de cabrette, la dimension sonore, etc.

Hélas, les équipements, rapidement obsolètes, tombèrent en panne les uns après les autres sans espoir de restauration. De même, la réalisation des albums documentaires composés de cartes postales, photographies, documents cartographiques, qui devaient mettre en situation les objets présentés dans les vitrines, ne fut jamais conduite à son terme [1]. En revanche, une petite collection de guides-catalogues très documentés permettait d'éclairer le visiteur. Ces livrets dénommés « guides ethnologiques [2] », opuscules particulièrement intéressants pour comprendre le système de traitement muséographique des objets ethnographiques, restent aujourd'hui les seuls témoins de cette galerie.

Les thématiques des rues allaient du plus matériel au plus symbolique. Habitat, techniques d'acquisition (cueillette, chasse, pêche), portage et transports ruraux, techniques de production (agriculture, élevage), techniques de transformation, vie domestique occupaient les premières vitrines ; venaient ensuite croyances et coutumes, costumes, jeux, puis la littérature, la musique, la

---

1. À l'exception de deux, *Agriculture* et *Coutumes et croyances*, qui furent rapidement dérobés.
2. Les guides ethnologiques furent édités par la Réunion des musées nationaux. On les recense ici par ordre de travée dans la galerie : *Cueillette, chasse, pêche* (1984), *Transports ruraux* (1972), *Techniques de production : l'agriculture* (1971), *Techniques de production : l'élevage* (1975), *Équipement et activités domestiques* (1972), *Croyances et coutumes* (1973), *Costume* (1983), *Jeux de force et d'adresse* (1972), *Marionnettes* (1972), *Arts populaires graphiques* (1974).

danse, le spectacle, les arts graphiques et plastiques. Un mode de visite était imposé au visiteur qui devait en quelque sorte « lire » les vitrines de la gauche vers la droite. Les outils étaient présentés dans l'ordre croissant de technicité, du plus simple au plus sophistiqué (par exemple, en ce qui concerne les outils de labour, de la houe à la charrue, les outils du battage, du fléau au tarare, etc.), ou selon des fonctionnalités qui s'enchaînaient dans l'ordre chronologique des actions, par exemple, préparation des aliments, modes de cuisson, ustensiles pour servir ou conserver, etc.

Les grilles de présentation étaient essentiellement fondées sur des typologies technologiques et la taxonomie de la culture matérielle ; elles ne pouvaient toutefois s'appliquer dans les dernières sections concernant les coutumes et croyances et les manifestations de la culture. Là, les objets ne témoignaient plus de savoir-faire, mais symbolisaient un fait social. Pour donner deux exemples : la coiffe signifiait les âges de la vie ; la cuiller de baptême le rituel religieux, alors que l'on regardait la charrue pour ce que c'était : un outil à travailler le sol, muni d'un soc. La problématique des rigoureuses classifications techniques d'André Leroi-Gourhan, dont le travail inspira largement la Galerie d'étude, n'avait pas de sens dans la présentation du monde social dont l'étude répondait à d'autres questionnements.

Janséniste, certes, cette galerie l'était : dépouillée, austère dans sa recherche esthétique ; seuls quelques spécialistes très pointus de telle ou telle technique, de telle ou telle manifestation de la culture pouvaient en interpréter le sens. Les visiteurs – grand public – étaient décontenancés par ces présentations et les commentateurs de la presse déconcertés par ce parti pris du dépouillement.

La muséographie installait-elle une distance entre le visiteur et l'objet ? Oui, dans la mesure où celui-ci, en apesanteur, soutenu par des fils de nylon invisibles, était comme sanctifié par la présentation sur fond noir. Mais, lorsque la galerie a ouvert, la grande majorité du public avait vu ces ustensiles ou ces outils dans les fermes des grands-parents. Il était alors courant d'entendre un visiteur commenter à voix haute leur utilisation, avec l'émotion et la nostalgie attachées aux souvenirs de jeunesse. Or cette connivence entre la proposition muséale et la réception du public s'est évidemment perdue à la génération suivante.

Les visiteurs savaient comment leurs aïeux avaient rejeté ces « vieilleries » pour leur substituer, dès que possible, des outils plus performants ou des ustensiles de travail plus modernes. Soudain, de rebut, ces objets étaient promus au rang d'objets de science ou d'art. Dans son obsession pour la science, Rivière avait voulu susciter cette prise de distance et cette prise de conscience. Il y réussit pleinement, si l'on songe à la façon dont le musée inspira par la suite tous les mouvements identitaires et régionaux qui allaient conduire au développement des écomusées (cf. chapitre 6).

Si, aujourd'hui, certains considèrent que cette muséologie était d'un esthétisme qu'on va même parfois jusqu'à qualifier de « glacial », ôtant toute émotion à la visite, il faut se rappeler la rupture fondamentale qu'elle a instaurée avec les présentations que l'on avait coutume de voir dans les anciens musées de folklore : scènes de genre, reconstitution d'intérieurs assemblant des objets hétéroclites, faux cortèges de mariage, etc.

Le Monde parlait de « spectacle sobre mais d'un intérêt prodigieux [1] ». Claude Lévi-Strauss, dans une allocution prononcée lors d'une journée dédiée à la mémoire du fondateur de l'institution, soulignait que celui-ci avait « inventé de toutes pièces une muséographie puriste et élégante, il [avait] démontré qu'une solidarité unit à travers les siècles les chefs-d'œuvre du passé et les

---

1. *Le Monde* du 3 février 1972.

créations du présent. En lui [s'étaient] conciliés le goût de la subversion et un classicisme très strict, le raffiné et le rustique, le savant et le populaire, la sensibilité et la rigueur[1] ».

Paradoxalement le manque d'indications dans les vitrines participait de leur beauté puissante. Sally Price note que « la plupart des expositions où les objets sont présentés en tant qu'objets ethnographiques sont assorties d'informations sur les fonctions techniques, sociales et religieuses, ce qui gomme l'idée que la qualité esthétique de l'œuvre "peut aller de soi" ou, plutôt, gomme l'idée même que l'objet possède une qualité esthétique digne d'être transmise. Dans ce mode de présentations, le spectateur est invité à construire une compréhension de l'objet à partir du texte explicatif et non plus à réagir par absorption sensorielle et émotionnelle de ses qualités formelles[2] ».

Seuls quelques cartels énigmatiques pour la majorité des visiteurs (ils s'appuyaient sur les classifications techniques d'André Leroi-Gourhan[3]), du type « percussion posée à tranchant longitudinal » (couteau), « percussion posée transversale » (herminette), « percussion lancée » (hache), figuraient dans les vitrines. Ainsi entraîné dans un monde qui sollicitait son imagination, le visiteur était pris d'une vive émotion esthétique, analogue à celle suscitée par l'« art brut ». Ces assemblages d'outils de fer et de bois suspendus en apesanteur contribuaient indéniablement, comme Rivière l'avait souhaité[4], à former la sensibilité du public. « Magicien des vitrines », Rivière a

1. Claude Lévi-Strauss, « Allocution, hommage à Georges Henri Rivière », *Ethnologie française*, 16, 2, 1986, p. 130.
2. Sally Price, *Arts primitifs : regards civilisés*, Paris, École nationale supérieure des Beaux-Arts, 1992, p. 128.
3. André Leroi-Gourhan, *L'Homme et la matière*, Paris, Albin Michel, 1943, p. 179-195.
4. « Le choix de la scénographie comme élément moteur de la communication vise à saisir le visiteur dans un tissu d'impressions sensitives fortes qui accompagnent la vision de l'objet et renforce son impact ou son message. L'écrit devient alors

enchanté et surpris des milliers de visiteurs et fait de la muséographie un « art ».

La Galerie culturelle

Préparée en un temps record, la Galerie culturelle fut inaugurée le mardi 10 juin 1975 par Michel Guy, alors ministre de la Culture, et Claude Lévi-Strauss. Son programme fut sinon conçu, du moins discuté avec ce dernier et Rivière ne manquait jamais une occasion de rappeler combien il était honoré de ce concours et des conseils reçus « en ce qui concerne la structure idéologique de la présentation [1] ». Cette participation, Claude Lévi-Strauss n'a cependant cessé de la minimiser, comme en atteste l'allocution qu'il prononça lors de l'inauguration de la Galerie culturelle :

« Je ne puis me défendre du sentiment qu'en acceptant [de donner cette allocution], j'ai commis une sorte d'imposture, si modeste et en un sens si risible fut mon rôle dans l'affaire qui nous réunit aujourd'hui.

« Voici bientôt quinze ans, Georges Henri Rivière me proposa d'imaginer un plan – appelé, je crois "idéologique" – pour la Galerie culturelle qui sera inaugurée tout à l'heure. Une fleur exotique que j'avais sous les yeux m'inspira une forme bizarre ; je l'adoptai d'enthousiasme sans me douter qu'un gros œuvre déjà sorti de terre exigeait un quadrilatère. Pour sauver le peu qui pouvait l'être, mes amis Georges Henri Rivière et Jean Cuisenier à sa suite durent désarticuler mon plan, rabattre ses parties les unes sur les autres et faire enfin rentrer une composition mouvementée dans un emballage géométrique. Ce travail, est-il besoin de le dire, requit d'eux

---

inutile ou minimum : la pédagogie, la signification passent par l'objet, sa présentation au visiteur, et non plus par le texte. » Armelle Lavalou, « Voyage en terres d'exposition », citée par André Desvallées, « Filiations ou changements de perspectives », in *La Muséologie selon Georges Henri Rivière*, Paris, Dunod, 1989, p. 361.

1. Source : Nouveau Siège du musée des Arts et Traditions populaires.

et de leurs collaborateurs infiniment plus d'ingéniosité, de patience et de talent que mon esquisse désinvolte n'en avait réclamé. C'est donc à eux tous qu'eût dû revenir l'honneur de présenter une œuvre qui, sous d'autres rapports aussi, est entièrement la leur, ma contribution initiale n'ayant en fin de compte eu d'autre résultat que de compliquer leur tâche, ce dont ils se seraient bien passés [1]. »

Dans un entretien accordé en 1992 à la revue *Le Débat*, pour un dossier intitulé « Que faire des Arts et Traditions populaires ? », au moment où les controverses font rage autour de l'établissement, Claude Lévi-Strauss continue de dévaluer son rôle [2]. Non seulement, explique-t-il, on ne lui avait indiqué ni les surfaces ni les contraintes muséographiques, mais il attribue l'interpellation de son ami à un « caprice ». Ce dernier, perplexe quant à la distribution des collections, lui aurait demandé un plan. Lévi-Strauss ajoute qu'il est agacé par l'attribution d'une responsabilité qui n'est pas la sienne, et rappelle que, dans les années où le croquis fut établi, il entrait au Collège de France et se consacrait à la rédaction de *La Pensée sauvage* : « Je lui ai fait un croquis, et puis je n'y ai plus pensé [3]. »

Longuement mûri, souvent remanié (on en connaît cinq versions), le programme de la Galerie est un document impressionnant qui détaille le contenu des vitrines et exprime la globalité du projet. Une dédicace recense les personnalités du monde de la science, de la culture et de la politique à qui l'institution est redevable d'enfin exister :

« À André Malraux, mon ami des anciens jours, mon ministre des nouveaux jours et auquel le musée des Arts et Traditions populaires doit de prendre forme.

---

1. Archives Atp. Archives Rivière. Texte ronéoté, boîte 70.
2. Claude Lévi-Strauss, « Qu'est-ce qu'un musée des Arts et Traditions populaires ? », entretien avec Isac Chiva, *Le Débat*, mai-août 1992, n° 70, p. 165-173.
3. *Ibid.*, p. 170.

« À Claude Lévi-Strauss qui n'a cessé d'inspirer ce travail.

« À Jean Châtelain et Pierre Monbeig [1] en reconnaissance de leur aide confraternelle.

« À tous mes collaborateurs du musée et de son Centre d'ethnologie française sans lesquels rien n'aurait été fait.

« Et à la mémoire de Georges Salles, mon guide et mon soutien de toujours, je dédie le programme de la Galerie culturelle, œuvre maîtresse du Nouveau Siège. »

Dans ce document, Rivière présente la genèse et le parti pris architectural, idéologique et muséologique [2]. La Galerie culturelle, en deux sections, l'Univers [3], puis la Société [4], délivre le message des sociétés ayant produit ces objets. Mais « pas de livre sur le mur » : « Les objets auront la parole ; il n'y aura pas entre eux et le public l'écran d'un appareil décoratif indiscret. Nous sommes absolument d'accord avec l'architecte sur ce point : la sobriété doit régner. »

Répondant aux exigences de la doctrine de l'objet-témoin, la Galerie culturelle visait à exprimer la culture de l'humanité à travers celle des paysans français. Il s'agissait moins de faire revivre une civilisation que de montrer l'homme dans une de ses manifestations culturelles particulières. Ensemble, Galerie d'étude et Galerie culturelle étaient le « reflet global de la culture française pré-industrielle », elles constituaient « de véritables encyclopédies des connaissances anthropologiques relatives au domaine français [5] ».

Cette seconde galerie s'adressait au grand public : elle était construite sur un parcours sinueux de 2 350 mètres

---

1. Respectivement alors directeur des musées de France, et directeur des Sciences humaines au Cnrs.

2. Atp Mus. « Nouveau Siège du musée des Arts et Traditions populaires ; programme de la Galerie culturelle (sténographie Atp 66-99, juillet-décembre 1966). »

3. Sous-sections : Milieu et Histoire, Techniques, Croyances et coutumes.

4. Sous-sections : Pratiques, Établissements, Institutions, Œuvres.

5. « Inauguration de la Galerie culturelle », colloques, 11-13 juin 1975, Mnatp-Centre d'ethnologie française, ronéoté, p. 9.

carrés, sans échappatoire, imposant un itinéraire fixe, depuis les aspects techniques de la société jusqu'aux aspects sociaux et esthétiques. Cette fois-ci, la présentation n'était plus typologique, mais fondée sur des séquences – du blé au pain, de la vigne au vin, etc.–, entrecoupées de vitrines mettant en situation un moment social : le berger et son troupeau en transhumance, la montée des vaches en estive sur une montagne de l'Aubrac, un enterrement en Normandie par une confrérie de Charitons, etc.

Au fil de ce parcours étaient installées des « unités écologiques », une création de Georges Henri Rivière, inspirée par les fouilles de l'archéologue André Leroi-Gourhan qui démarraient alors à Pincevant et qui consistaient à faire des prélèvements aussi exhaustifs que possible sur un site. Appliquant la même technique, le conservateur fit collecter sur le terrain des ensembles domestiques ou artisanaux complets qui cessaient d'être en usage et furent restitués ou reconstruits en une présentation formant un système signifiant : un atelier de tourneur sur bois en forêt de Perseigne à La Fresnaye-sur-Chédouet (Sarthe), une forge à Saint-Véran (Hautes-Alpes), un intérieur domestique à Goulien (Finistère), le buron de Chavestras bas (Cantal), etc. Un système audiovisuel accompagnait la présentation enclenchée par un bouton : le commentaire et la lumière s'accordaient pour décrire le travail et le lieu, présenter l'artisan ou le groupe des éleveurs, ainsi que les techniques utilisées. De plus, trente-cinq diaporamas [1] étaient installés.

Un double parti pris guidait les présentations sur le plan muséographique : pas de figurations humaines, peu d'éclairage. On sait que l'ethnologie à sa naissance s'inscrivait dans le champ d'une connaissance totale de l'homme, y compris physique, et que la raciologie eut cours jusque dans les années 1950. Le Museon Arlaten se présentait ainsi, à la fin du XIXe siècle, comme le musée

---

1. On nommait ainsi alors les carrousels présentant des diapositives.

de la « race d'Arles » et avait fait sculpter par Farigoule des têtes de « véritables » Arlésiennes pour poser sur les mannequins présentant les costumes. La théorie des races et des faciès disparut, emportée par la débâcle nazie qui y avait trouvé un fondement pour ses argumentaires racistes et antisémites.

Dans ses expositions temporaires comme dans les galeries du musée, Rivière avait ainsi récusé toute figuration humaine ou animale ; les hommes, les femmes, les chevaux, les moutons, les vaches, les chiens... étaient suggérés en volume par les fils de nylon ou d'acier qui, grâce à l'ingéniosité des équipes techniques, soutenaient la cape du berger, dressaient la coiffe de la Bigoudène, supportaient le harnachement du cheval, faisaient tenir le collier du mouton comme celui du chien, ou encore le joug des bœufs.

Aucun mannequin et peu de lumière donc. Ici, comme dans la Galerie d'étude, une des plus grandes surprises du visiteur était l'atmosphère sombre dans laquelle il était plongé. Celle-ci répondait à un double objectif : muséographique et conservatoire. Selon la doctrine de Rivière, les objets seuls devaient être éclairés, comme dans une mise en scène, pour mieux focaliser l'attention du visiteur. Par ailleurs, les conservateurs qui se souciaient de la pérennité de leurs collections observaient que la lumière les détruisait rapidement. Dans le cadre de sa direction de l'Icom de 1948 à 1965, Rivière fut parmi les premiers à attirer l'attention sur les méfaits de la lumière naturelle. Initialement, dans les premiers projets élaborés avec Dubuisson, la lumière du bois de Boulogne devait éclairer par le plafond les vitrines de cette galerie située en rez-de-chaussée, mais les vitres extérieures furent obstruées afin de maîtriser la lumière artificielle. En plongeant le visiteur dans une atmosphère sombre, son œil s'accommodait et l'on pouvait réduire l'intensité de l'éclairage. Parti pris muséologique et contraintes de conservation convergeaient dans un mode d'exposition qui faisait plus appel à l'intellect qu'à l'émotion. C'est pourquoi les visites des enfants des écoles étaient souvent de bruyants fiascos, leurs enseignants étant eux-mêmes incapables de tenir un discours explicatif devant des vitrines muettes.

Les années 1960 marquent l'apogée de la doctrine de l'objet conçu comme « témoin », théorisée par le fondateur du musée de Neuchâtel en Suisse, Jean Gabus. Selon ses principes, l'objet est témoin du milieu (on parle par exemple de la « civilisation du maïs »), témoin du niveau de technique, du niveau de vie, de l'organisation sociale, de l'économie, de la religion et du rituel, de l'art local, de la cosmogonie, etc. L'objet porte un très lourd fardeau, il est un coffre-fort qui recèle les secrets de la société et le rôle du conservateur est de le faire parler : « La collecte d'objets n'est pas seulement "ethnographie matérielle", dans le sens restrictif du terme, histoire, documents ou références. C'est également un cheminement vers une totale incorporation à ce lieu éternel, cette "haute demeure" (Platon) qu'est le théâtre de l'espèce humaine. C'est un univers où rien ne sépare plus les êtres des choses. Ne pourrions-nous, au musée, tenter de le dire [1] ? »

La Galerie culturelle fut une de ces tentatives.

Au fur et à mesure des acquisitions qui continuaient de se multiplier, Rivière, toujours prompt à se saisir des plus récents développements de la recherche sur le terrain, modifiait le programme des vitrines [2]. Ainsi une vaste section fut consacrée à l'Aubrac, en raison de la richesse des objets collectés lors de cette enquête : la reconstitution d'un buron dans une des fameuses unités écologiques, la montée en estive, la traite, l'Aubrac à

---

1. Jean Gabus, « L'objet-témoin », *Museum*, XVIII, 1965, p. 42.
2. Lorsqu'en 1972 je fus en mesure de faire l'acquisition d'un équipement complet d'une confrérie de Charité normande, Rivière modifia les plans d'une vitrine de la Galerie culturelle pour faire place à la présentation d'un cortège d'enterrement à Daubeuf-la-Campagne (Eure). Cf. Martine Segalen, *Les Confréries de Charité dans la France contemporaine*, Paris, Flammarion, 1975.

Paris, autant de thèmes traités dans les vitrines comme dans les ouvrages qui furent publiés et qui accompagnaient la collecte des objets. Il fallait cependant éviter la surcharge : en dépit des richesses des collections, la galerie se contentait de présenter cinq mille objets seulement, les plus significatifs et les plus beaux, avec un matériel d'exposition discret.

Reste que l'histoire était absente. Dès 1964, Rivière s'était expliqué sur ce choix qui sera si souvent reproché aux galeries dans les années 1990 : « Nous nous sommes heurtés à une contradiction. Il y avait d'un côté notre désir d'inscrire le matériel dans une perspective historique [...] Il y a de l'autre côté le fait que nos collections d'objets, dans leur immense majorité, datent des cent vingt dernières années, période durant laquelle s'engage et s'accélère le processus d'industrialisation. Si nous avions fait part entière à la chronologie, nous n'aurions guère évoqué les périodes précédentes qu'au moyen de reproductions et de graphiques, la muséographie n'aurait pas traduit les proportions de l'histoire[1]. »

Ce refus de l'histoire ne venait nullement d'une position théorique, Rivière refusant toujours tout dogmatisme. Ainsi, au musée de Bretagne à Rennes, à la rénovation duquel il participa activement dans les années 1950 et 1960, une large part fut faite aux trouvailles des fouilles archéologiques attestant l'ancienneté de la civilisation celte.

---

1. Communication présentée devant la section de muséologie du VIIᵉ Congrès international des sciences anthropologiques et ethnologiques tenu à Moscou (août 1964). Il ajoutait : « Notre parti a été celui d'une solution tempérée, consistant à prévoir une introduction à structure globale et évolutive, suivie de développements autour de thèmes concrets intéressant les structures socio-économiques, les techniques et l'expression culturelle : intérieurs domestiques et artisanaux reconstitués, séquences synchroniques telles que l'équipement représentatif d'une exploitation, séquences diachroniques telles que le processus de fabrication d'un ustensile, de la matière première à la finition, séquences évolutives tenant compte dans la mesure opportune des aspects de l'ère industrielle, telles que la succession d'une structure socio-économique à une autre. Une grande section d'art populaire achèvera le tout. »

À l'instar de l'histoire, la question des identités fut écartée des Arts et Traditions populaires. Le musée célébrait l'art de la France et des Français, et non celui d'identités particulières ; certains visiteurs étaient d'ailleurs déçus de ne pas trouver la section bretonne, auvergnate ou corse qu'ils étaient venus chercher. Dès les années 1950, Rivière avait rejeté les problématiques identitaires au profit des cadres thématiques qui empruntaient à la logique structuraliste de Lévi-Strauss et à la logique techniciste de Leroi-Gourhan.

Il n'était pas question, non plus, de villes ou de rapports entre ville et campagne. C'est par là aussi que pèche la doctrine de l'objet, comme tout de la civilisation : les historiens ont montré que la magnificence de certains costumes régionaux de la fin du XIXe siècle était liée au développement de l'industrie textile ; on sait que les techniques de pêche dites traditionnelles se développèrent lorsque le réseau de chemins de fer permit d'acheminer le poisson rapidement dans les villes, ou que le territoire se couvrit de conserveries.

Il ne peut y avoir de société traditionnelle sans modernité, et la vision présentée, coupée du monde global, était quelque peu romantique. Certes, Rivière avait rejeté vigoureusement l'idée d'un âge d'or du monde rural. Cependant, et davantage dans la Galerie culturelle que dans la Galerie d'étude, affleurait une certaine nostalgie (principalement dans les commentaires oraux des unités écologiques) pour un savoir-faire perdu ou sur le point de se perdre, rappelant la peine des hommes et les anciennes solidarités villageoises.

La beauté des vitrines suscita des commentaires enthousiastes : Paule-Marie Grand écrivit ainsi dans *Le Monde* : « L'expression est si vivante qu'elle est une fête plus qu'un adieu [1] », en saluant « l'ossature intellectuelle

---

1. « Ouverture de la Galerie culturelle aux Arts et Traditions populaires. La dernière fête de la France d'hier », *Le Monde*, 12 juin 1975.

qui le soutient de sa "structure" claire et intelligente à souhait puisqu'elle est due à Claude Lévi-Strauss ». L'association de l'établissement au nom de l'anthropologue, dont la figure brillait au firmament de l'anthropologie française et internationale, était évidemment garante de la qualité de la présentation. Des témoignages personnels attestaient du choc que recevaient certains visiteurs ; ainsi cette lettre de l'écrivain Jean-Pierre Chabrol rédigée sur papier à en-tête d'Antenne 2 le 7 juillet 1975, retenue par Rivière pour ses archives[1] : « Hier dimanche après-midi, je suis allé visiter votre musée. Je ne peux me retenir de vous dire mon enthousiasme et mon émotion. Ces intérieurs, ces ateliers, présentés ainsi, avec humilité, avec délicatesse, m'ont frappé au cœur, à ce coin du cœur "où tous ceux de ma race ont peiné durant des siècles", comme l'a dit mieux que moi Charles-Louis Philippe. J'ai ressenti là, hier, moi qui ai toujours eu les musées en horreur, ces souffles tièdes d'une enfance provinciale, ces profondeurs rugueuses et tendres d'où monte sans doute le moins mauvais de mon œuvre depuis mon premier livre. Merci, Monsieur. »

Les spécialistes étrangers furent tout aussi enthousiastes. Dans sa recension des « musées influents », Kenneth Hudson qui le visita au milieu des années 1980 n'avait pas de termes assez dithyrambiques pour évoquer l'œuvre de « *one of the few indisputed museum geniuses of the twentieth century* (l'un des rares génies de ce siècle en matière de musées)[2] ». Il était impressionné par la taille des collections, par le cadre institutionnel mis en place pour les étudier et, plus encore, par le fait que des fonds publics aient été investis dans ce domaine, en l'arrachant ainsi définitivement au style de musée romantique de divertissement que l'on avait l'habitude de rencontrer

---

1. Archives Atp. Archives Rivière, boîte 70.
2. Kenneth Hudson, *Museums of Influence*, Cambridge, Cambridge University Press, 1987, p. 132.

en Europe. Il saluait la qualité de la muséographie au service d'un propos scientifique[1].

Lors de l'inauguration de la Galerie culturelle, la vocation scientifique de l'établissement fut symboliquement confirmée. Plus de gardes républicains, mais une série de colloques internationaux.

Les traces du programme de 1937 dans celui du « Nouveau Siège »

Il est intéressant de comparer brièvement les premiers « plan et programme », tels que Rivière les avaient esquissés en 1937 et 1938, à la présentation finale. Par rapport aux années d'avant-guerre, deux faits sont frappants : d'abord la régression de la dimension historique, ensuite et surtout la sophistication du propos scientifique. Rappelons que l'introduction historique du programme de 1938 occupait en termes d'espace les surfaces les plus importantes, avant même la section des « champs ». Une dimension historique s'est presque complètement effacée dans le programme de 1965 au nom de l'unité muséographique, alors que trente années auparavant, ethnographie et archéologie auraient pu faire alliance.

Si le plan d'ensemble du musée était d'inspiration totalement différente, des sous-sections étaient déjà présentes dans le projet de 1937, que l'on retrouve trente ans après, par exemple dans la section « Villes et villages », où, sous le thème « Autorité », sont mentionnés les objets suivants : « écharpe de maire, casques et sabres de garde-champêtre, casques de pompier, cloches de tocsin, trompe de charivari ». Nous retrouvons ces objets avec d'autres dans la Galerie culturelle, dans la partie « Société », sous-section « Institutions, structure de la communauté villageoise ». Rivière y a fait ajouter un costume de majorette.

---

1. *Ibid.*, p. 133.

Dans le projet premier, la section « maison » semble encore un fourre-tout avec maquettes, meubles et divers objets domestiques déjà classés selon leur fonctionnalité (transport de la chaleur, fabrication du pain, cuisson des aliments), etc. ; on y décèle cependant les prémices de ce que sera la vitrine de la Galerie d'étude consacrée à la vie domestique et qui reprend une présentation par fonctionnalité domestique. La section « Costume », pour sa part, est fort novatrice en 1937, car si l'on y expose quelques costumes en fonction de leurs origines régionales, l'ensemble est déployé selon les « caractères sociologiques » du vêtement. Ce qui, en fait, était autant un projet d'exposition qu'une esquisse de travail a pris corps dans la présentation de 1972, puisque le costume était présenté en fonction de l'âge, du sexe, des circonstances sociales, du rang ; on y insistait également sur les spécificités du costume de travail. Enfin, la dernière section du programme 1937, « Famille et âges de la vie », a inspiré tant la Galerie culturelle que la Galerie d'étude, avec ses classements fondés sur la scansion sociale du cycle de vie qui, il faut le dire, sont restés relativement incontournables depuis l'œuvre de Van Gennep.

On peut donc voir une continuité dans le propos muséographique de Rivière depuis les projets initiaux qui ne virent jamais le jour en passant par les expositions temporaires jusqu'aux galeries permanentes. Néanmoins l'ampleur, la rigueur du programme scientifique comme la richesse des collections séparent les deux projets. Les années de bataille contre l'administration ont été gagnées pour l'ethnologie et la muséologie : les collections se sont considérablement enrichies, l'étude s'est approfondie grâce aux enquêtes qui permettaient de contextualiser les présentations. Tout objet exposé était soutenu soit par une documentation qui lui donnait un sens social, technique, symbolique, soit, mieux encore, par une enquête de terrain approfondie qui restituait la place dudit objet dans sa société. Les années de lutte n'ont pas donc été totalement vaines. Bien au contraire.

LA MISE À LA RETRAITE DE GEORGES HENRI RIVIÈRE ET LA NOMINATION D'UN NOUVEAU CONSERVATEUR

Officiellement, retraité,
officieusement, actif

Lors des deux inaugurations, Rivière n'était déjà plus aux commandes, du moins officiellement. Il fut mis à la retraite le 1er juillet 1967, peu de temps après l'anniversaire de ses soixante-dix ans. Comment lui succéder ? Qui pouvait prendre la relève ? Michèle Richet, spécialiste d'esthétique, collaboratrice infatigable de Rivière depuis vingt-cinq ans, se voyait bien à la tête du musée, mais elle ne pouvait coiffer le laboratoire Cnrs. Elle fut nommée conservateur par intérim, acceptant la tâche « malgré les difficiles conditions matérielles et psychologiques[1] ». Le nom de l'anthropologue Jean Benoît circula, mais, dès le 8 juillet, Claude Lévi-Strauss recommanda Jean Cuisenier.

Celui-ci semblait être le candidat idéal si l'on se réfère à la façon dont Rivière dans son rapport de 1964 dressait le portrait des qualités de son successeur : « Je suis ce que je suis et j'ai fondé l'institution. J'estime que mon successeur devrait faire preuve de deux aptitudes, l'une d'ordre muséal, l'autre d'ordre scientifique, couvrant respectivement les deux volets du diptyque, autrement dit du musée-laboratoire qui constitue l'institution. Aptitude muséale, c'est-à-dire vocation à administrer, à organiser, à collecter, à mettre en valeur. Aptitude scientifique, c'est-à-dire titre universitaire tel que doctorat ès lettres (ethnologie), aptitude à diriger des chercheurs et

---

1. Archives Atp. Lettre datée du 17 juillet 1967 à M. Jean Châtelain.

à contrôler les problèmes techniques qu'entraîne la recherche. Il y aurait intérêt à ce qu'il soit un homme. »

Cette dernière phrase était évidemment un coup de couteau dans le dos de certaines de ses plus proches collaboratrices qui auraient bien pris sa suite. Le problème de la succession était effectivement épineux. Il n'existait dans le vivier des conservateurs aucune personnalité dotée de la double qualification, muséale et scientifique. Le nom de Corneille Jest qui dirigea la mission Aubrac fut un temps avancé, mais ce fut vers un jeune et talentueux sociologue de formation philosophique que se tourna la direction des musées de France, choisissant de privilégier l'orientation scientifique de la nouvelle discipline. Dans le compte rendu d'une visite qu'elle rend à Jean Châtelain, Michèle Richet note qu'« il a semblé à M. le Directeur des musées de France que la sociologie et l'ethnologie étaient deux disciplines très voisines, surtout dans leur application à la France ». C'était là une façon de placer Jean Cuisenier.

Pourtant, dans le contexte des années 1960, confier à un sociologue la responsabilité d'un musée d'ethnologie semblait blasphématoire. Les deux disciplines se tournaient alors le dos, qu'il s'agisse des terrains – sociétés complexes contre sociétés pensées comme simples, sociétés modernes contre sociétés du passé – ou des méthodes : enquêtes quantitatives statistiques pour les premières, s'appuyant sur des échantillons représentatifs, enquêtes ethnographiques qualitatives pour les secondes, sur le terrain, aux côtés des populations étudiées. Un sociologue dans la « maison », c'était le loup dans la bergerie. De plus, Jean Cuisenier et son équipe du Centre de sociologie européenne avaient participé marginalement à l'enquête Aubrac et leurs conclusions n'avaient pas plu à l'équipe des ethnologues. En effet, à propos de l'Aubrac, les « sociologues » ne parlaient que de « dépérissement, régression ou crise » de l'économie, soulignant « la rupture des équilibres sociaux traditionnels :

dépopulation, vieillissement, départ des femmes, vétusté des logements, exode ». Bref, là où les ethnologues voyaient un système agro-pastoral traditionnel en train de muter dans le cadre de la mise en place du Marché commun, les sociologues, eux, voyaient « une société qui se défai[sai]t[1] ».

Autant dire que l'antagonisme des deux positions était rude. Les ethnologues opposaient notamment leur longue présence sur le terrain aux rapides incursions qu'y firent Cuisenier et son équipe[2].

Le nouveau conservateur
et les premières années de l'équipe

Jean Cuisenier, nommé par André Malraux pour une mission de deux ans, prit ses fonctions officielles le 1er janvier 1968[3]. Brillant agrégé de philosophie, il avait conduit des enquêtes de terrain en Afrique du Nord et rassemblé autour de lui une petite équipe de recherches, au sein du Centre de sociologie européenne que dirigeait Raymond Aron.

Une fois les collections installées dans de magnifiques réserves au second sous-sol (quoique régulièrement inondées par le cours d'eau qui serpente dans le bois de Boulogne[4]), le déménagement s'effectua en septembre 1968. Jean Cuisenier s'y installa avec ses collaborateurs membres

---

1. Cf. « Économie et société », in Jean Cuisenier (dir.), « Sociologie économique », *L'Aubrac*, tome I, Paris, Éditions du Cnrs, 1970, p. 229-285.
2. D'ailleurs, pour démontrer la fausseté de leurs vues « pessimistes », une petite équipe d'ethnologues et zootechniciens retourna en Aubrac en 1973 pour mesurer les transformations liées à l'avènement du Marché commun. Elle conclut aux transformations positives de l'Aubrac, dont l'économie s'orientait vers la production de viande de boucherie, grâce au dynamisme des éleveurs. Ces conclusions furent publiées dans un volume pirate de la série Aubrac, coordonné par Corneille Jest, *L'Aubrac, dix ans d'évolution, 1964-1973*, Paris, Éditions du Cnrs (couverture identique aux autres volumes, mais pas de typographie d'imprimerie).
3. Avant sa prise de fonction officielle, des rumeurs couraient encore sur les risques entourant le transfert, la direction des musées de France étant lassée des interminables retards du chantier.
4. Malgré un cuvelage du bâtiment...

du Cnrs qu'il voulait agréger à l'équipe fondatrice du musée. Ce fut là d'ailleurs une des premières sources de conflits : il fallait faire de la place pour des personnels chercheurs non prévus dans le projet architectural.

Le nouveau conservateur dut aussi affronter une fronde locale portée par le mouvement de mai 68. Les conditions de sa nomination, sans aucune consultation avec l'équipe, avaient été peu appréciées par les membres du musée : le nouveau conservateur était considéré comme un « parachuté », et de surcroît sociologue. Des assemblées générales se tinrent dans la salle de conférences du musée (à Chaillot) et dans la salle de cinéma du musée de l'Homme. Outre la contestation du mode de nomination du conservateur en chef du musée, les structures des Arts et Traditions populaires, dans sa vocation de musée-laboratoire, étaient déjà en débat !

Le programme scientifique des galeries étant achevé depuis de nombreuses années, leur ouverture mobilisa surtout l'ancienne équipe ; toutefois, quelques jeunes de l'équipe nouvelle furent intégrés aux fondateurs, notamment pour reprendre le département « Coutumes et croyances » dont l'appellation recouvrait mal des thèmes ethnologiques, qui, sous des termes nouveaux et inscrits dans d'autres problématiques, allaient faire l'objet de riches travaux. C'est ainsi qu'aux côtés de Marcelle Bouteiller, je fus invitée[1] à préparer la section intitulée « Aspects de la vie familiale » dans la rue des « Coutumes et croyances[2]. »

Rivière, pour sa part, organisa sa mise à la retraite en préservant les moyens de continuer son œuvre pour le

---

1. Jeune ethnologue de l'équipe de Jean Cuisenier, Françoise Loux, pour sa part, eut en charge dans les mêmes conditions la réalisation de la section consacrée à la médecine populaire.
2. Afin d'illustrer le thème des rites scolaires, mon fils fit don de la couronne de laurier qui lui avait été décernée dans le petit jardin d'enfants qu'il fréquentait, assez traditionaliste pour distribuer encore des prix aux élèves (mais tous avaient droit à la couronne).

musée (attribution d'un bureau, de personnel Cnrs détaché auprès de lui pour travailler sur l'art populaire etc.), mais il n'était plus maître à bord. Interrogé en septembre 1968 à ce sujet, Rivière répondit : « Bien que j'en sois aujourd'hui séparé par la retraite, je m'y intéresse encore comme à un enfant qui vient de se marier [1]. » Selon Jean-François Leroux-Dhuys, cette retraite jugée comme brutale s'explique par le fait que la direction de l'Architecture de la rue de Valois rendait Rivière responsable du retard du chantier et du dérapage de son coût financier. À l'appui de cette hypothèse, il cite une note de la direction soutenant que « dans son désir de demeurer en fonction jusqu'à un âge avancé, le conservateur en chef des Atp aurait provoqué une éternisation du chantier [2] ». Dans un entretien donné au *Monde*, Rivière, amer, voyait les choses autrement : « On ne m'a pas donné un jour de plus. J'étais fâché avec Malraux. Il avait découvert que j'avais créé un laboratoire associé au Cnrs, alors qu'il avait horreur de la science. Il n'aimait que la divination des pythies pour prophétiser les civilisations, les grandeurs, les honneurs et les beautés de l'art... Il me l'a fait cruellement ressentir en me mettant sans appel à la retraite [3]. »

En effet, Malraux fut, dit-on, furieux lorsqu'il découvrit que le musée abritait un laboratoire de recherches du Cnrs et en conclut que le Cnrs n'avait qu'à financer le projet. Il est vrai, également, que le coût de la construction avait de très loin dépassé les estimations : « 9 millions de francs avaient été estimés suffisants par l'architecte. En fait, dès mars 1971, 29,9 millions d'autorisations de programme avaient été ouverts et 27,8 affectés [4]. »

---

1. Sabine Marchand, « À la découverte du tout nouveau musée des Arts et Traditions populaires », *Le Figaro*, septembre 1968.
2. Jean-François Leroux-Dhuys, « Georges Henri Rivière et le musée des Arts et Traditions populaires », in *Les Bâtisseurs de la modernité*, AMO (Architecture et maîtrise d'ouvrage), Paris, Le Moniteur, 2000, p. 173-180.
3. 8-9 juillet 1979.
4. Source : *Combat* du 3 juillet 1972 publie un article intitulé « Le rapport annuel de la Cour des comptes », qui débute ainsi : « La Cour des comptes... regrette que

Mais enfin, en 1967, Georges Henri Rivière avait tout simplement atteint l'âge légal de la retraite, qui était alors de soixante-dix ans.

Georges Henri Rivière toujours présent

Retraite ou pas, le grand homme continua son œuvre. On peut penser que le choix de Jean Cuisenier qui était un chercheur avant d'être un homme de musée avait été une façon de garder la main sur son projet encore inachevé. Bien qu'ouverte au public, la Galerie culturelle n'était pas terminée, et dans les archives de Rivière, des documents attestent du travail qu'il a conduit, avec l'aide d'André Desvallées jusqu'en 1975, de Marie-Chantal de Tricornot en 1976 et en 1977. Selon son habitude, et pour faire avancer les choses, il n'hésitait pas à payer sur ses propres deniers. Ainsi, dans une lettre du 22 mars 1977, on le voit commander la lampe à pétrole qui doit éclairer l'intérieur domestique de Goulien (une des unités écologiques de la Galerie culturelle) et des lampes pour éclairer deux estampes, qu'il fait régler sur le prix scientifique de la Fondation de France dont il fut lauréat[1].

Il tente toujours de réaliser son programme, et notamment, en conformité avec son projet de musée de la Jeunesse, d'ouvrir un atelier installé au rez-de-chaussée où les enfants pourraient, à la lumière des vitres ouvertes sur le bois, manipuler des objets non inventoriés, fabriquer des costumes de théâtre – mais sans succès. On le voit écrire à Jean Cuisenier en 1979 pour le prier de rectifier des indications sur une notice relative à la Galerie culturelle, discuter avec lui d'une « ethnologie française des temps industriels », etc.

---

le musée des Arts et Traditions populaires dont la construction a commencé en 1959 ne soit pas encore complètement achevé. » (Dossier Apt Mus., articles sur le musée.)

1. Archives Atp. Archives Rivière, boîte 71.

À l'écoute de sa maison, il produit assez régulièrement des notes pour en orienter les travaux. Ainsi celle-ci du 20 novembre 1975[1], assez caractéristique de la place qu'il occupait encore, attentif aux manières d'être des membres de la maison : « Le bruit a couru – faux, je l'espère – que d'aucuns voudraient dépecer entre secteurs scientifiques de la maison l'inventorisation des objets : ainsi la fourche au spécialiste des techniques de production, et le biniou à l'ethnomusicologue. Attention à cette orientation réactionnaire et passéiste qui méconnaîtrait la signification polyvalente des objets, oublierait que la fourche sert à enfourcher et défiler, et que le biniou ne joue pas que pour faire danser à la foire, qu'il le fait pour fouler en dansant sur l'aire à battre. » Dans le même document, il croit nécessaire de rappeler quelques principes de déontologie : pas de collections personnelles et obligation pour les chercheurs de consacrer une part « raisonnable de leur temps à coopérer avec les muséologues de la maison ».

Ce document dévoile les nouvelles orientations que Rivière voudrait faire prendre à l'institution. Les Arts et Traditions populaires ont pour vocation de s'intéresser à la société traditionnelle, aux racines historiques de cette société, comme au passage de cette société à la société industrielle[2]. Bref, il suggère d'ouvrir le champ chronologique en amont comme en aval. Alors que se développait vigoureusement le mouvement de l'histoire orale[3], il suggère aussi une coopération avec les historiens pour « inscrire l'ethnologie de la France dans l'histoire de la France » et promouvoir une « ethnologie vivante » à laquelle il propose de nouveaux terrains : « La

---

1. Archives Atp. Archives Rivière, boîte 71.

2. Conclusion de l'article de Rivière « Vers l'étude d'un présent étendu à la société industrielle », « Musée et autres collections publiques d'ethnographie », in Jean Poirier (dir.) *Ethnologie générale*, Paris, Gallimard, La Pléiade, 1968, p. 489.

3. Cf., par exemple, « Mémoires de France », journée d'études de la Sef, *Ethnologie française*, 1978, VII, 4, p. 329-371.

recherche ethnologique risque de se scléroser, si elle ne fait que s'enfermer dans un passé mort. Si, en se tournant obstinément en arrière, statue de sel, elle laisse passer de jour en jour l'occasion qui ne revient jamais, qui est d'observer le corps social quand il vit, pour lui en préférer la momie. Un même dessèchement la guette, si, attachée à l'étude du présent, elle en dépouille les forces productives de la superstructure culturelle qui les couronne.

« En mai 1968, des sbires taillaient sur les murs de la Sorbonne, à coups de canif, les célèbres affiches du mouvement ouvrier et étudiant. Un Atp, à sa demande était, admis à pénétrer, au cours d'une Assemblée générale de l'"ex École des Beaux-Arts", dans l'atelier où se produisaient les affiches, y était invité à observer le jury dans sa critique des symboles et des slogans des affiches, encouragé à s'expliquer avec l'assistance sur les caractères de ce nouvel art populaire – telles la libre circulation et la réinterprétation permanente de ces symboles et de ces slogans – et finalement habilité sur plaidoirie à recevoir en don pour les Atp des échantillons des affiches désormais éditées par l'Atelier, alors qu'on venait de les refuser à la Bibliothèque nationale.

« En 1974, au temps de la révolte des lycéens, j'aime à croire que les Atp, dans les classes, les préaux, les rues, ont lancé leurs enquêteurs, braqué leurs caméras et leurs magnétophones pour enregistrer les débats, les chants, les cortèges et empli leur hotte d'archivistes du présent des tracts, emblèmes et autres témoins naturels de la revendication des jeunes.

« À la Sainte-Catherine 1975, le 25 novembre, "les petites mains lèveront le poing". Que, "munies de banderoles, coiffées des célèbres chapeaux, elles feront le tour des principales maisons de couture [...] avant d'aller assister sur un bateau-mouche à un spectacle [...] créé pour elles". Les Atp ne seront pas indifférents à cette sorte de fête poussée entre les pavés d'un drame : le fait qu'il n'y a plus en 1975 que mille deux cents ouvrières "contre plus de vingt mille il y a dix ans", dans les vingt-deux maisons de haute couture de Paris[1].

« Ces jours-ci, au Creusot, deux délégués de la CGT italienne ont tenu à prendre contact avec moi et m'ont expliqué ce que leur organisation allait faire dans leur pays pour archiver le folklore ouvrier vivant. Il est réconfortant et significatif que l'intérêt à l'égard de telles études parte de la masse ouvrière. N'attendons pas, en France, que les organisations ouvrières de diverses natures prennent la chose en main. Sollicitons leurs concours à toutes, pour archiver la France ouvrière au bénéfice de tous ; présents et à venir[2]. »

Mais si les ethnologues et des sociologues du Centre d'ethnologie française se penchaient sur les cultures et les identités de la société française, répondant ainsi à la voix de Rivière, celle-ci n'avait plus l'autorité pour guider un projet d'ensemble.

LES PREMIÈRES ANNÉES CUISENIER

Dynamisme et expansion du laboratoire

À son grand soulagement, Jean Cuisenier vit s'achever la seconde des galeries, toujours réalisées, sous la direction officieuse de Georges Henri Rivière, par l'équipe d'André Desvallées et Jacques Pasquet[3]. L'ouverture fut un succès, et les galeries attirèrent cent soixante mille visiteurs par an jusqu'aux débuts des années 1980.

C'est au développement de l'ethnologie scientifique

---

1. Sur ce point, la curiosité scientifique de Rivière fut satisfaite vingt années plus tard. Cf. Anne Monjaret, *La Sainte-Catherine. Culture festive dans l'entreprise*, Paris, éditions du Comité des travaux historiques et scientifiques, 1997.

2. Archives Atp. Archives Rivière, boîte 71, note du 20 novembre 1975.

3. Assistés de Pierre Catel qui, ayant appris son métier sur le tas, devint par la suite concepteur-muséographe. On lui doit notamment le musée de la Chasse de la Seita.

que le nouveau conservateur-directeur du Centre d'ethnologie française (Laboratoire Associé 52) va faire porter tous ses efforts, laissant les galeries à leur destin, et oubliant qu'il dirige un établissement à vocation culturelle. Le laboratoire, en plein dynamisme, attirait alors un nombre important de jeunes chercheurs, et thèmes et terrains se multipliaient avec eux, tandis que l'ancienne équipe continuait sur sa lancée des travaux sur des sujets plus classiques.

Fasciné par les possibilités de formalisation des systèmes sociaux, notamment dans le domaine de la parenté, Jean Cuisenier encouragea aussi plusieurs chercheurs à développer des travaux avec l'aide des programmes informatiques, encore assez balbutiants, il faut bien le dire [1]. Par ailleurs, il fallait donner un coup de jeune à la revue, qui d'*Arts et Traditions populaires* fut rebaptisée en 1971 *Ethnologie française*, et dont la présentation fut modernisée, sous une jaquette blanche, austère mais de bon ton. Le contenu déconcerta d'abord les lecteurs habitués au titre précédent, mais dans l'ensemble elle publia des articles remarqués, dont certains numéros traduisent bien la révolution épistémologique qui était en cours dans l'ethnologie scientifique.

Avec Jean Cuisenier, l'équipe du Cnrs s'étoffa considérablement et les thèmes de recherche se diversifièrent. Le premier rapport d'activité présenté sous sa signature fait état de la juxtaposition des anciennes et des nouvelles équipes dont la présence étend considérablement le

---

1. Le souci de se porter à la pointe du progrès conduit Jean Cuisenier à utiliser dès le début des années 1970 les méthodes informatiques (alors encore au stade rudimentaire des cartes perforées). Il existait un terminal au musée que le conservateur faisait visiter fièrement, ce qui valut le constat suivant dans la rubrique « Vie culturelle » du Journal *Elle* du 14 février 1972 : « Le musée est le seul au monde à disposer d'un ordinateur. L'appareil permet de regrouper et d'analyser les multiples informations manipulées par des spécialistes (mathématiciens, ethnologues, sociologues, archéologues, musicologues, linguistes) qui tous ensemble travaillent à l'établissement rigoureux des connaissances et de la conservation des sciences humaines. »

champ d'action de l'institution : d'une part vers l'amont, avec une équipe d'archéologie médiévale, d'autre part vers le contemporain avec l'équipe des sociologues, que Cuisenier dirigeait déjà au sein du laboratoire de Raymond Aron. Le lien fut établi entre ces derniers et le musée, notamment par le biais de la Recherche coopérative sur programme châtillonnais qui avait succédé à la Rcp Aubrac, et dont il était un des directeurs.

Contrairement à l'Aubrac, région d'une activité agro-pastorale en voie de mutation, le Châtillonnais offrait à l'ethnologie du contemporain le dynamisme de ses petites villes et de son industrie. S'il n'y eut ni publication coordonnée comme en Aubrac, ni vision interdisciplinaire, des travaux novateurs y furent conduits sur les associations, les majorettes, etc. Mais ce furent surtout les recherches menées par quatre ethnologues femmes, surnommées les « dames de Minot[1] », membres du Laboratoire d'anthropologie sociale dirigé par Claude Lévi-Strauss, qui ouvrirent la voie à une nouvelle ethnologie du soi, en se focalisant sur les thèmes de la parenté, des rituels, de l'identité, de la transmission.

Le dynamisme du Centre d'ethnologie française ne pouvait qu'attirer de jeunes sociologues qui quittaient le Centre d'études sociologiques, une maison devenue inconfortable, surtout après les déchirements de 1968[2]. Comment dès lors renouer avec une unité thématique ? La rhétorique des rapports d'activité destinés au Cnrs, tous les deux ans, s'efforçait de maquiller la diversité de la maison sous des formulations très générales, telle celle-ci : « Qu'advient-il, dans les sociétés à transformation rapide comme les nôtres, de l'héritage anonyme des générations et des siècles passés ? Quelles sources cet héritage

---

1. Minot, nom du village étudié.
2. Henri Mendras, dans *Comment devenir sociologue. Souvenirs d'un vieux mandarin*, décrit ainsi le Ces : « Chacun de nous [les chercheurs] était un petit baron qui transformait en apanage son domaine de recherches, faisant de son équipe un petit château fort », Actes Sud, 1995, p. 103.

fournit-il s'il est convenablement conservé, documenté et publié pour le renouvellement des formes de notre culture et les finalités lointaines de notre société[1] ? »

Mais une question, centrale, se posait clairement dans l'introduction du rapport au Cnrs daté de 1973 : « Faut-il exploiter les fonds conservés, au risque de ne pouvoir lancer simultanément des programmes nouveaux, mieux adaptés à l'état actuel des problèmes ? Faut-il laisser à d'autres l'initiative et la charge de tirer parti des matériaux accumulés et fonctionner comme une banque de données ? » C'est la première option qui fut retenue.

Le musée, « caverne d'Ali Baba[2] », devint un réservoir de réflexions et de recherches pour des travaux « maison ». L'élan de l'étude de la société traditionnelle fut stoppé afin d'exploiter les fonds accumulés, et l'impulsion fut donnée pour développer des champs nouveaux concernant les techniques du corps, la parenté, la culture, les identités, etc. Ce parti pris brouilla l'image du musée-laboratoire et ternit aussi sa réputation d'institution tête de réseau, ouvrant ses fonds à toute demande extérieure.

La méthode Rivière avait consisté à faire du musée le correspondant des musées régionaux et des groupes intéressés par telle ou telle thématique, avec lesquels l'institution centrale collaborait. C'en était fini désormais, et le musée apparaissait comme un receleur refusant de « rendre » ses trésors accumulés. L'ethno-musicologie, crispée sur ses trésors de musique populaire, notamment bretonne et corse, contribua largement à édifier l'image d'une forteresse arc-boutée sur ses trésors. On ne pouvait pas davantage consulter la masse documentaire accumulée par les grands « chantiers » pendant la guerre ni même les collectes qui avaient été facilitées par les

---

1. Archives Atp. Cnrs, Rapport d'activité du laboratoire n° 52, 1973.
2. Jean Prasteau, « Une caverne d'Ali Baba : le musée des Arts et Traditions populaires », deuxième article d'une série de trois, « La France, paradis des ethnologues », *Le Figaro*, 26 juillet 1977.

conservateurs et chercheurs en région. Auprès des musées, les Arts et Traditions populaires acquièrent rapidement une réputation détestable. La richesse des fonds fut exploitée par l'équipe pour mettre en route un vaste programme de publications, et notamment les corpus d'architecture rurale et de mobilier traditionnel. Dès lors, les dossiers n'étaient plus consultables, sauf par les auteurs qui travaillaient sur les volumes dont la publication s'échelonna sur de longues années[1].

Le musée-laboratoire, dans ses nouveaux bureaux, était comme une ruche où chacun poursuivait ses propres intérêts ; l'ancienne équipe continuait ses recherches, mais, les uns après les autres, ces pionniers de l'ethnologie furent atteints par la limite d'âge (MJBD avait soutenu sa thèse sur les bergers à l'âge de soixante ans)[2] et les nouveaux, recrutés sur le contingent des chercheurs Cnrs sociologues (section 26), ouvraient de nouveaux champs de recherche. Les rapports successifs du laboratoire témoignent de la richesse des publications, des collections lancées, certaines solides, d'autres plus éphémères. Le Centre d'ethnologie française-Mnatp apparaissait encore comme le principal lieu de la recherche ethnologique sur la France, même si, peu à peu, d'autres centres prenaient corps dans le panorama français de l'ethnologie.

Les tiraillements entre les anciens et les jeunes étaient évidents, les premiers accusant les seconds de ne pas s'intéresser au musée (même si la plupart des expositions temporaires furent conçues et réalisées par les jeunes chercheurs), les seconds se sentant en porte-à-faux par rapport à la matière du musée, surtout ceux dont les

---

1. *L'Architecture rurale française : corpus des genres, des types et des variantes*, vingt-quatre volumes publiés sous la direction de Jean Cuisenier chez Berger-Levrault, La Manufacture, A. Die entre 1977 et 2001 ; *Le Mobilier régional français*, cinq volumes publiés chez Berger-Levrault, entre 1980 et 1984.
2. Martine Segalen, « Mariel Jean-Brunhes Delamarre (1905-2001), une œuvre entre géographie et ethnologie », *Ethnologie française*, XXXII, 2002, 3, p. 529-539.

travaux étaient le plus « sociologiques » (culture de l'image, enquêtes sur le patrimoine). Plusieurs organigrammes furent conçus afin de susciter la coopération des deux équipes. Par exemple, en 1976, on tenta de distinguer, d'une part des équipes de recherche où s'accompliraient les recherches fondamentales destinées à la publication et, d'autre part, les départements qui s'intéresseraient davantage aux collections, celles-ci étant gérées par des unités de service scientifique.

Côté musée, et en dépit des efforts de quelques collaborateurs qui continuaient à travailler étroitement avec Rivière, les galeries permanentes ne furent jamais vraiment achevées et l'équipement devint rapidement obsolète : les diaporamas tombèrent en panne, les écouteurs permettant de sonoriser la partie musique disparurent, les albums de notices qui devaient donner davantage d'informations aux visiteurs ne furent jamais réalisés. Les crédits d'équipement, comme toujours, ne suivaient pas. Le système d'audio-guides en quatre langues ne fut jamais terminé, malgré la mise en place de relais dans le plafond de la Galerie culturelle.

En revanche, la Réunion des musées nationaux (l'organisme commercial de la direction des musées de France) accorda des crédits pour réaliser une exposition temporaire par an et, les premières années, celles-ci attirèrent un bon nombre de visiteurs qui allaient également voir les galeries permanentes. Outre les expositions maison, il y eut les expositions prêtées ; l'animation du musée était soutenue et renouvelée régulièrement. Nombre de ces expositions connurent un grand succès. Portées pendant un temps par la muséographie inspirée par Rivière, alternant thèmes classiques et thèmes novateurs, elles permettaient de faire régulièrement parler de l'établissement. La plupart furent réalisées par des personnels Cnrs qui s'initièrent au langage et aux contraintes muséographiques, souvent avec un grand bonheur, produisant des catalogues qui sont restés, comme ceux des expositions temporaires des années 1950, des instruments de référence[1].

Cependant, il n'était nullement question de reprogrammer les deux galeries dont l'achèvement avait été si douloureux.

1980 : l'année du Patrimoine,
« Hier pour demain »

À tous points de vue, l'année 1980 a marqué un tournant dans l'histoire du musée. Le nombre de visiteurs a commencé à baisser, alors que le mouvement éco-muséal prenait de l'ampleur et rencontrait son public. Le ministre de la Culture, Jean-Philippe Lecat, décida de consacrer l'année 1980 au patrimoine, prenant acte de la vigueur de ce mouvement social. Cette année du Patrimoine devra, disait-il, « tenter de modifier l'attitude des Français vis-à-vis du patrimoine légal, de le faire connaître et aimer [...] Je suis convaincu que pendant cette année nous avons fait quitter au patrimoine le domaine toujours obscur et fragile des compétences administratives pour en faire une responsabilité collective des Français [...] Nous devons veiller à ne jamais laisser s'affaiblir le sentiment populaire d'intérêt et d'attachement pour le patrimoine. C'est pourquoi la place des associations et la concertation avec les collectivités locales devront retenir en permanence l'attention du ministère de la Culture. »

Le Musée s'empara du concept, décida pour la première fois de sortir de ses murs et présenta au Grand Palais, du 13 juin au 1er septembre 1980, une exposition intitulée « Hier pour demain. Arts, traditions, patrimoine », au propos intellectuel complexe, et dont il reste un très beau catalogue. Cruel commentaire que celui du

---

1. Citons par exemple, « Mari et femme dans la France rurale traditionnelle » (1973), « Paris, boutiques d'hier » (1977), « L'Homme et son corps » (1978), « Religions et traditions populaires » (1979), « L'Instrument de musique populaire, usages et symboles » (1980), etc.

Quotidien de Paris du 16 juin 1980 qui en signalait la réalisation par le musée « méconnu des Parisiens » ou celui du *Monde* du 18 juin 1980 parlant de « l'exilé du Bois de Boulogne ». Et cela, cinq années seulement après l'ouverture !

Dans l'introduction, Jean Cuisenier recensait les problèmes posés par cette notion nouvellement apparue de « patrimoine ethnologique » – « ces biens culturels si particuliers » : « Que préserver ? jusqu'où muséographier la mémoire et les savoirs ? » Ce n'était évidemment pas une exposition qui pouvait répondre à ces questions, fort pertinentes au demeurant, et celle-ci ne réussit pas davantage à situer le musée national au sein du nouveau paysage ethnologique qui se dessinait. Dans sa préface au catalogue, Jean-Philippe Lecat traçait en effet une des nouvelles orientations du ministère : « La démarche ethnologique dont nous avons ici une belle illustration suppose, comme l'approche biologique du vivant, un respect scrupuleux de la diversité : pluralité des groupes, des milieux, des cultures, originalité des histoires qui les ont produites. Ce foisonnement s'est récemment multiplié par l'osmose entre société paysanne et monde industriel, entre le rural et l'urbain. Embrasser cette pluralité, attacher son vrai prix au fait même de la différence, comparer sans juger ouvre la voie à un nouvel humanisme qui dépasse les signes des particularismes pour les rendre lisibles à tous.

« Pour satisfaire en ce sens toutes les aspirations qui s'expriment et préparer les adaptations que cette demande sociale semble elle-même annoncer, la politique du patrimoine ethnologique répondra au désir de sauvegarde manifesté par tant d'initiatives, tout en gardant un haut degré d'exigence proprement scientifique[1]. »

---

1. *Hier pour demain : arts, traditions, patrimoine.* Exposition, galeries nationales du Grand Palais, juin-septembre 1980, Paris, Réunion des musées nationaux, 1980, non paginé.

À la fin du catalogue figurait le texte du décret du 15 avril 1980 instituant « un conseil du patrimoine ethnologique », installé auprès du ministère de la Culture et de la Communication – ainsi qu'une petite cellule de travail nommée « mission du patrimoine ethnologique ».

Au début de la décennie 1980, alors qu'était fondé ce conseil avec sa mission, dont le rôle fut fondamental dans la redistribution des cartes de l'ethnologie de la France, la mécanique interne des Arts et Traditions populaires qui continuait sur sa lancée ancienne commençait à s'enrayer. Le laboratoire avait trop grossi. Au 30 juin 1981 (cf. annexe VII), le Centre d'ethnologie française comptait quarante-deux chercheurs et techniciens Cnrs, cinq conservateurs titulaires Dmf, le personnel technique du musée. De plus on recensait des doctorants, divers contractuels, quelques personnels Ehess (École des hautes études en sciences sociales), au total soixante-trois personnes qui développaient des programmes scientifiques, auxquels il fallait ajouter huit chercheurs dans l'antenne éphémère que le musée entretint quelque temps à Marseille. La question de l'unité interne du laboratoire et de son articulation avec le musée devenait de plus en plus épineuse.

6
Les années Patrimoine

Comme on le faisait autrefois dans les livres d'histoire qui présentaient la Révolution, on peut tenter de démêler les causes structurelles et les causes conjoncturelles, les causes anciennes et les causes immédiates, qui, dès la fondation de l'établissement puis au fil des vicissitudes, ont scellé son funeste destin. Les années 1990 ont été particulièrement douloureuses pour le musée-laboratoire, cible de critiques de plus en plus directes, notamment lorsque son activité fut mise en parallèle avec le développement du mouvement patrimonial, dont un des pères était aussi Georges Henri Rivière. Connaissant le tempérament de l'homme, on peut supposer que, s'il continua d'offrir ses compétences et son charisme aux nouveaux musées, c'était également une façon de tuer l'enfant qui lui avait été arraché, après une si douloureuse et longue gestation. Il prit en effet de plus en plus de recul, une fois les galeries du musée pour l'essentiel achevées, et il ne manquait pas de prodiguer ses conseils aux jeunes musées.

Si ce mouvement contribua bien à la déstabilisation des Arts et Traditions populaires, il faut aussi reconnaître que la crise fut causée par nombre de dysfonctionnements internes, perceptibles dès les années 1960. Alors que l'ethnologie française se renouvelait profondément, celle des Arts et Traditions populaires, dans son lien intime avec les objets et les présentations muséales, se trouvait contestée. Car, dans les années 1980, la discipline changeait de terrain, de méthodes et de concepts. En outre, le magnifique « Louvre du peuple » présentait de graves défauts. Enfin, le déséquilibre entre recherche et conservation, les querelles institutionnelles entre musée et laboratoire concernant par exemple les statuts des différents acteurs du musée et leur rôle au sein de l'établissement prirent une acuité nouvelle avec l'arrivée d'une jeune génération de conservateurs.

LE NOUVEAU CONTEXTE SCIENTIFIQUE ET INSTITUTIONNEL

Nouvelles façons de dire, nouvelles façons de faire [1]

Dès les années 1950 et 1960, les ethnologues-chercheurs du musée des Atp inventèrent une nouvelle ethnologie, abandonnant les grandes enquêtes extensives qui avaient caractérisé les années d'entre les deux guerres et de la guerre au profit de travaux de terrain intensifs, qu'il s'agisse des recherches de Jean-Michel Guilcher sur la danse, de Mariel Jean-Brunhes Delamarre sur l'agriculture et l'élevage, ou encore de Suzanne Tardieu sur la vie domestique. Toutefois, l'Aubrac était encore une enquête relativement extensive, à larges visées sociologiques et conduite sur un vaste espace. Influencée par la méthode monographique de Marcel Maget, et par la pratique d'un long séjour sur le terrain venue par l'ethnologie exotique, une nouvelle génération de chercheurs développa des travaux qui changèrent d'échelle, mais aussi de paradigmes et

---

1. Pour paraphraser le titre d'un livre qui connut un grand retentissement, celui d'une des « dames de Minot », Yvonne Verdier, *Façons de dire, façons de faire. La laveuse, la couturière, la cuisinière*, Paris, Gallimard, 1979, qui ouvrait à une ethnologie du symbolique.

d'objet[1]. Soudain les sujets de prédilection des Arts et Traditions populaires, liés essentiellement aux systèmes techniques, apparaissaient vieillots. En témoigne le manque d'intérêt avec lequel fut accueillie la publication *Aubrac*, lorsque lentement, un à un, ses huit volumes furent publiés.

Le religieux, le symbolique, la parenté, la sorcellerie, l'identité nourrissaient les questionnements abordés par les ethnologues, sous l'influence de la pensée lévi-straussienne qui supplantait celle d'un Leroi-Gourhan, retournant vers l'archéologie et la préhistoire. Dans la problématique Arts et Traditions populaires, ou en tout cas dans ce qu'il en paraissait dans les vitrines, ces thèmes étaient rassemblés dans le département « fourre-tout » des « Coutumes et croyances ». On y trouvait tous les domaines de la vie sociale qui ne relevaient pas d'une appréhension technologique (musique et costume ayant leurs propres départements) : la vie familiale, les manifestations du religieux, la médecine populaire, etc. Or c'étaient désormais les domaines de prédilection de l'ethnologie, dans une sorte de revanche du social sur le technique.

Pour les étudier, concepts et méthodes allaient être renouvelés par les recherches de jeunes chercheurs, membres d'autres laboratoires. On peut ainsi opposer aux catalogues de superstitions folkloriques relevées par Marcelle Bouteiller, l'œuvre de Jeanne Favret-Saada qui a reconstitué la rationalité du système de la sorcellerie[2]. D'un côté, une collecte de fragments qui accréditent l'idée d'une sauvagerie ou d'un état de retard social, de l'autre, l'étude d'un ensemble cohérent, à partir du sens que lui confèrent les acteurs sociaux. Or pour une telle étude, il « faut se faire prendre aux sorts », comme le dit

1. Christian Bromberger, « Du grand au petit. Variations des échelles et des objets d'analyse dans l'histoire récente de l'ethnologie de la France », in Isac Chiva et Utz Jeggle (dir.), *Ethnologies en miroir. La France et les pays de langue allemande*, Paris, éditions de la Maison des sciences de l'homme, 1987, p. 67-94.

2. Jeanne Favret-Saada, *Les Mots, la Mort, les Sorts*, Paris, Gallimard, 1977.

et le fit l'auteur. On peut de même opposer par exemple l'analyse techno-linguistique de l'abattage du cochon par Suzanne Tardieu, et le travail d'Yvonne Verdier qui relie des fils symboliques pour faire jaillir la signification profonde de la cuisine des femmes, de la cuisine du sang[1]. Il n'est ici nullement question de récuser la production scientifique de l'équipe de Rivière : les recherches sont filles de leurs époques, avec leurs hypothèses et leurs méthodes scientifiques. Jeanne Favret-Saada, Yvonne Verdier et bien d'autres travaillèrent des thèmes classiques, mais à l'aide de paradigmes neufs.

Dans ce renouveau, émergèrent aussi aussi des thèmes inédits, à la faveur d'un rapprochement entre ethnologie de l'Autre et ethnologie du soi. La seconde s'est ainsi emparée de la parenté, tant explorée par la première. À l'étude des terminologies, des vocabulaires, des règles de filiation et d'alliance sont attachés les noms des grands anthropologues anglo-saxons et français, tels Bronislaw Malinowski, Radcliffe-Brown et Evans Prichard, Claude Lévi-Strauss et Louis Dumont, tandis que l'étude des groupes domestiques et de leur reproduction a été d'abord conduite dans les sociétés africaines par Jack Goody. Inspirés par ces travaux, les ethnologues de la France ont fait de l'étude de la parenté un des thèmes phares de l'ethnologie nouvelle. Il y avait là comme un passeport pour entrer dans le cercle magique des « vrais » ethnologues. Ce que l'enquête « Châtillonnais » a donné de meilleur, ce sont les travaux des quatre femmes qui étudièrent le village de Minot. Celles qu'on appelait « les dames de Minot » ont sans conteste innové sur ces questions de parenté, d'alliance, de parenté spirituelle, d'héritage, de mémoire, de transmission[2], alors

---

1. Cf. Suzanne Tardieu et Alain Rudelle, « Abattage et dépeçage du porc », in *L'Aubrac*, tome VI. 2, Paris, éditions du Cnrs, 1982, p. 155-184 ; Yvonne Verdier, *Façons de dire, façon de faire. La laveuse, la couturière, la cuisinière*, Paris, Gallimard, 1979.

2. Tina Jolas, Marie-Claude Pingaud, Yvonne Verdier, Françoise Zonabend, *Une*

que dans le même temps, plusieurs jeunes chercheurs se livraient à l'analyse des systèmes de reproduction des groupes domestiques.

Autre changement notable, le rural n'apparaissait plus comme le seul terrain légitime d'enquête. Qui se souvient que le premier terrain urbain fut ouvert en France par Jean-Luc Chodkiewicz[1] qui, dans le cadre de l'enquête « Aubrac », s'était intéressé aux migrants aubraciens à Paris, aux systèmes d'entraide et de soutien, aux réseaux migratoires, aux effets en retour des contacts culturels entre Paris et l'Auvergne ? Des travaux novateurs furent conduits en ville, chez les migrants, par Colette Pétonnet[2]. Cette ethnologie dont Christian Bromberger a montré les nouvelles échelles, les nouvelles méthodes, les nouveaux concepts[3] déstabilisait l'ordre ancien du musée.

D'abord, même si les travaux de la jeune génération des chercheurs du Mnatp-Cef s'inscrivaient dans ces nouveaux courants de pensée, le laboratoire n'était plus unique dans le paysage institutionnel : plusieurs laboratoires parisiens ou en région témoignaient de la vitalité de l'ethnologie française. Liés à des universités ou à l'École pratique des hautes études (qui devait devenir École des hautes études en sciences sociales, Ehess), ils contribuèrent à la dissociation entre musée et recherche comme au rapprochement entre enseignement et recherche, fabriquant du même coup des ethnologues peu familiers des problématiques muséales.

Ensuite, il devenait évident que le paradigme technologique n'était plus dominant. Si l'on s'intéressait à tel

campagne voisine. *Minot, un village bourguignon,* Paris, éditions de la Maison des sciences de l'homme, 1990 ; cet ouvrage regroupe une série d'articles publiés dans les années 1970 et 1980 sur le village de Minot.

1. Jean-Luc Chodkiewicz, « L'Aubrac à Paris. Écologie d'un migration culturelle », in *L'Aubrac,* tome IV, Paris, Éditions du Cnrs, 1973, p. 197.-276.

2. Colette Pétonnet, *On est tous dans le brouillard, Ethnologie des banlieues,* Paris, Galilée, 1980.

3. *Ibid.*

ou tel phénomène, ce n'était plus dans le cadre d'une ethnologie d'urgence tournée vers des systèmes socio-techniques voués à une disparition rapide. Les recherches prenaient en compte les transformations rapides de la société, sans plus de référence à la « société traditionnelle ».

Enfin, la relation entre recherche et objets, recherche et collecte était fortement remise en cause. On n'allait plus sur le terrain pour récolter des objets et observer des techniques aux fins de muséographie. De plus, les nouveaux domaines ne se prêtaient guère à des collectes : les objets de la parenté (on peut penser à des photos, à tout ce qui touche aux rites familiaux), de la médecine (instruments ou remèdes), du religieux (costumes de confréries, instruments de dévotion) ne disent pas autant de leur domaine qu'une charrue ou un rabot. Bref, ces nouvelles recherches, par vagues successives, ébranlaient la sacro-sainte doctrine de l'« objet-témoin ». Jamais l'exposition d'un trousseau ne fera pénétrer le visiteur dans la complexité d'un système de dévolution des biens, alors que la mise en marche d'un rouet lui permettra de comprendre ce que filer veut dire.

Des conservateurs-ethnologues

On l'a vu, le programme scientifique des Arts et Traditions populaires s'est bâti avec les chercheurs Cnrs, avant et après leur intégration dans la structure du laboratoire associé. Depuis le milieu des années 1950, alors que Rivière se plaignait d'un manque chronique de personnel, quelques postes de conservateurs avaient cependant été attribués au musée. Ceux-ci étaient responsables de secteurs fondamentaux, mais non directement liés à la recherche (mise en place des galeries, inventaire des collections, bibliothèque, secrétariat administratif) ; la plupart d'ailleurs acquirent une compétence d'ethnologue en suivant les cours de Rivière et en s'autoformant, tels Jacqueline Demoinet qui devint spécialiste des cérémonies calendaires, André Desvallées de l'artisanat, Hélène Tremaud des jeux populaires, Michèle Richet de l'esthétique, etc. Mais de conservateurs spécialistes du domaine, il n'en existait point jusqu'à ce que la direction des musées de France mette en place une procédure de recrutement souple. Elle permettait à de jeunes diplômés de l'université en ethnologie ou en histoire de l'art, ayant suivi une série de stages pratiques, d'être inscrits sur la liste dite d'« aptitude aux fonctions de conservateur », préalable au recrutement.

Ainsi, tandis que le laboratoire continuait de s'étoffer avec la venue de jeunes chercheurs (ou de moins jeunes) issus de divers laboratoires Cnrs qui se restructuraient, quelques jeunes conservateurs firent leur entrée au musée-laboratoire. En 1991, il y en avait huit. Leur position était difficile car ils étaient minoritaires. Bien sûr, c'était « leur » musée, mais leur objectif n'était pas clair en regard de la nouvelle définition de l'ethnologie. Certains chercheurs souhaitaient des transformations avec lesquelles ils n'étaient pas d'accord, d'autres semblaient se désintéresser des activités et des collections du musée : des deux côtés, l'idéal fondant le musée-laboratoire était mis à mal.

Comme tous les conservateurs, ils avaient pour mission première d'enrichir et de gérer les collections ; ils étaient responsables des conditions de leur bonne conservation, avec toutes les tâches afférentes. Des acquisitions nouvelles furent réalisées dans les années 1980, ouvrant davantage le musée à l'urbain : boutiques et décors de la rue, artisanat et petites entreprises, monde forain [1]. Mais le stockage de ces collections qui ne cessaient de s'enrichir posait d'épineux problèmes : il fallait

---

1. Martine Jaoul, « Un héritage ou une rupture ? Les collections du musée national des Arts et Traditions populaires aujourd'hui », in *Hommes et société, revue des musées d'anthropologie*, octobre 1990, n° 2.

les répartir dans des annexes à Saint-Riquier et Ajaccio. Dans les conditions financières et administratives d'un musée national, ce n'était pas une mince affaire que la gestion des cent mille objets. Martine Jaoul dut se battre des années avec l'administration centrale pour faire installer des compactus[1] dans les réserves afin de gagner de la place. En tant que musée national, les Arts et Traditions populaires ne disposaient en effet d'aucun budget autonome, ce qui rendait très difficile la gestion de l'établissement en général comme des collections. La Dmf qui avait été si présente dans la phase d'accompagnement final du projet était désormais aux abonnés absents.

Le statut des conservateurs comportait aussi explicitement une mission de recherche – pour autant qu'il leur restât du temps – tournée vers des thématiques appuyées sur des collectes d'objets. Dans le prolongement des enquêtes sur la société traditionnelle, celle-ci s'intéressait par exemple à l'artisanat urbain, au cirque, à la fête foraine, etc. Or ces secteurs n'étaient plus en pointe dans l'ethnologie de la France. Les conservateurs étaient donc doublement en porte-à-faux, vis-à-vis d'une direction muséale qui n'attachait guère d'intérêt à leur travail et vis-à-vis du Cnrs, incarnant la « recherche ».

Certes, les tensions entre les personnels musée et Cnrs n'étaient pas nouvelles. Rivière les évoquait déjà dans son rapport de 1964 : « L'inégalité des contributions risque d'affaiblir l'amalgame que nous avons voulu réaliser, elle rend plus difficile à nos conservateurs et à nos assistants la démonstration de leurs capacités scientifiques, elle peut développer en eux un sentiment de frustration[2]. » Au début des années 1970, il renouvelait son souhait que les chercheurs fussent associés autant que possible aux activités culturelles de l'établissement.

---

1. Meubles mobiles de rangement qui coulissent sur des rails.
2. Archives Atp His. Rapport de 1964.

Il anticipait la rancœur que les conservateurs pourraient ressentir si les chercheurs s'attribuaient exclusivement la part de la recherche, reléguant leurs collègues du musée au simple rang de gestionnaires de collections.

Ces divergences et ces insatisfactions provoquaient des tiraillements au quotidien, signes révélateurs d'un conflit qui fut plus ou moins ouvert selon les périodes (et le point de vue du conservateur en chef), mais demeura latent, pendant la période où Jean Cuisenier assura la double fonction de conservateur et directeur du laboratoire, pour se révéler dans toute son ampleur lorsque les deux fonctions furent dissociées.

La pénurie de conservateurs s'aggrava à partir de janvier 1991 lorsque, au système de la liste d'aptitude qui témoignait des capacités acquises par les postulants lors de leurs stages en musée, fut substitué un concours national pour accéder au nouveau corps des « conservateurs du patrimoine ». « La réforme visait à faciliter la mobilité entre les filières et à rehausser les exigences en termes de formation professionnelle aux nouvelles donnes de la conservation [1]. » Les candidats à la conservation des musées nationaux ou des collectivités territoriales devaient désormais réussir cette épreuve qui ouvrait à l'entrée de l'École nationale du patrimoine, conçue par ses promoteurs pour être une Ena de la culture. Ce fut un véritable désastre pour les ethnologues dont la formation n'avait rien à voir avec les exigences du concours, tout entier tendu vers la sélection d'historiens d'art. Il faudra attendre dix ans pour que la direction de l'École nationale du patrimoine (devenue en 2002 Institut national du patrimoine) accepte d'y introduire des thématiques ethnologiques. Le musée, seul musée national dans son domaine, n'avait dès lors plus aucune chance de recruter des conservateurs, sauf à faire passer certains

---

1. Jacques Sallois, *Les Musées de France*, Paris, PUF, Que sais-je ?, 1998, p. 95.

à travers les arcanes des procédures administratives permettant de changer de corps.

Ce fut donc là une nouvelle catastrophe institutionnelle : ce que l'État lâchait d'une main en matière de patrimoine, il le récupérait de l'autre en contrôlant le recrutement, qu'il s'agisse des conservateurs nationaux ou des personnels de la fonction publique territoriale, créés dans la vague de la décentralisation. Si quelques nouveaux conservateurs rejoignirent les équipes du musée, ce fut pour conforter le clivage avec la recherche, arc-boutés qu'ils étaient sur les collections – ce que d'ailleurs la direction des musées de France, leur direction, leur recommandait. Ils avaient aussi pour responsabilité de faire évoluer le bâtiment. Or, celui-ci, à l'usage, présentait bien des défauts.

Un bâtiment rigide
dans un site mal choisi

Georges Henri Rivière ne voulait pas d'un « temple », en référence aux musées à l'architecture solennelle, quand bien même ceux-ci ne sont pas installés dans d'anciens palais royaux ou sacerdotaux. L'architecture dépouillée de Dubuisson n'échappait toutefois pas à cette mise à distance respectueuse des présentations ; elle la renforçait même : « Les musées ne se contentent pas de ressembler par leur architecture à des temples, écrit Carol Duncan. Ils fonctionnent comme des temples, des mausolées et autres monuments de ce type. Les visiteurs de musée, comme les visiteurs de ces autres sites, acceptent de se placer dans un certain état de réceptivité. Et comme les autres lieux de rites, l'espace muséal est soigneusement dessiné pour susciter une certaine sorte de contemplation et d'apprentissage exigeant une qualité spéciale d'attention [1]. »

---

1. Carol Duncan, « Art museums and the Ritual of Citizenship », in Ivan Karp et Steven D. Lavine (eds), *Exhibiting Cultures. The Poetics and Politics of Museum Display*, Washington and London, Smithsonian Institution Press, 1991, p. 91.

Ces rues rectilignes, ces angles droits, ce traitement géométrique des espaces muséaux surprenaient les visiteurs, les impressionnaient dans une atmosphère qui était à l'opposé de l'esprit de convivialité que Rivière avait souhaité. De plus, les vitrines ne se renouvelaient pas. Dès le début de leur collaboration, Rivière et Dubuisson se faisaient une fierté et un devoir de réaliser un bâtiment flexible : « La flexibilité intérieure correspond à la nécessaire mobilité du programme [1]. » Dans le « Programme de la galerie culturelle [2] », Rivière insistait à nouveau, dès la première page, sur cette caractéristique d'une galerie d'exposition « à structure flexible, offrant au muséologue une totale liberté, une totale variabilité d'expression ». Un an après, il y revenait encore : « Au-delà du rêve du fondateur, et de ce festin de pierre qu'il aura servi à la société, des problèmes nouveaux se poseront, face aux "transformations prévisibles de la France". Et après tout, aussi, parce que toute institution vivante doit évoluer, et qu'il y a loin, très loin, du donjon de Charles V aux cabinets de peinture du musée du Louvre et des gardes de l'un aux gardiens des autres [3]. » Mais, seule, la salle d'exposition temporaire, équipée de cloisons et de vitrines démontables, fut utilisée selon les vœux du fondateur. Chaque nouvelle exposition occupait l'espace différemment au point qu'on pouvait douter que ce fussent les mêmes neuf cents mètres carrés. La conception Rivière d'une muséographie flexible fut donc là parfaitement mise en pratique. Les deux galeries, elles, à l'exception des estampes régulièrement renouvelées (ce qui ne réclamait qu'une manipulation limitée), ne bougèrent pas d'un iota. Il est vrai que leur

---

1. Cf. ci-dessus chapitre 3, la note de Rivière du 11 juin 1950 pour le Conseil économique et social, et le rapport d'Étienne May.
2. Archives Atp Mus. Document sténographie Atp, juillet-décembre 1966.
3. Rapport adressé à Jean Cuisenier en juillet 1967 : « Problèmes nouveaux que le musée, d'après nos vues théoriques, devra traiter dans les vingt prochaines années. »

« flexibilité » était fortement compromise par la lourdeur des matériaux des vitrines. Il ne fallait pas moins de quatre hommes pour les mobiliser. Non seulement elles ne furent jamais démontées, mais les présentations restèrent identiques. Ainsi, dès les années 1980, le visiteur éprouvait un sentiment d'abandon en entrant dans l'obscurité des salles. Les unités écologiques et leurs systèmes audiovisuels se détérioraient en dépit des efforts de certains membres du musée ; les documents vidéo présentés dans les alvéoles de la Galerie d'étude, comme les systèmes de diapositives de la Galerie culturelle, tombèrent en panne définitivement. Un visiteur enthousiasmé par ce qu'il avait vu dans le courant des années 1970 et revenant quinze ans plus tard, ne pouvait qu'être frappé par la dégradation des lieux. Finalement, la Galerie d'étude fut fermée au public en 1998.

L'organisation du bâtiment a renforcé le clivage entre conservation et recherche, installées à des étages différents. La lenteur des ascenseurs permettait les rencontres, ainsi qu'une cafétéria qui fonctionna de façon heureuse autour de quelques cantinières, mères nourricières remontant le moral d'un personnel accablé par l'incertitude des perspectives d'avenir de la « maison ». Parmi ces maux, le bâtiment connaissait aussi des problèmes récurrents d'inondation, d'infiltrations et de défauts dans la climatisation qui empoisonnèrent les relations entre la Dmf, l'architecte et Jean Cuisenier ; celui-ci dut mener une lutte épuisante dans le courant des années 1970 pour éliminer ces malfaçons[1].

De surcroît, l'emplacement dans le bois de Boulogne n'avait pas tenu ses promesses : « Le site choisi est particulièrement favorable, au voisinage de ce beau jardin largement fréquenté par la jeunesse », écrivait Paul Rivet en 1957 au ministre de l'Éducation nationale,

---

1. Amn 6 HH 3. Travaux 1971, 1973, 1975.

M. Billières[1], en défense et promotion du projet. On se souvient que, initialement, le musée avait pour vocation principale de présenter des maisons de plein air, et le Jardin semblait un lieu idéal pour les accueillir. Cet aspect du projet abandonné, l'emplacement semblait moins justifié et ses qualités devenaient ses défauts. Premier reproche, souvent entendu : le musée est loin, il est excentré. À dix minutes à pied d'une station de métro, l'éloignement invoqué est tout relatif, mais néanmoins insistant. Autre grief : les jours d'été, alors que l'affluence est à son comble au Jardin, on ne peut garer sa voiture[2], et d'ailleurs, en été, on n'aime guère s'enfermer dans des galeries noires. Mais on n'aime pas davantage y aller lorsqu'il pleut et qu'il faut se mouiller les pieds. Au-delà de ces raisonnements un peu réducteurs, force est de constater que la liaison entre les activités du musée et le Jardin contigu n'a jamais été réalisée. Les visiteurs qui aperçoivent, du Jardin, sa façade austère surplombant les rocailles rococo de la « Rivière enchantée » s'interrogent sur la nature de ce bâtiment dont la présence semble incongrue dans cet environnement.

L'entrée principale, sur l'avenue du Mahatma-Gandhi (adresse inconnue des chauffeurs de taxi, comme des préposés de la Ratp, ce qui valut de perdre bon nombre de visiteurs dans les années 1970), n'est pas accueillante. Il faut d'abord pousser des portes alourdies par les magnifiques poignées de bois sculptées par Marta Pan[3],

---

1. Archives Atp Mus. Lettre du 5 octobre 1957.
2. Amn U 2 Atp, 1er juin 1957. Note de Dubuisson à propos d'un projet de parking : « Le véritable problème des parkings n'est donc pas celui que pose le musée en projet, mais celui des promeneurs qui vont au bois de Boulogne, champ de courses, pelouse de Bagatelle, roseraie, etc. ; il est peu vraisemblable que les visiteurs du futur musée des Arts et Traditions populaires venus au cours d'une heure déterminée en automobile atteignent une centaine, en comptant deux visiteurs par voiture, cela ne fait guère que cinquante voitures. » Il n'y eut point de parking.
3. Sculptrice hongroise, épouse de l'architecte André Wogenski. Rivière commanda cette sculpture grâce au « 1 % culturel » destiné initialement à Giacometti,

235

puis franchir une seconde porte pour parvenir aux caisses et aux galeries. L'espace fonctionnel n'est guère hospitalier et le restaurant qui avait été prévu dans le hall n'ayant jamais vu le jour, les possibilités de convivialité et de détente sont des plus réduites.

Il y eut bien quelques tentatives d'activités communes avec le Jardin : billet joint, circuit pour les enfants, etc. Mais rien n'y fit. Les familles qui se pressaient au Jardin les fins de semaine printanières et estivales ne fréquentaient pas le musée. Pour les enfants, les manèges avaient bien plus d'attraits. La coupure entre le musée et son environnement local était, dès le départ, un sérieux handicap. On sait désormais que, pour toute création d'institution culturelle, il faut prêter attention à sa population, afin que celle-ci s'approprie l'« outil culturel » en question, et incite ses amis, ses parents à s'y rendre. Ainsi le succès du Centre Georges-Pompidou tient-il en partie au fait qu'il a été adopté par les riverains. On peut, en revanche, s'interroger sur les contacts qui se noueront entre les habitants huppés du VIIe arrondissement et les « arts premiers » des primitifs du quai Branly.

La situation dans le bois de Boulogne n'avait certes pas que des inconvénients. Les membres du personnel jouissaient tous, dans l'ensemble, de bureaux confortables, offrant une vue magnifique sur les frondaisons du bois et le Mont-Valérien d'un côté, et sur la porte Maillot et les quartiers ouest de la capitale de l'autre. Mais ils se sentaient loin du monde de la recherche. L'installation de laboratoires au centre de Paris permettait de fréquentes rencontres, formelles ou informelles, entre chercheurs de diverses disciplines, comme autour de la Maison des sciences de l'homme, creuset de bouillonnement d'idées. Les chercheurs des Arts et Traditions populaires ne sont pas restés à l'écart de ces relations,

---

qui mourut avant de réaliser la statue qui lui avait été commandée. Information André Desvallées.

mais ils avaient le sentiment d'une relégation qui, d'ailleurs, n'était pas seulement géographique : associés au musée, ils étaient souvent qualifiés dédaigneusement de « vieilles dentelles, vieux sabots » par des collègues peu charitables.

Ainsi dans le courant des années 1980, soit moins de dix ans après l'ouverture des galeries, la crise interne commençait à devenir endémique. D'où l'aveuglement sur la désaffection du public, toujours attribuée à des causes mécaniques (manque de moyens, insuffisance du personnel, carcan institutionnel) et l'immobilisme face à l'impérieuse nécessité sinon de les « rénover », tout au moins de transformer certaines sections des galeries.

Avec le recul du temps, on peut être surpris par la rapidité de la transformation du regard sur les présentations. En quelques années, la sensibilité des publics a évolué et le musée, avec ses magnifiques vitrines, a perdu son charme, puisque le nombre de visiteurs a baissé sensiblement. Même le renouvellement d'expositions temporaires de qualité portant sur les sujets les plus divers n'attirait qu'un maigre public – à l'exception de « Crèches et traditions de Noël » (1986) et « Un village au temps de Charlemagne » (1988). Le succès de la fin des années 1970 et 1980, lié en partie à la vague écolo-ruraliste [1], s'est brisé quelques années plus tard sur les effets de la désindustrialisation et de la nostalgie patrimoniale.

LE MOUVEMENT DU PATRIMOINE ET SES MUSÉES

Un nouveau contexte social et culturel

Nul besoin ici de rappeler comment le patrimoine est passé du domaine juridique au domaine culturel. Si l'on s'en tient à l'émergence des associations de patri-

---

1. Rappelons le succès du numéro d'*Autrement* : « Avec nos sabots », juin 1978, n° 14.

moine[1] en tout genre, on voit que ce mouvement correspond à ce qu'Henri Mendras[2] a nommé la seconde révolution française. La modernisation considérable des infrastructures de la France (autoroutes, téléphone, trains), les progrès du confort domestique, l'augmentation du niveau de vie, la profonde transformation des mœurs, ou encore l'homogénéisation culturelle ont, paradoxalement, conduit à la renaissance des cultures, des langues régionales, avec des conflits identitaires parfois violents. Maurice Agulhon a bien résumé la situation : « En 1914, les Français étaient *unis* dans une conscience nationale et *divers* dans les comportements culturels, alors qu'aujourd'hui, ils sont *divers et divisés* par rapport au national, mais *plus unis* dans les comportements culturels[3]. » Les migrations, la réurbanisation ont engendré un sentiment de perte d'identité qui s'est manifesté au plan individuel et familial avec le développement exceptionnel de l'activité généalogique, et, au plan collectif, avec la mise en valeur du patrimoine local.

Après cette période ininterrompue de développement économique et de modernisation rapide, qu'on a appelée les « Trente Glorieuses », la France a éprouvé une sorte de « gueule de bois » collective, bien différente dans son esprit du mouvement soixante-huitard, survenu, lui, dans un contexte de dynamisme économique. La paysannerie traditionnelle avec ses petites exploitations tournées vers les marchés locaux achevait de disparaître au profit d'une agriculture insérée dans le capitalisme des industries agro-alimentaires. La nostalgie d'une civilisation et d'un temps qui courait de l'an mil à 1960 explique les incroyables succès de librairie que

---

1. Hervé Glevarec et Guy Saez, *Le Patrimoine saisi par les associations*, Paris, La Documentation française, 2002.

2. Henri Mendras, *La Seconde Révolution française, 1965-1984*, Paris, Gallimard, 1988.

3. Maurice Agulhon, « La fabrication de la France, problèmes et controverses », in Martine Segalen (dir.), *L'Autre et le Semblable*, Paris, Presses du Cnrs, 1989, p. 120.

furent alors *Le Cheval d'orgueil* (plus d'un million d'exemplaires vendus) qui racontait les « Mémoires d'un petit Breton bigouden », ou encore *Montaillou* parlant du quotidien d'une société médiévale d'Occitanie[1]. Après l'agriculture traditionnelle, les concentrations économiques ont également fait disparaître brutalement une grande partie du tissu industriel, très délocalisé en France en comparaison avec la situation en Angleterre. Des entreprises implantées en région durent, dans un premier temps, réduire considérablement leur main-d'œuvre, puis fermer : il en alla ainsi des entreprises textiles du nord de la France, des conserveries de la Bretagne occidentale, des mines du Nord et de l'Est, des aciéries de Lorraine, de grandes entreprises comme Schneider au Creusot qui avait servi toute l'Europe en canons, etc. Ne devait-on pas aussi en garder les traces matérielles ? Ne s'agissait-il pas aussi d'un patrimoine national ?

Dans le même temps, durant la décennie 1970-1980, une profonde remise en cause des structures institutionnelles avait lieu, conduisant à une nouvelle logique administrative du territoire. Elle était marquée par la décentralisation et la déconcentration, avec la création des Drac, Directions régionales de l'action culturelle, qui sont des antennes de l'État dans les régions, tandis que les collectivités territoriales développaient aussi leurs propres administrations culturelles.

Naissance du « patrimoine ethnologique »

Le terme de patrimoine, avec toutes ses ambiguïtés, et à cause d'elles, a connu un succès considérable. Il a été utilisé dès les années 1930 dans les institutions qui ont précédé l'Unesco et l'Icom mais est resté longtemps

---

1. Per Jakez Hélias, *Le Cheval d'orgueil*, Paris, Plon, Terre Humaine, 1975 ; Emmanuel Le Roy Ladurie, *Montaillou, village occitan*, Paris, Gallimard, 1975.

cantonné au champ « artistique » ou « national ». Petit à petit, il a pris la connotation d'un patrimoine « culturel » appartenant à l'humanité tout entière[1] et, à partir des années 1960, se répandit au niveau administratif[2]. Rivière, lui, l'employait sans qualificatif, évoquant par exemple dans un rapport devant le groupe « monuments historiques » du Ve plan : « un patrimoine en péril : la maison rurale traditionnelle[3] ». Plus tard le patrimoine, devenu « ethnologique », a connu un succès – curieusement concomitant avec le déclin des Arts et Traditions populaires.

Dans les années 1970, la notion de patrimoine revêtait encore le sens du terme anglais *Heritage*, inspiré de la connotation familiale : il s'agissait des biens qui se transmettent, en fonction des dispositions législatives adoptées, d'une génération à l'autre, au sein de chaque famille. Mais si, dans le cas des particuliers, les biens à transmettre concernent une totalité, des biens immobiliers jusqu'aux objets du quotidien les plus humbles, dans le cas d'un patrimoine local ou régional, une sélection doit forcément s'opérer au profit d'un objet, d'un lieu, d'une institution. Ainsi conservés, ces objets permettent à la collectivité concernée de se retrouver autour d'une identité réelle ou reconstruite. Chaque groupe humain doit naviguer entre la hantise de l'oubli, le devoir de mémoire, et l'invention de la tradition. Les associations se mirent ainsi en devoir de protéger, collecter, rassembler les traces du passé populaire qui joue donc un rôle clé dans cet ensemble de discours et de pratiques en légitimant la montée du patrimoine[4].

---

1. Formule utilisée à la cinquième session de la Conférence générale de l'Unesco. André Desvallées, « Émergence et cheminements du mot patrimoine », *Musées et Collections publiques de France*, n° 208, 1995, 3, p. 13.

2. André Desvallées, « Émergence et cheminements du mot patrimoine », *Musées et Collections publiques de France*, 208, 1995, 3, p. 6-9.

3. *Ibid.*, p. 19.

4. Arjun Appadurai, 1981, « The Past as a Scarce Resource », *Man*, 16, p. 201-219.

Le mouvement du patrimoine ethnologique est d'abord venu de la société française au prix d'un élargissement considérable de la notion. Les monuments incarnant l'identité de la France n'étaient plus seulement les cathédrales et les châteaux, mais aussi les modestes maisons témoignant de l'art de la construction sans architecte, les ateliers et, plus généralement, toutes les traces laissées dans l'espace par les cultures locales disparues dont les Français, devenus modernes et semblables, avaient soudain la nostalgie. Cet intérêt pour un passé dépassé ou menacé, soutenu par des associations dynamiques, a fait sortir le patrimoine de sa gangue des Beaux-Arts. En font partie le moulin comme le four communal, les mines ou encore l'immense lavoir à charbon, témoin de l'architecture industrielle en béton des années 1930, qui a fonctionné jusqu'en septembre 1999 et que la communauté urbaine du Creusot-Montceau-les-Mines espère voir transformé en musée [1].

Quelle institution mieux qu'un « musée » pouvait incarner ce nouveau mouvement social ? Le politique, à travers son ministère de la Culture, ne pouvait l'ignorer et allait l'instrumentaliser. Mais comment le soutenir ? Pouvait-on multiplier ces musées à l'infini ? La politique du patrimoine, amorcée par le ministère Lecat avec son directeur Christian Pattyn, s'est développée, sous les gouvernements de gauche comme de droite, à travers les deux ministères Lang (1981-1986 et 1991-1993) et Léotard-de Villiers (1988-1990). Une longue série de colloques, rencontres, entretiens qui animèrent de riches

---

1. Il s'agit d'un complexe industriel de taille considérable qui a cessé de fonctionner en septembre 1999, dit le « lavoir de Chavannes », témoin d'une architecture industrielle intéressante comme d'une activité économique aujourd'hui quasiment éteinte. La communauté urbaine du Creusot-Montceau-les-Mines tente d'intéresser l'Europe au projet de patrimonialisation de ces lieux. On estime qu'il faudrait déjà quatre millions d'euros pour remettre ledit lavoir en sécurité, pour permettre sa visite, en dehors de tout aménagement !

débats fut ouverte par le rapport de Max Querrien[1] en 1982 : l'auteur y distingue plusieurs secteurs prioritaires du patrimoine, dont celui de l'ethnologie. La tension politique, selon l'alternance droite-gauche, va porter sur le rôle respectif de l'État et des collectivités territoriales et locales pour sa protection et sa mise en valeur, notamment à travers les nouveaux musées qui se répandent sur le territoire. Ce faisant, la situation du musée national, seul à dépendre de l'État, va être évaluée à l'aune des nouvelles institutions dépendant d'associations, de villes, de départements ou régions. Et ce ne sera pas en sa faveur.

NOUVEAUX MUSÉES, NOUVELLES RECHERCHES

Les musées de société

Dans les années 1960, les politiques commencèrent à s'intéresser à la protection des milieux naturels et aux questions soulevées par la notion de territoire fragile. Aux Journées de Lurs en 1966, fut défini le concept de parcs régionaux que la Datar (Délégation à l'aménagement du territoire) fut chargée de mettre en œuvre. Inventé au printemps 1971 par Hugues de Varine-Bohan (lors d'un déjeuner avec Rivière et Robert Poujade, ministre de l'Environnement en 1970-1971), le terme d'écomusée semblait répondre aux défis contemporains : « Écologie naturelle et écologie humaine tendent à se compénétrer, voire à se confondre, autour notam-

---

1. Max Querrien, *Pour une nouvelle politique du patrimoine*, Paris, La Documentation française, 1982. La rancune étant tenace, l'auteur se débrouilla pour évoquer les musées d'ethnologie française et notamment les écomusées sans citer le nom de Rivière. En effet l'opposition entre les deux hommes était vive, alors que Max Querrien occupait le poste de directeur de l'Architecture dans les années 1960 au ministère de la Culture. À la suite d'une réunion à l'atmosphère tendue, Rivière l'avait surnommé « Querrien, moins que rien », selon son habitude des jeux de mots, parfois douteux ou blessants.

ment de nos jours de graves et urgents problèmes concernant le sort de toute l'humanité, tels que l'épuisement des ressources naturelles et minérales, la pollution, la croissance industrielle ou démographique continue[1]. »

L'« écomusée » était une version française des musées de plein air de Scandinavie ou d'Europe centrale, fondée sur le refus d'arracher à leur environnement les maisons rurales[2]. Alors que dans l'esprit de ses promoteurs le terme renvoyait à l'écologie humaine et aux relations dynamiques que l'homme et la société avaient bâties, il connut, à la faveur d'un malentendu, un succès foudroyant dans les années « écolo » de la décennie 1975-1985. Représentatif de la « nouvelle muséologie », soucieuse de pédagogie, ouvert au plus grand nombre, l'écomusée devait assumer un rôle social, être au service de la société et de son développement. Il n'était plus question de présenter des trésors confisqués ou soustraits à leur environnement, mais de donner à connaître et à comprendre des cultures. L'écomusée, « musée du temps et musée de l'espace » d'une société, devait être, selon la formule célèbre et si souvent citée, un miroir offert à tous, un « instrument qu'un pouvoir et une population conçoivent, fabriquent et exploitent ensemble, [...] un miroir où cette population se regarde, où elle recherche l'explication du territoire auquel elle est attachée, jointe à celle des populations qui l'ont précédée, [...] un miroir que cette population tend à ses hôtes pour s'en faire mieux comprendre[3] ».

Le premier écomusée fut créé en Bretagne dans le parc d'Armorique, auquel était rattaché l'écomusée

---

1. Georges Henri Rivière, « Rôle du musée d'art et du musée de sciences humaines et sociales », *Museum*, XXX, 1973, p. 26-43.

2. « Un nouveau type de musée : les écomusées », in *La Muséologie selon Georges Henri Rivière*, Paris, Dunod, 1989, p. 140-168.

3. « Définition évolutive de l'écomusée », 22 janvier 1980, in *La Muséologie selon Georges Henri Rivière*, Paris, Dunod, 1989, p. 142.

d'Ouessant. Vinrent ensuite l'écomusée de la Grande Lande de Marquèze et celui du Creusot, fort différents l'un de l'autre. Le premier, en liaison avec la création du parc régional, reconstituait le quartier de Sabres, tel qu'il fonctionnait à la fin du XIXᵉ siècle, avec une économie d'élevage et de polyculture[1]. Il ne fut pas fondé selon les principes canoniques du genre, par l'initiative de la population, mais par celle de l'État, contre la volonté des habitants qui, longtemps, refusèrent de se reconnaître dans ce miroir. En effet, Marquèze, dans sa forme écomuséale, mettait en scène un temps de souffrance pour ses habitants, mi-paysans, mi ouvriers-gemmeurs[2]. Après la crise économique qui avait annihilé toute l'activité liée à l'exploitation du pin des Landes, la population locale aurait de beaucoup préféré l'ouverture d'une usine offrant de l'emploi local aux jeunes à un musée évoquant la rudesse des temps passés. Il faudra bien vingt années pour que les gens du pays, surpris de l'intérêt des étrangers pour le musée, acceptent de s'y identifier et se réconcilient avec lui.

À l'inverse, l'écomusée du Creusot était le produit d'un mouvement de protection du patrimoine pris en charge par les acteurs sociaux eux-mêmes, témoins d'une activité industrielle révolue (ici les usines Schneider)[3]. « Le musée n'a pas de visiteurs, il a des habitants[4] », disait à son sujet Hugues de Varine. La formule fut en effet poussée à

---

1. Marc Casteignau et Francis Dupuy, « L'écomusée de la Grande Lande », *Géographie et Cultures*, 16, 1995, p. 31-44.
2. Francis Dupuy, *Le Pin de la discorde*, Paris, éditions de la Maison des sciences de l'homme, 1996.
3. Tout au moins dans sa seconde période ; la première, sous la direction de Marcel Evrard et d'Hugues de Varine, fut marquée par une agitation d'idées permanente autour d'un écomusée dont la renommée était liée à l'activité de ses colloques sur le patrimoine industriel. La liquidation des usines Schneider, en 1983, coïncide avec la crise de l'écomusée. À partir de 1988, il s'oriente vers une formule muséale plus classique. Octave Debary, *La Fin du Creusot ou l'art d'accommoder les restes*, Paris, éditions du Cths, 2002.
4. Hugues de Varine, « Un musée "éclaté" : le musée de l'Homme et de l'Industrie, Le Creusot-Montceau-les-Mines », *Museum*, 1973, 25.

l'extrême, abolissant les frontières entre le musée et le monde social. La population était un partenaire, le musée se voulait « communautaire », fondé sur l'initiative citoyenne, comme le revendiquait le mouvement « Muséologie nouvelle et expérimentation sociale »[1].

La fermeture des usines, qui avait mis nombre d'hommes et de femmes au chômage, faisait aussi disparaître les savoir-faire et les cultures qui y étaient attachées. Le musée, alors, n'exprimait pas la nostalgie d'un passé décomposé, mais la volonté de préserver ces cultures ouvrières menacées par l'oubli. Le musée se voulait militant. Cette conception du patrimoine rencontrait l'archéologie industrielle et s'inscrivait parfaitement dans la présentation muséale nouvelle, soucieuse de donner une vision positive du passé et de rappeler le labeur, la peine et le savoir-faire des hommes sur leurs machines. Au fil des années, outre leur fonction de mémoire collective, certains de ces musées sont devenus des centres de culture scientifique, technique et industrielle.

Qu'ils concernent des activités artisanales, industrielles ou rurales, les écomusées connurent un succès considérable. Si la décennie 1880 fut celle du développement des musées d'art, la décennie 1980-1990 fut celle des musées de patrimoine. Près de cinq cents furent créés à travers tout le territoire. On chercha un nom générique susceptible d'englober leur diversité et de fédérer aussi bien le Musée dauphinois que celui des Textiles à Mulhouse, celui de Fourmies-Trélon (consacré à la filature et l'industrie du verre) que celui de Grasse (parfumerie), etc. En effet, si la première vague des écomusées avait une assise territoriale, d'autres s'étaient spécialisés autour d'une activité technique. D'où ce nom de « musée de société[2] », suffisamment vague pour couvrir cette

---

1. Cf. les deux volumes de *Vagues, une anthologie de la nouvelle muséologie*, Mâcon, éditions W. Mnes, 1992, 1994, qui exposent les nouvelles conceptions d'une muséographie « au service de la société dans son ensemble ».

2. Emilia Vaillant explique que ce terme « met l'accent sur une démarche

diversité et sous l'égide duquel une fédération fut créée qui finit par regrouper près d'un millier d'établissements. Selon Roland Arpin, fondateur du musée de la Civilisation à Québec : « Ces écomusées n'ont jamais vraiment fait consensus chez les muséologues, mais une certaine audace dont ils ont su faire preuve, leur évident souci d'explorer des voies nouvelles ont souvent forcé leurs détracteurs eux-mêmes à évoluer vers une plus grande préoccupation à l'endroit des publics. Musées rebelles, sans doute, mais également agents de changement, tels ont été les écomusées encore tenus pour suspects, mais néanmoins actifs et présents dans le vaste réseau des musées du monde [1]. »

Toutes proportions gardées, la comparaison entre le musée national et les musées de société rappelle les oppositions que James Clifford a proposées entre ce qu'il nomme les *majority museums* et les *minority museums*. Les premiers présentent les plus « beaux » objets, les plus « authentiques », les plus « représentatifs » d'une culture. Leur collection constitue le trésor d'une ville, voire d'une nation. Par opposition, les seconds reflètent davantage les luttes, les exclusions et invitent à questionner une histoire linéaire et unifiée en mettant en lumière une histoire locale spécifique qui refuse de se fondre dans une collectivité nationale. À l'aune de cette comparaison, fondée sur l'analyse des musées présentant des collections traitant des cultures amérindiennes de la côte

---

commune » ; il est choisi pour « rassembler les musées qui partagent le même objectif : étudier l'évolution de l'humanité dans ses composantes sociales et historiques, et transmettre les relais, les repères pour comprendre la diversité des cultures et des sociétés », in « Les musées de société en France. Chronologie et définition », *Musées et Sociétés, actes du colloque Mulhouse Ungersheim, juin 1991. Répertoire analytique des musées. Bilans et projets 1983-1993*, ministère de l'Éducation et de la Culture, direction des musées de France, inspection générale des Musées, 1993, p. 37.

1. Roland Arpin, « Plaidoyer pour des musées au service de la société », allocution prononcée au colloque Muséologie et Environnement, le 6 décembre 1990, Lyon, ronéo, p. 19.

Ouest du Canada[1], la discontinuité entre le musée des Arts et Traditions populaires et les écomusées apparaît encore plus frappante.

Une nouvelle politique pour la culture patrimoniale

L'extension patrimoniale a été vivement critiquée par certains. Ainsi Marc Guillaume[2] estime que l'État patrimonial s'est substitué à l'État providence, et qu'au culte de la modernité a succédé celui de la mémoire et du territoire, manifeste tant dans le mouvement muséal que dans l'engouement pour les commémorations. Jean-Michel Leniaud[3], lui, critique la démission de l'État, qui, en acceptant l'élargissement de la notion de patrimoine et en transférant aux collectivités locales le pouvoir de désigner ce qu'est le patrimoine, contribue à la multiplication de mémoires partielles au détriment d'une mémoire nationale.

Au niveau national, dans le sérail des Beaux-Arts et de la haute administration de la culture, la multiplication de ce genre d'établissements n'était guère appréciée. Édouard Pommier, dans un article du *Débat*, dénonça leur « prolifération ». Il s'insurgeait contre ce qu'il considérait comme un détournement du terme « musée » et exprimait son mépris d'historien d'art pour ces musées du « bouchon, carton ou fer à repasser ». Selon lui, l'usurpation du nom permettait de faire appel à l'État pour n'importe quoi. Or celui-ci ne devait pas répondre favorablement à toutes ces sollicitations.

---

1. James Clifford, « Four Northwest Coast Museums : Travel Reflections », in Ivan Karp et Steven D. Lavine (eds), *Exhibiting Cultures. The Poetics and Politics of Museum Display*, Washington and London, Smithsonian Institution Press, 1991, p. 225-226.
2. Marc Guillaume, *La Politique du patrimoine*, Paris, éditions Galilée, 1980.
3. Jean-Michel Leniaud, *L'Utopie française. Essai sur le patrimoine*, Paris, éditions Mengès, 1992.

Une faiblesse que Pommier imputait au courant socialiste[1].

Petits ou grands, de statuts divers, ces musées de société irritaient une direction des musées de France qui n'avait aucun pouvoir direct sur eux, mais qui dut, *volens nolens*, les prendre en considération[2].

En effet, l'État ne pouvait négliger ces musées dont le succès allait croissant, en regard du déclin de celui qui lui appartenait. Le musée des Arts et Traditions populaires a donc très directement pâti des réflexions qui entourèrent les succès de ces établissements.

L'année 1991 marqua l'apogée des musées de société avec un colloque organisé, sous l'égide du ministre de l'Éducation et de la Culture Jack Lang, en juin 1991 à Mulhouse et Ungersheim[3]. À cette occasion fut dit publiquement ce que tout le monde disait en privé, à savoir que le Mnatp avait vieilli. Jacques Sallois, directeur des musées de France, le redit dans son avant-propos à l'ouvrage issu du colloque : « L'État doit aussi, comme il le fait avec plus ou moins d'efficacité dans d'autres domaines, soutenir des institutions nationales de référence. On peut certes regretter que cette décennie, qui

---

1. Édouard Pommier, « Prolifération du musée », *Le Débat*, 65, mai-août 1991, p. 144-149.

2. C'est presque avec regret qu'un des détracteurs de la notion de patrimoine observe : « Dans les années soixante-dix, la direction des musées de France s'inquiétait de la prolifération de musées d'un genre nouveau que venaient lui proposer les associations locales : ils risquaient à la fois de brouiller l'image traditionnelle que l'on avait des musées des Beaux-Arts, mais aussi d'entrer en concurrence au point de vue des ressources publiques. Mais elle n'a pu l'enrayer et la France s'est couverte d'une multitude de collections touchant l'ethnologie, l'anthropologie, les mondes industriels maritime et rural qui ont toutes pris le mot "musée" pour se désigner. » Jean-Michel Leniaud, « L'État, les sociétés savantes et les associations de défense du patrimoine : l'exception française », *Revue administrative*, 295, avril 1997, p. 13.

3. À Mulhouse, lieu de plusieurs musées classiques des techniques et à l'écomusée d'Ungersheim alors en plein succès. Publication : *Musées et Sociétés, actes du colloque Mulhouse Ungersheim, juin 1991. Répertoire analytique des musées. Bilans et projets 1983-1993*, ministère de l'Éducation et de la Culture, direction des musées de France, inspection générale des Musées, 1993.

a tant entrepris pour les grands musées de beaux-arts appartenant à l'État, n'ait pas pu engager le même effort pour son musée national des Arts et Traditions populaires [...] Chacun voit pourtant que la vitalité, l'imagination et l'audace sont d'abord, au cours de la dernière période, venues de nos provinces[1]. »

Ce qui avait été célébré comme la pointe de la modernité encore vingt ans auparavant apparaissait brutalement dépassé par les nouvelles institutions. Tous les atouts qui faisaient défaut au musée national, les musées de société en disposaient : des structures relativement souples et réactives ; une ouverture à l'interdisciplinarité ; de nouvelles thématiques. Refusant de s'enfermer dans l'ethnologie, ils étaient aussi des musées d'histoire et/ou de techniques en prise avec leur environnement immédiat, humain, naturel et politique et ils traitaient de thèmes que Georges Henri Rivière et Claude Lévi-Strauss avaient volontairement écartés, mais qui avaient ressurgi dans les années postérieures aux Trente Glorieuses comme les cultures et les identités régionales, la mémoire ou l'écologie. De plus, une nouvelle doctrine muséographique, issue des idées de 1968, entendait se mettre au service des communautés en évitant l'élitisme et les modes de présentations accessibles seulement aux gens éduqués. Critique difficile à entendre au vu de ce qu'avait été le projet Rivière. Mais celui-ci était mort et enterré, et à cette aune on pouvait stigmatiser le décalage entre le musée des Arts et Traditions populaires et les sensibilités nouvelles des publics.

Pour opposer le dynamisme des uns à la pesanteur de l'autre, la direction des musées de France se fondait sur la chute du nombre des visiteurs du musée national. Comment des musées de société, bien plus jeunes et moins dotés en moyens publics, pouvaient-ils accueillir trois cent mille visiteurs, tel l'écomusée d'Ungersheim,

---

1. *Ibid.*, p. 14, avant-propos de Jacques Sallois.

alors que le Mnatp végétait avec seulement soixante-dix mille visiteurs annuels ? La comparaison n'était guère honnête étant donné la différence de statut, d'objet, de situation, d'ancienneté des deux institutions, mais elle était sans cesse reprise, y compris dans les médias. Les années patrimoine furent ainsi très douloureuses pour les Arts et Traditions populaires du côté de la muséographie. Mais la recherche n'échappa pas davantage à la critique.

La mission du Patrimoine ethnologique

La mission du Patrimoine ethnologique, petite division de la direction du Patrimoine, fut créée en 1979, sous la présidence de Valéry Giscard d'Estaing. Elle est issue d'un rapport intitulé « L'ethnologie de la France, besoins et projets[1] », largement inspiré par Isac Chiva qui fut un temps membre du musée des Arts et Traditions populaires aux côtés de Marcel Maget, puis à partir de 1960 directeur adjoint du Laboratoire d'anthropologie sociale, dirigé par Claude Lévi-Strauss. En tant que président de la Société d'ethnologie française en 1978, il avait rédigé des « Propositions pour un programme » développant des visions ambitieuses pour l'ethnologie, en matière de recherche et d'enseignement[2]. Toutefois, l'estimable société savante ne disposait d'aucun moyen pour mettre en œuvre un tel programme, contrairement à la mission du Patrimoine ethnologique soutenue sous les septennats de Mitterrand et dont les moyens furent considérablement renforcés sous le premier ministère Lang. Elle prit donc volontairement le relais du centre scientifique qu'avaient été les Arts et Traditions populaires jusque dans les années 1980, comme en témoigne

---

1. Rapport présenté par Robert Benzaïd, ministère de la Culture et de la Communication, 1979.
2. « Propositions pour un programme », bulletin de la Société d'ethnologie française, 1978, 4, *Ethnologie française*, 8, 4, octobre-décembre 1978, p. 372-378.

ce propos du ministre qui présida à sa fondation, Jean-Philippe Lecat : « La mission du Patrimoine ethnologique, créée en 1978 dans le cadre de la *nouvelle* direction du patrimoine, était une vraie innovation. Elle avait pour objectif de *pérenniser* – en la dépassant – l'intuition géniale de l'inventeur des Atp – musée de Paris et plusieurs écomusées – en orientant vers la *recherche* le dynamisme des institutions et l'appétit du public [1]. »

Une cellule de réflexion constituée de chercheurs de divers laboratoires remplit un rôle essentiel que ni le musée, ni le Cnrs, dans ses commissions compétentes ne pouvaient jouer. Isac Chiva conféra au terme de patrimoine la valeur d'un concept opératoire [2], en le définissant comme une dimension de la recherche ethnologique œuvrant à la connaissance des cultures et des sociétés, dans toutes leurs productions matérielles ou intellectuelles. Sous les auspices d'une politique de la recherche, la mission réfléchit donc aux conditions d'une ethnologie moderne et lança des appels d'offres pour des programmes de recherche innovants dont les meilleurs travaux furent publiés dans sa revue *Terrain* ou des ouvrages qui connurent pour la plupart un grand succès : la parenté, les migrations, les identités, les cultures régionales, les paysages, le corps et l'apparence, le sport, les espaces intermédiaires, la consommation, etc. On observe donc au début des années 1980 « l'enrôlement explicite d'une discipline scientifique dans un dispositif de l'État patrimonial [3] ». Grâce à une administration vigilante, les travaux se prêtaient de nouveau à des réflexions cumulatives et à des synthèses, conformes à l'ambition de l'anthropologie. Dotée de budgets non négligeables, la mission fit preuve d'un dynamisme

---

1. Lettre de Jean-Philippe Lecat du 29 avril 2004, archives personnelles M.S.
2. Isac Chiva, « Le patrimoine ethnologique : l'exemple de la France », *Encyclopaedia Universalis*, symposium 1990, p. 229-241.
3. Jean-Louis Tornatore, « La difficile politisation du patrimoine ethnologique », *Terrain*, mars 2004, p. 149-160.

remarquable et contribua, par ses colloques nationaux et internationaux, à donner un statut de premier ordre à l'ethnologie de la France. Le succès de la mission a donc contribué à institutionnaliser le terme de « patrimoine ethnologique », très peu utilisé jusqu'alors, y compris par Rivière.

Le Cef avait perdu la main en ce qui concernait la coordination des recherches en matière d'ethnologie de la France. Il n'en avait d'ailleurs pas les moyens puisque son budget couvrait uniquement les dépenses du laboratoire. Certes le Cnrs n'a jamais désavoué ses chercheurs et leurs travaux, bien au contraire, le laboratoire a été renouvelé à chaque étape quadriennale sans difficultés. Mais le fonctionnement du comité national du Cnrs, au sein de sa section de spécialistes[1], ne permettait nullement de mettre en œuvre ne serait-ce qu'une réflexion sur l'ethnologie de la France, puisque celle-ci n'occupait qu'un strapontin à côté de l'ethnologie « exotique ». C'est ainsi que la crise du musée-laboratoire n'a jamais été gérée conjointement par ses deux institutions de tutelle, le Cnrs se contentant d'observer de loin les aléas et les vicissitudes de la maison qui hébergeait ses chercheurs. Pour les Arts et Traditions populaires la potion était d'autant plus amère à boire que cette mission qui lui faisait tant d'ombre était abritée au sein de la même tutelle, le ministère de la Culture.

---

1. Les laboratoires du Cnrs étaient alors évalués tous les deux ans par une commission de spécialistes de la discipline ; l'ensemble de ces commissions constitue ce qu'on nomme le « comité national ».

7

La chute de la Maison Rivière[1]

En 1987, le musée avait célébré son cinquantenaire par un important colloque qui avait été salué, y compris dans la presse, comme un succès[2]. Mais les difficultés devenaient de plus en plus sensibles. Elles ont débouché sur une crise ouverte et publique lorsque Jean Cuisenier, d'abord contraint par les règlements du Cnrs à céder la direction du laboratoire de recherches en 1986[3], abandonna, trois années après, la conservation du musée. Les aléas de sa succession, côté musée (cinq conservateurs en six ans), révélaient l'absence de pilote et de projet. Le musée et le laboratoire non seulement ne travaillaient plus en synergie, mais n'avaient plus d'objectifs communs.

Si le Cnrs avalisait le travail des chercheurs, du côté de la Dmf les coups de semonce étaient rudes. À la fin de l'année 1990, on l'a vu, elle s'inquiétait de la chute du nombre des visiteurs : 100 000 en 1982, 90 000 dont seulement 27 000 payants en 1985, 66 000 dont 20 000 entrées payantes en 1990. Il était clair, comme l'écrivait

---

1. Titre de l'article d'Emmanuel de Roux, *Le Monde*, 9 janvier 1992.
2. *L'Autre et le semblable. Regards sur l'ethnologie des sociétés contemporaines*, textes rassemblés et introduits par Martine Segalen, Paris, Presses du Cnrs, 1989. La totalité des communications a été présentée dans les actes du colloque *Anthropologie sociale et ethnologie de la France*, sous la direction de Martine Segalen, Louvain, Peeters, 1989.
3. Selon les règlements du Cnrs, un directeur de laboratoire ne pouvait effectuer plus de trois mandats de quatre ans ; or Jean Cuisenier était directeur du Cef depuis 1968.

alors une journaliste que « les Arts et Traditions populaires étaient passés de mode[1] ».

Le contexte s'était ainsi complètement transformé en l'espace d'une dizaine d'années. Le public s'était précipité pour visiter ce premier musée national ouvert après la guerre, salué comme une réalisation exceptionnelle tant architecturale que muséale. Le musée avait ensuite bénéficié de la vague écologiste et néo-rurale des années 1970. Puis, à Paris comme en province, le contexte avait rapidement évolué. Parisiens et touristes découvraient les nouveaux musées, Beaubourg, Orsay, la Villette, en attendant un Louvre transfiguré par la pyramide de Pei. La vague écologiste faisait tache d'huile en région, avec la création foisonnante des nouveaux musées plus ou moins inspirés du modèle parisien. Tous lui faisaient donc concurrence.

Aux yeux de la Dmf, la maison coûtait trop cher lorsqu'on alignait les coûts de fonctionnement en face des rentrées financières et elle ne remplissait plus son rôle.

LA CRISE DES GRANDS MUSÉES D'ETHNOLOGIE

Le musée des Atp n'était pas le seul en difficulté au début des années 1990. La plupart des grands musées nationaux se réclamant de l'ethnologie traversaient une crise identique. Le musée des Arts d'Afrique et d'Océanie, le musée de l'Homme apparaissaient, eux aussi, comme des institutions poussiéreuses ayant perdu la faveur des visiteurs.

Comparant le « projet immense » de Rivet et Rivière pour le musée de l'Homme avant la guerre afin de lui donner un rôle « scientifique, éducatif, populaire, artistique et national » et « son échec intellectuel d'après la

---

1. Florence Monteil, « Les Arts et Traditions populaires passés de mode », *La Croix,* 17 novembre 1991.

guerre, sa somnolence et son incapacité à utiliser ses collections amassées », Élise Dubuc parle du « boulevard des rêves brisés [1] ».

Mais si le musée des Atp comme musée central et national n'était pas le seul à souffrir de désaffection, celle-ci avait surpris par sa rapidité. Il n'avait pas la même ancienneté que les deux autres. Porté aux nues jusqu'au milieu des années 1980, il avait été ensuite vigoureusement critiqué dès le début des années 1990. La direction des musées restait sourde aux demandes de crédits qui étaient nécessaires pour faire fonctionner l'établissement alors que de coûteuses machines muséales voyaient le jour.

En mai 1990, Jacques Sallois, nommé directeur des musées de France, entreprit de le sortir de sa torpeur. Il avait été, entre 1981 et 1984, directeur du cabinet de Jack Lang, alors ministre de la Culture (premier ministère) et il connaissait bien le musée des Atp pour s'être inquiété de l'avancement du chantier dans les années 1970, alors qu'il était jeune auditeur à la Cour des comptes [2]. Un bâtiment dont il n'appréciait guère l'architecture qui se bornait selon lui à « une boîte noire pour les collections et une tour de verre pour les bureaux [3] ».

Décidé à mener une action énergique, il put compter sur les journalistes et notamment Emmanuel de Roux, du *Monde*, dont les articles soulignaient la décadence du musée et contribuaient à l'accélérer dans l'esprit du public et des décideurs. L'administration centrale, longtemps chiche en crédits et en postes et l'empêchant par là même de remplir ses missions, faisait soudain preuve de sollicitude dans la perspective d'une refondation, valorisante pour les décideurs du secteur culturel. Ainsi

---

1. Élise Dubuc, « Le futur antérieur du musée de l'Homme », *Gradhiva*, 24, 1998, p. 77.
2. Dans un entretien avec Jacques Sallois le 5 avril 2004, celui-ci parle d'« échecs architecturaux », se remémorant les serpillières posées devant les vitrines en 1972, en raison d'une fuite du toit.
3. Jacques Sallois, *Les Musées de France*, Paris, PUF, Que sais-je, 1998, p. 104.

vont les choses : avec tambours et trompettes, l'État culturel aime à créer des institutions prestigieuses, puis s'en désintéresse aussi vite lorsqu'il s'agit de les accompagner dans la durée par des crédits de fonctionnement.

Quelques mois après sa nomination, Jacques Sallois accordait une interview à Emmanuel de Roux, titrée « Les musées meurent aussi [1] », selon les mots mêmes du directeur. Constatant l'engouement remarquable du public pour les musées en général, musées de beaux-arts comme musées de société, Jacques Sallois s'interrogeait sur ceux d'entre eux qui n'avaient pas de public, tel le Maao (musée des Arts d'Afrique et d'Océanie), ce « linceul poussiéreux d'une Afrique fantôme [2] ». Et Emmanuel de Roux pourfendait le musée des Atp, démodé, « corseté dans une présentation "structuraliste" à deux vitesses », et dont le nombre de visiteurs chutait inexorablement. Avec prémonition, il avertissait : « Si le musée ne se réforme pas de fond en comble, il périra à court terme... La médecine demande des moyens importants et beaucoup de doigté. Sans doute ne peut-elle s'exercer qu'à l'échelle de l'Europe. »

Ces articles, écrits d'une plume acérée, généraient une profonde amertume au sein du personnel de la « Maison Rivière » qui se lamentait de ne pouvoir s'autoréformer et vivait une catharsis continuelle de réunions en séminaires. Dans l'analyse de la crise de l'institution, il serait injuste de ne pas évoquer l'effort d'autorénovation auquel s'attela le personnel de la maison, toutes catégories confondues. Les rencontres se multiplièrent, établissant des diagnostics, proposant des solutions consignées dans d'innombrables pages de notes et de recommandations. Mais les désaccords étaient multiples et complexes ; ils concernaient les collections et les

---

1. *Le Monde,* 10 octobre 1990.
2. *Ibid.*

collectes, les présentations muséales et l'identité même du musée.

Le divorce entre la recherche et le musée

Le beau projet de Rivière était mort. La situation n'était guère plus brillante au musée de l'Homme. Deux colloques organisés en 1990 [1] posèrent publiquement la question de l'anthropologie au musée, reprenant un thème qui n'était pas neuf puisque, déjà en 1969, William Sturtevant demandait : « Does Anthropology Need Museums ? (l'anthropologie a-t-elle besoin de musées ?) [2] » Jean Jamin rappelait que plus encore qu'aux Atp où il n'existait qu'un seul centre de recherches, au musée de l'Homme, plusieurs s'y côtoyaient qui avaient rompu tout lien avec l'approche muséale. « Les musées dans le meilleur des cas ont tendance à ne plus être que des "lieux de mémoire", retrouvant ainsi par une sorte de mouvement régressif ce pour quoi ils seraient génériquement construits : conserver [3]. » Il rappelait le propos prophétique de Claude Lévi-Strauss, dès 1954 : « "La mission de conservation d'objets des musées d'ethnographie est susceptible de se prolonger, non de se développer, moins encore de se renouveler. Mais s'il est de plus en plus difficile de recueillir des arcs et des flèches, des tambours et des colliers, des paniers et des statues de divinités, il devient par contre de plus en plus facile d'étudier, de façon systématique, des langues, des croyances, des attitudes et des personnalités." Ce divorce est-il un des échecs de la discipline [4] ? »

1. « Muséologie et recherche en ethnologie de la France », centre Thomas-More, sous la direction de Jean Guibal, 7 et 8 juin 1990 ; « Anthropologie et muséologie », sous la direction de Jean Jamin, 14-15 septembre 1990.

2. William Sturtevant, « Does Anthropology Need Museums ? », *Proceedings of the Biological Society of Washington*, 1969, 82, p. 619-650.

3. Jean Jamin, « Faut-il brûler les musées d'ethnographie ? », *Gradhiva*, 24, 1998, p. 166.

4. Jean Jamin, « Les musées d'anthropologie sont-ils dépassés ? », in *Le Futur*

La recherche des conservateurs et celle des chercheurs n'est pas identique. Pour les premiers, elle porte
sur les collections ; pour les seconds, sur les faits sociaux
et culturels des groupes humains à propos desquels ils
ont construit quelque savoir. Force est de constater
qu'une coupure a eu lieu entre l'ethnologie-recherche
et l'action culturelle du musée, tendance d'autant plus
étonnante qu'elle intervint, en ce qui concerne la
France, plus tard qu'au musée de l'Homme, et au
moment même de la reconnaissance publique et politique du « patrimoine ethnologique ». Certes, cette rupture n'a pas été aussi violente que dans les pays scandinaves, en Suède notamment, où une jeune génération
d'ethnologues considéra que les « collections ethnologiques avaient l'air bel et bien mortes[1] » et où, significativement, on substitua au titre ancien des départements
d'Université, *Folklivforskning*, « étude du folklore », celui
d'*European Ethnology*. Mais, même sans violence, sans
parti pris revendiqué, le constat – identique – était là.

La méfiance des plus jeunes conservateurs à l'égard des
plus anciens chercheurs était sensible. L'injure de « sociologue[2] » refleurissait : après tout, puisqu'ils étaient là,
pourquoi ne s'attelleraient-ils pas à une de ces études
sociographiques des publics, dont la vogue commençait
à se développer ?

Une des missions du musée est de collecter. Sur ce
sujet-là non plus, il n'y avait pas accord. Certains insis-
taient sur la réintroduction de la dimension historique,
à l'aide de collections enrichies de présentations archéologiques afin de couvrir toute la longue période de la

---

antérieur des musées, Paris, Ministère de la Culture, Éditions du Renard, 1991,
p. 111-115.

1. Orvar Lofgren, « Le retour des objets ? L'étude de la culture matérielle dans
l'ethnologie suédoise », in Christian Bromberger et Martine Segalen (dir.),
« Culture matérielle et modernité », *Ethnologie française*, 1996,1, XXVI, p. 142.

2. Rappelons que, du point de vue statutaire, la plupart des personnels Cnrs de
recherche relevaient de la commission de Sociologie.

société et de la culture traditionnelles rurales de la France (dont on situait les débuts vers l'an mil). D'autres, à l'opposé, estimaient que les collections ne servaient qu'à illustrer des expositions et que le musée devait être un des lieux de questionnement sur la société occidentale et son évolution.

Quelles collections ?

Entre ceux qui plaidaient pour la réalisation de collectes d'objets contemporains, de façon à traiter des problèmes d'actualité, et ceux qui arrêtaient les collections des Atp dans le temps ou éventuellement remontaient dans le passé, vers l'archéologie médiévale, le fossé était complet. Claude Lévi-Strauss, sollicité sur le sujet, développa une réflexion à rebours de ce que la vulgate muséale d'alors prônait. Dans un numéro du *Débat*, dont une des sections s'intitulait « Que faire des Arts et Traditions populaires ? », il déclarait : « J'ai toujours dit et pensé que les musées sont faits d'abord pour les objets et ensuite pour les visiteurs, même si je heurte les idées en vogue. La fonction première du musée, c'est la conservation [1]. » Une conception qui renvoyait aux débuts des musées d'ethnologie, fréquentés principalement par des savants travaillant sur les collections. Projet culturel, publics, rentabilité, tout cela était étranger à la conception que Lévi-Strauss se faisait d'un musée d'ethnologie.

Il plaidait également pour que l'œuvre possède une qualité esthétique : « Ce qui me gêne – disait-il – et qui me gênait déjà du temps de Georges Henri, ce sont les choses minables que, par esprit de système, il se croyait obligé de faire entrer [dans les collections] [2]. » De plus, il soulignait l'écart entre étude des faits de société et musée : l'étude du « culte » de Claude François [3], par

---

1. *Le Débat*, 70, mai-avril 1992, p. 169.
2. P. 171, Claude Lévi-Strauss cite l'exemple d'un « baby-foot ».
3. Marie-Christine Pouchelle, « Sentiments religieux et *show business* : Claude

exemple, était licite, mais ce n'était pas un objet muséographique. En bref, Lévi-Strauss accordait la primauté à la mission conservatoire, les fonctions culturelle et scientifique lui semblant secondaires dans ce genre d'établissement. Avec lucidité, il reconnaissait que ses propos allaient à contre-courant de la mode.

Le musée ne devait-il être qu'un conservatoire accroché à ses collections ou un lieu de réflexion sur la société inscrit dans un « projet culturel » ? Les exigences de la Dmf à cet égard n'étaient pas claires : Jacques Sallois semblait pencher pour la première solution lorsqu'il lança, en visite au musée en mai 1990, le mot d'ordre : « montrer les collections, sortir les trésors cachés ». Ce que confirmait son avant-propos aux actes du colloque de Mulhouse : « Seule la collection traduit durablement au-delà des discours qui passent et des présentations qui, nous le savons, vieillissent vite, l'état objectif de la société et sa capacité de création[1]. » Mais où était le projet culturel ? Et dans quelle direction chercher le renouvellement ?

Ne fallait-il pas alors s'intéresser aux collections industrielles ? L'équipe se posait la question depuis longtemps déjà et avait ouvert les secteurs de l'artisanat au monde urbain (comme les boutiques), dans le prolongement des collectes de Rivière, et selon les mêmes modalités de conservation. Mais le musée atteignait ses limites en termes d'espace de gestion des collections, si l'on voulait passer de la charrue au tracteur[2].

Quant aux objets contemporains, produits en série, sans marque de création individuelle ou collective – ces

François, objet de dévotion populaire », in Jean-Claude Schmitt (dir.), *Les Saints et les Stars*, Paris, Beauchesne, 1983.

1. *Musées et Sociétés, actes du colloque Mulhouse Ungersheim, juin 1991. Répertoire analytique des musées. Bilans et projets 1983-1993*, ministère de l'éducation et de la Culture, direction des musées de France, inspection générale des Musées, 1993, avant-propos de Jacques Sallois, p. 15.

2. Deux dépôts avaient été créés, dès le début des années 1980, l'un dans l'abbaye de Saint-Riquier, l'autre à Ajaccio pour abriter une collection d'objets corses rassemblés par le père Doizan.

« choses minables » selon Claude Lévi-Strauss –, le musée n'en avait pas collecté. Collections mobilières ouvrières et populaires des années 1930, objets quotidiens issus du design auraient sans doute eu leur place dans les collections. Or c'est seulement lorsque ceux-ci ont perdu leur usage qu'ils deviennent, comme dit Krzysztof Pomyan, les « sémiophores » d'une culture[1], et intéressent alors le conservateur, qui va les acquérir sur le marché de l'art.

Le musée manquait de doctrine en la matière et le carcan imposé par son statut national l'empêchait de rassembler ce que Jean Cuisenier a appelé les « arts de la pratique sociale ordinaire[2] ». En effet, tout objet qui entre dans le patrimoine national – pour n'en jamais ressortir et être conservé pour l'éternité des générations – passe devant un comité des Acquisitions, entièrement dominé par la logique beaux-arts. Georges Henri Rivière possédait le charisme nécessaire pour convaincre ses collègues, historiens d'art, de faire entrer dans les collections sabots ou rabots, souvent objets d'art populaire, ou qui, revêtus de la patine de l'ancien, se trouvaient légitimés dans leur statut national. Il n'en alla plus de même au temps de son successeur, davantage contraint par la logique beaux-arts. Lors d'un colloque évoquant l'histoire du musée, André Desvallées remarquait : « Si nous n'avons fait que des ouvertures limitées vers le contemporain, ce n'était pas pour des raisons scientifiques, ni même muséologiques, mais c'était simplement pour des raisons administratives[3]. »

En réalité, l'univers de sens d'un objet de société exotique ou rurale ancienne est bien différent de celui qui entoure l'objet contemporain. Il n'y a pas homologie

---

1. Krzysztof Pomian, « Musée et patrimoine », in Henri-Pierre Jeudy (dir.), *Patrimoines en folie*, Paris, éditions de la Maison des sciences de l'homme, collection Ethnologie de la France (5), 1990, p. 179.
2. *Le Débat*, 65, mai-août 1991, p. 163.
3. *Réinventer un musée, actes du colloque du 25 et 26 mars 1997*, Paris, École du Louvre, palais du Louvre, 1999, p. 107.

entre la charrue et le tracteur, le coupe-chou et le rasoir Bic, le lit-clos et le lit superposé en pin des Landes. Le contexte socio-culturel des seconds n'est pas le prolongement chronologique des premiers, car les modes d'en user sont différents et appartiennent à des mondes irréductibles l'un à l'autre. La définition des collections était donc problématique, tout comme l'esprit même du musée jaugé à l'aune des nouveaux musées de société.

Musée d'identité, identité du musée

Rivière n'ignorait rien du rôle des musées dans la construction des identités[1], mais pour les Atp, il avait voulu faire autre chose, à la fois musée national et musée scientifique. Il avait d'ailleurs été envisagé, on s'en souvient, de le nommer « musée français », manière de réunir et d'englober la diversité des cultures régionales et des sociétés locales. En ce sens, Georges Henri Rivière était en accord avec Arnold Van Gennep et son concept de zone folklorique[2], comme avec Lucien Febvre et Fernand Braudel[3] soulignant que l'identité française s'exprime à travers la diversité de ses pays et régions avec leur variété de langues vernaculaires, d'habitat, de façons culinaires, etc.

---

1. « Beaucoup de musées de folklore ont été, dès la fin du XVIIIe siècle, dans tout le XIXe et de nos jours encore, de véritables centres de ralliement pour les peuples opprimés : finlandais, estoniens, lettoniens, lituaniens, norvégiens, tchèques, slovaques, croates, etc. Quand le traité de Versailles permit à certains de ces peuples de se connaître une existence politique, ceux-ci, disposant enfin de leurs propres ressources, purent donner une impulsion plus grande encore à leurs institutions folkloriques. Tout ce qui précède contribue à expliquer l'extraordinaire développement des études et musées de folklore en Europe centrale. D'autre part, de nombreux musées sont de véritables conservatoires ethnographiques et linguistiques pour diverses minorités nationales », *Revue de folklore français et colonial,* 1936, p. 8.

2. Nicole Belmont, *Arnold Van Gennep, le créateur de l'ethnographie française,* Paris, Payot, 1974.

3. Lucien Febvre, « Que la France se nomme diversité. À propos de quelques études jurassiennes », *Annales Esc,* 1946, p. 271-274 ; Fernand Braudel, *L'Identité de la France,* tome I, chapitre intitulé « Que la France se nomme diversité », Paris, Flammarion, p. 29 à 106.

Or, dans les années 1990, non seulement le musée n'incarnait en aucune manière l'identité française et son « génie », comme on eût dit autrefois, mais de plus, son image était brouillée du fait de l'absence de choix culturels et d'une politique de recherche claire. Les débats à propos de la nature des collections le montraient bien, comme les thématiques des expositions temporaires, traitant tantôt de la culture contemporaine, « Skate Story » (1998), tantôt de la société traditionnelle, « Les Coursiers de la Saint-Éloi » (novembre 2000 - février 2001). Demeurer un conservatoire de la société rurale, devenir une sorte de musée d'art et d'essai social, entre les deux, l'institution hésitait.

Devant ce dilemme, l'État culturel n'a pas été d'un grand secours et la tutelle est intervenue bien tard et inefficacement, car la direction des musées de France n'a jamais su prendre en compte la spécificité des Atp. La longue indifférence mêlée d'incompréhension de l'administration à son égard contraste avec le souci vigilant qu'elle a de ses augustes demeures. Aurait-on toléré que le Louvre périclite ? Certes non, mais le « Louvre du peuple », lui, pouvait décliner dans une indifférence relative.

À l'intérieur, les rumeurs couraient d'un étage à l'autre. Ceux qui avaient leurs entrées à la direction des musées de France apportaient toutes sortes de nouvelles contradictoires à propos du sort du musée. Les responsables, quelque peu dépassés par la situation, étaient incapables de proposer un projet ; dans l'état de conflits internes où se trouvait l'institution, il était trop tard pour mettre en chantier un nouveau musée.

Pourtant certains croyaient encore à une rénovation des galeries. D'autres, d'accord sur ce point, mais prudents, estimaient qu'il fallait d'abord élaborer un programme alternatif et cohérent – ce qui risquait de prendre du temps puisque rien n'avait été engagé dans ce sens et que personne ne s'en sentait la légitimité ni la capacité. D'autres encore affirmaient que les rares visiteurs appréciaient toujours la qualité esthétique des vitrines, et que le musée n'était pas assez connu. Une politique courageuse de communication fut d'ailleurs entreprise en 1990[1] (rénovation des logos, de l'affiche, etc.) mais avec si peu de moyens qu'elle fut sans efficacité réelle. Les clivages ne passaient pas nécessairement entre conservateurs et chercheurs, mais entre divers groupes en fonction de l'âge, de l'ancienneté dans la maison, de l'engagement dans la réalisation de telle ou telle exposition. En outre, si chacun s'accordait à critiquer tel ou tel aspect de la muséographie ou du programme, nul n'était prêt à s'attaquer à l'œuvre du père. Restaient les désaccords, paralysants. Désaccords sur le domaine : soit le musée n'était plus qu'un musée d'histoire d'une société disparue et il fallait alors mettre au mieux en valeur les « trésors des collections » ; soit le musée devait s'intéresser aux groupes humains dans leur diversité et jusqu'aux temps les plus modernes, et il fallait alors faire une place à la ville, à l'industrie et aux cultures de la France, y compris celle de ses migrants. Désaccords aussi sur la muséographie de Rivière qui était jugée vieillotte, sans qu'une autre s'impose. André Desvallées remarquait : « Il est de bon ton depuis sa mort en 1985 de décrier la muséographie de Georges Henri Rivière, en la considérant comme obsolète[2]. » L'établissement flottait ainsi sans repères.

---

1. Archives personnelles Marie-Chantal de Tricornot, note du 28 septembre 1990 : « Pour une renaissance du musée national des Arts et Traditions populaires. Communication et action culturelle. »

2. André Desvallées, « La muséographie des musées dits "de société" : raccourci historique », in *Musées et Sociétés, actes du colloque Mulhouse Ungersheim, juin 1991. Répertoire analytique des musées. Bilans et projets 1983-1993*, ministère de l'Éducation et de la Culture, direction des musées de France, inspection générale des Musées, 1993, p. 134. La suite dit ceci : « [...] alors même qu'elle fut en avance sur toutes les autres. C'est d'une part méconnaître que beaucoup n'en ont pas tenu compte, et, en fait, n'ont jamais fait de muséographie, mais simplement de la décoration, d'autre part oublier que Georges Henri Rivière a toujours été à la pointe de la nouveauté et que, s'il a poussé au plus loin la logique de sublimation de l'objet vernaculaire, quitte à le mettre en concurrence avec l'objet de beaux-arts et à le

Accablée par sa direction et par la presse, en proie à des doutes et des crises, corsetée par son institution de tutelle, ayant perdu son rôle de leader par rapport aux nouveaux musées issus du mouvement du patrimoine, la « maison Rivière » n'avait pas les moyens de se sortir seule de ses contradictions.

L'intervention du directeur
des musées de France

Lors d'une visite au musée en octobre 1990, Jacques Sallois, accompagné de son directeur adjoint Alain Erlande-Brandenbourg, exprima clairement sa position à l'égard du musée-laboratoire. Ceux qui participaient à cette réunion se rappellent encore son ton tranchant pour affirmer qu'un musée, c'est « la rencontre de collections avec un public [1] » et que les Atp manquaient singulièrement de visiteurs comme de projet. Il reprochait aussi au musée de ne plus jouer son rôle de tête de réseau, situation d'autant plus dommageable qu'il souhaitait transformer la direction des musées de France en direction des musées nationaux regroupant tous les musées, y compris ceux qui émergeaient alors dans le domaine de l'ethnologie. Or, pour cela, il devait s'appuyer sur un musée central fort, pôle « d'excellence et de référence » pour les musées en région. Enfin, il s'interrogeait sur l'opportunité de son implantation géographique en se demandant « si à l'endroit où il est bâti, il pourra un jour trouver son public. Un musée n'est pas

---

sacraliser, c'est aussi lui qui a créé les écomusées et aurait été des premiers à reconnaître les véritables innovations muséographiques. D'ailleurs ce n'est pas un hasard si les véritables innovateurs sont aussi de ses disciples et les défenseurs de sa doctrine. »

1. Archives personnelles. Note de service du Mnatp 3015 du 2 octobre 1990, convoquant à une réunion tout le personnel du musée, signée Nicole Garnier.

un lieu de culte... Tout ne se passera pas éternellement à Paris. » Paroles prémonitoires...

La politique de redressement passait par une mise à distance de la recherche. On entendait souvent dire dans les couloirs de la Dmf que les chercheurs étaient responsables du dévoiement des conservateurs qui, tendant à les imiter, auraient été détournés de leur mission première. Le maître-mot désormais était celui de « projet culturel et scientifique », comme l'expliquait Jacques Sallois : « Face à la concurrence et aux exigences du public, aucun musée ne peut se contenter de gérer l'existant. Grand ou modeste, national ou local, public ou privé, tout musée doit s'interroger sur sa vocation, l'évolution de ses collections et de son public, son rôle dans la ville et la région, sa place sur la scène nationale et internationale, bref, définir son projet culturel. Ce projet dépasse largement les limites d'une programmation architecturale de création ou de rénovation, même si ces opérations le rendent évidemment plus nécessaire encore. Il fonde la démarche culturelle de l'établissement en fonction de la nature des collections, de l'environnement géographique, des publics auxquels il s'adresse et des collectivités qui soutiennent son développement. » Et d'ajouter, face aux difficultés qu'affrontent les musées : « C'est le rôle de l'administration de l'État de les y aider[1]. »

Mais pour qu'il y ait projet, il fallait quelqu'un pour le porter. Or la Dmf ne trouvait personne à l'intérieur de la maison. Les critiques adressées à l'établissement attribuaient implicitement la responsabilité du déclin à son précédent conservateur en chef qui était bien davantage un chercheur qu'un homme de musée. Il n'était donc pas question d'en solliciter un à nouveau pour lancer la rénovation du musée. Et le vivier des conservateurs n'offrait pas de candidat possible. Quelle qu'ait été

---

1. Jacques Sallois, *Les Musées de France*, Paris, PUF, Que sais-je, 1998, p. 113.

la détermination du directeur des musées de France [1], les choses ne pouvaient avancer sans équipe et sans relais. L'État décida alors d'avoir recours à des experts extérieurs.

L'audit Arpin-Côté

Dès 1991, Jacques Sallois lança un audit sur le musée (les administrations publiques aiment à s'inspirer des entreprises privées [2]) qui fut commandé à Roland Arpin, administrateur, et Michel Côté, muséographe, fondateurs en 1987 du musée de la Civilisation à Québec. Celui-ci était fort réputé et recourir à une expertise extérieure était habile de la part de la Dmf [3]. Dans une interview qu'il donne à *La Lettre des Musées de France*, Roland Arpin attribuait le succès de son établissement à la qualité de l'accueil du public, comme à la diversification des thèmes d'expositions temporaires. Lorsqu'il entre dans ce musée en effet, le visiteur est guidé par des personnes qui ne ressemblent guère à nos « gardiens de musée » – révérence gardée pour cette profession ingrate. À Québec, il s'agit plutôt d'hôtes et d'hôtesses qui accueillent les visiteurs, discutent avec eux, prennent en compte leur avis, etc. Quant aux expositions, elles sont renouvelées très rapidement : toutes les cinq semaines environ, il y a une inaugu-

---

1. Entretien avec Jacques Sallois, 5 avril 2004. Évoquant sa position en 1990, il dit : « J'étais désespéré de voir les Atp dans cette situation. Je ne pouvais agir à la place des conservateurs. Vous, la communauté du musée, vous ne vouliez pas, vous ne pouviez pas porter un projet. »

2. Jacques Sallois avait déjà lancé un audit sur un autre musée en crise, celui du Creusot, alors qu'il était directeur de cabinet de Jack Lang en 1982 et 1984. Jacques Vallerant fut chargé de « mettre de l'ordre et de faire des propositions ». Cf. Octave Debary, *La Fin du Creusot ou l'art d'accommoder les restes*, Paris, éditions du Comité des Travaux historiques et scientifiques, 2002, p. 77, note 17.

3. « Après avoir été successivement sous-ministre de l'Éducation, à la Culture et au Budget, Roland Arpin prend en 1987 la direction du nouveau musée de la Civilisation du Québec. Le succès est immédiat : plus de huit cent mille visiteurs en 1990. La direction des musées de France lui demande alors de réaliser une expertise pour le musée des Arts et Traditions populaires », *La Lettre des Musées de France*, 12, juin 1991.

ration ! À cette aune, Roland Arpin estime que le musée des Atp « mériterait un bon coup d'oxygène ! [il] a accumulé des collections et des connaissances très prestigieuses, mais qui, pour toutes sortes de raisons, allant du vieillissement au manque de moyens techniques et financiers, a perdu un peu de son élan et de sa fraîcheur [...] il lui faut se repositionner par rapport aux autres musées de société qui se sont développés en région[1] ».

Le rapport Arpin-Côté était très direct, et, à la manière nord-américaine ne s'embarrassait point de circonvolutions : « L'unité de pensée étant absente, il ne faut pas s'étonner que l'unité d'action y fasse également défaut ; institution sans vision, un leadership inexistant, du personnel parfois désabusé et à la dérive ; aucune programmation des expositions ; aucune stratégie de communication publique ; absence d'intérêt pour les publics, etc.[2] » Les critiques s'adressaient aussi à ceux qui avaient commandité l'audit en remarquant que le Mnatp ne semblait pas jouir « d'un très haut niveau de confiance auprès de certains décideurs de la Dmf » et qu'il convenait que celle-ci donne aux musées de société « une place plus visible et plus autonome ». Un changement de nom s'imposait avec la définition d'une nouvelle stratégie culturelle. Un nouvel organigramme était proposé.

Ce rapport, resté confidentiel, fit grincer des dents en haut lieu. Certes, il disait tout haut ce que d'aucuns pensaient tout bas, à savoir que la maison n'avait plus de direction, mais il insistait aussi sur le leadership intellectuel du laboratoire Cnrs, observait que le dynamisme de l'établissement reposait sur les épaules des chercheurs, principaux auteurs des expositions temporaires. Or de la recherche, on n'en voulait plus. En outre, le rapport faisait des recommandations administratives qui

---

1. Roland Arpin, interview, *Lettre des Musées de France*, 12, juin 1991.
2. « Pour une action de rénovation du musée national des Arts et Traditions populaires », rapport d'étude et de diagnostic par Roland Arpin et Michel Côté, ronéoté, avril 1991.

n'avaient aucune chance d'aboutir dans le cadre institutionnel de la Dmf. Enfin, il montrait qu'aucune rénovation de l'intérieur n'était possible.

Le matraquage de la presse

La presse publia des articles au vitriol, si douloureux pour le personnel. Ceux qui avaient connu Georges Henri Rivière, ceux qui travaillaient dans la maison depuis vingt ans, chercheurs, conservateurs, personnels administratifs et techniques, depuis les secrétariats jusqu'aux gardiens, étaient sentimentalement attachés à leurs chers Atp. En dépit des divergences de points de vue, des liens forts s'étaient créés dans la maison. L'article d'Emmanuel de Roux, cruellement titré « La chute de la Maison Rivière. Menaces multiples sur les Atp », accentua le malaise au sein du personnel. Les mots sonnaient comme une mise à mort programmée : « établissement échoué à la lisière du bois de Boulogne », « équipe sans cohésion ». *Libération* n'était pas en reste en annonçant : « Le musée des Atp étouffé par ses racines [...] En retard sur les signes de la civilisation urbaine, il est désormais menacé de fermeture[1]. » « Faut-il brûler les Atp ? » demandait de son côté *Le Figaro*[2]. À ces condamnations brutales s'ajoutaient les interviews données par Jacques Sallois soulignant que l'équipe avait failli à sa mission. Dans l'article précité, Emmanuel de Roux se moquait de ceux qui, comme André Desvallées, défendaient la muséologie de Rivière. Mais il se gardait bien de faire état des graves difficultés de fonctionnement de l'établissement. Si Rivière avait mis si longtemps à achever ses vitrines, si Cuisenier n'avait pas pris l'initiative de les renouveler, c'était aussi parce que la direction des musées de France avait laissé les Atp dans un état d'abandon total en termes de per-

---

1. *Libération*, 29 août 1991.
2. 16 juillet 1991.

sonnel et de budget. À chaque exposition temporaire, la collaboration avec la Réunion des musées nationaux s'avérait difficile. La Rmn en effet ne connaissait que les musées de Beaux-Arts ; elle imposait les affiches, un catalogue au coût prohibitif, contrôlait la communication (réduite à une invitation glissée dans une enveloppe avec celles des expositions du Louvre et du Grand Palais, etc.). L'équipe éprouvait un sentiment d'injustice.

La mission Guibal

Après l'audit, il fallait concevoir la rénovation, mission confiée à Jean Guibal. Ce jeune conservateur avait succédé en 1987 à Jean-Pierre Laurent[1] à la tête d'un des musées régionaux les plus réputés pour son inventivité et son dynamisme : le Musée dauphinois à Grenoble.

La comparaison entre ce dernier et le musée des Atp était cruelle pour l'établissement parisien. Vieux musée de synthèse régional, le Musée dauphinois, grâce au dynamisme de ses conservateurs, avait su se remettre profondément en question, bousculer les muséographies traditionnelles et élaborer un projet novateur en programmant des expositions temporaires et pluridisciplinaires sur tous les thèmes d'un musée de l'Homme régional. Ses autorités de tutelle, successivement la ville et le département, avaient soutenu ces innovations, l'administration en région étant plus proche de ses établissements de quelque nature qu'ils soient (scolaire, sportif ou culturel) que l'administration nationale. La ville de Grenoble comme le département de l'Isère n'auraient pas toléré que périclite son musée d'ethno-

---

1. Pour la petite et triste histoire, mais combien révélatrice, Jean-Pierre Laurent, nommé conservateur du Musée dauphinois en 1973 et qui inventa une muséographie moderne, était conservateur de la fonction territoriale (cadre régional) ; en 1986, Jack Lang, ministre de la Culture, le nomme directeur des Atp et conservateur en chef du patrimoine de l'État ; devant la fronde des conservateurs d'État, il est aussitôt « dénommé ». Affront incroyable qui montre le fossé entre les corps d'État et les corps territoriaux. L'homme fut brisé et quitta le milieu des musées.

graphie, alors que la chute des Atp n'émeuvait guère l'État.

Le nouveau Musée dauphinois évolua ainsi vers un musée convivial alliant plaisir et informations scientifiques. Bien que nourrie de l'enseignement des Atp, la doctrine de Jean-Pierre Laurent s'écartait de celle de Georges Henri Rivière : « Entre la conception du musée cathédrale, du musée temple, du musée froid et pour moi à l'autre extrême du musée plus chaud, du musée plus didactique, du musée plus social, plus populaire, plus convivial, j'ai essayé autant que faire se peut d'installer des musées ou des expositions dans une stratégie un peu différente qui m'a souvent semblé être empruntée au théâtre, au monde du spectacle ; où je me considérais comme auteur d'une mise en forme assez analogue à celle de la mise en scène, et à celle de la mise en ondes, de la mise en page, de la mise en couleurs, de la mise en textes, préconisant donc un musée spectacle, un musée aux dimensions plus sensorielles, ne s'adressant plus uniquement à l'intelligence visant à l'acquisition de connaissance ou de notions, mais plutôt essayant d'entrer dans le début d'un bonheur, le début d'un plaisir dans lequel seront impliqués non seulement la vue, premier partenaire, premier auxiliaire du visiteur, premier sens sollicité la plupart du temps, et peut-être trop sollicité, mais aussi le toucher [1]. » Il était certes plus facile à Jean-Pierre Laurent de rajeunir les présentations du fondateur dauphinois Hippolyte Muller qu'aux nouveaux conservateurs de la Maison Rivière de toucher aux présentations du « Père ». Car le musée temple, le musée froid, le musée intellectuel, c'étaient évidemment les Atp. Le talent du « magicien » des vitrines était contesté. Jean Guibal, successeur de Jean-Pierre Laurent, travaillait dans la même veine, faisant une place dans le musée

---

1. Jean-Pierre Laurent, in « Tables rondes du 1er salon de la muséologie », juin 1986, *Mnes*, octobre 1988.

aux communautés étrangères qui avaient participé à la construction et à l'histoire de la métropole dauphinoise, Grecs, Arméniens, Italiens... Il appartenait à cette génération de muséographes que Desvallées qualifiait de « véritables innovateurs et aussi disciples et défenseurs de la doctrine [de Rivière] ».

Courageux, Jean Guibal n'avait pas mâché ses mots face à la Dmf, représentée par Jacques Sallois au fameux colloque de Mulhouse. Au nom des musées de société que la Dmf avait vus se développer hors de son sein jusqu'à faire ombrage à « ses » musées de beaux-arts, il avait souligné combien ceux-ci avaient souffert du « mépris le plus souverain [...] de la direction des musées de France ». Remerciant cette dernière d'avoir finalement pris l'initiative du premier colloque sur les musées de société, il rappelait néanmoins combien son action avait été « par le passé gravement préjudiciable au développement de ce secteur des musées » en raison de « la hiérarchie implicite entre musées de beaux-arts et musées de société ». Il notait que « l'état actuel du musée national des Arts et Traditions populaires n'est pas redevable aux seules erreurs de gestion interne, mais [que] la direction y a sa part[1] ».

Peu rancunière[2], la Dmf l'avait donc chargé fin 1991 d'une mission de six mois à la tête des Atp pour « proposer de nouvelles orientations muséologiques ouvertes à tous les domaines de l'ethnologie et de l'histoire ». C'était un geste symbolique, une reconnaissance publi-

---

1. Jean Guibal, « Pour un musée régional de l'Homme : à propos du musée dauphinois de Grenoble », in *Musées et Sociétés, actes du colloque Mulhouse Ungersheim, juin 1991. Répertoire analytique des musées. Bilans et projets 1983-1993*, ministère de l'Éducation et de la Culture, direction des musées de France, inspection générale des Musées, 1993, p. 81-83 ; critiques réitérées dans Jean Guibal, « Quel avenir pour le musée des Atp. Entretien avec Jean Guibal », *Le Débat*, mai-août 1992, n° 70 : « La direction des musées de France [...] a manifesté jusqu'à ces dernières années un relatif désintérêt, pour utiliser une litote, pour les musées d'ethnologie et tout particulièrement pour le Musée national », p. 158.

2. Après tout, c'étaient les prédécesseurs de Jacques Sallois que Jean Guibal critiquait !

que pour les musées de société en pleine effervescence, dix ans après l'« année du Patrimoine ». Sur le plan institutionnel, Jean Guibal était aussi nommé chef d'établissement, ce qui lui laissait les coudées relativement franches pour travailler avec l'équipe des chercheurs et des conservateurs[1]. Mais, sage ou prévoyant, il n'abandonna pas pour autant ses responsabilités au Musée dauphinois.

Jean Guibal se retrouvait parmi des gens meurtris qu'il connaissait bien d'ailleurs pour avoir fait ses premières armes au musée à la fin des années 1970, en travaillant à la publication du corpus d'architecture rurale. Avec son arrivée, l'espoir renaissait, non sans ombre d'ailleurs, car avant même que la mission lui fût commandée, le gouvernement annonçait en novembre 1991, dans le cadre de la politique d'aménagement du territoire, l'étude d'un projet de délocalisation des Atp. Les rumeurs les plus folles couraient. On parlait d'une vieille ferme traditionnelle de la Brie. La menace contribua à mobiliser tout le personnel, et au-delà, dans le monde de la recherche comme dans celui des musées, y compris étrangers. Des personnalités scientifiques de premier plan témoignèrent alors de l'intérêt et de la qualité unique d'une institution qu'il fallait préserver à tout prix dans la capitale[2]. L'épée de Damoclès d'une délocalisation ajoutait cependant à la confusion quant à l'avenir de la Maison.

Fort de l'expérience réussie au Musée dauphinois qui avait réduit significativement sa galerie d'exposition permanente au profit de plusieurs expositions temporaires

---

1. Les conservateurs d'État de la maison acceptèrent difficilement que la direction des musées de France – leur direction – nomme à la tête de la maison un conservateur de la fonction territoriale, ce qui était un camouflet public pour leurs compétences !

2. Archives personnelles. Courrier expédié à Mme Édith Cresson, le 20 décembre 1991, avec les signatures de Maurice Agulhon, Marc Augé, Isac Chiva, Georges Duby, Françoise Héritier, Claude Lévi-Strauss.

qui attiraient de nouveaux visiteurs tout au long de l'année, Jean Guibal définit très nettement sa philosophie de l'institution : le public et ses aspirations devaient guider le programme culturel. Certes, le musée avait à entretenir des liens étroits avec la recherche, mais il ne pouvait y avoir de confusion : « Le musée, parce qu'il produit un travail culturel sur la place publique n'est ni un ouvrage scientifique, ni un colloque de chercheurs[1]. »

En avril 1992, Jean Guibal rendait son rapport. Après une analyse du contexte des mouvements d'identité, la triple mission du musée y était affirmée dans les termes suivants : « *À travers le patrimoine ethnographique, favoriser la reconnaissance et la mise en valeur de la richesse et de la diversité des cultures ; *offrir au public les occasions de mesurer la relativité des cultures, lui proposer les conditions d'une réflexion permanente sur le métissage culturel, sur l'acculturation, sur les multiples intérêts de la "rencontre" des cultures ; *au-delà, enfin, tenter de présenter des éclairages sur les phénomènes sociaux, utiliser tous les acquis des sciences sociales pour inviter le public à connaître ces organisations complexes dans lesquelles nous vivons, afin que chacun puisse y reconnaître sa place, celle de sa propre culture, pour mieux assumer son appartenance à l'humanité[2]. »

On n'entendait plus parler de collections, mais de cultures et de sociétés. Pour la première fois depuis l'époque de Rivière, un parti pris clair était affirmé. Le musée ne serait plus guidé par sa vocation scientifique, mais par sa vocation culturelle : on devait en faire un outil de connaissance des sociétés et non le lieu de présentation d'un monde révolu. Conscient de l'obsoles-

1. Jean Guibal, « La diversité des cultures au Musée dauphinois de Grenoble », in *Le Musée et les cultures du monde, Actes de la table ronde des 9, 10 décembre 1998*, coordonné par Emilia Vaillant et Germain Viatte, Paris, *Les Cahiers de l'École nationale du patrimoine*, 1999, p. 259.
2. Archives personnelles, rapport Atp, avril 1992.

cence rapide des présentations muséographiques en matière de patrimoine ethnographique, Jean Guibal privilégiait une conception dynamique, ouverte à la diversité des questions de société. Dans cette perspective, il ne fallait plus se borner à l'ethnologie, mais faire appel à toutes les disciplines susceptibles d'éclairer un sujet : histoire, sociologie, géographie, etc.

À l'image de ce qui se pratiquait depuis longtemps dans les musées nord-américains, et notamment au musée de la Civilisation à Québec, Jean Guibal préconisait l'usage d'outils peu mobilisés jusqu'alors afin de connaître les publics et évaluer la perception des expositions. Ces outils d'orientation avaient alors tout au plus vingt années d'existence en France et les grands musées commençaient seulement à s'en emparer (à l'exception de La Villette qui avait mené une action pionnière en France dans ce domaine). Quant au domaine qui faisait l'objet de tant de débats au sein de l'établissement, Guibal tranchait en avançant des options fortes, quitte à déplaire à certains : « Le musée doit désormais s'ouvrir à des manifestations concernant la société contemporaine, prendre pour thèmes d'exposition des faits culturels actuels et tenter d'en donner une lecture à travers la muséographie. Avec ou sans le recours au patrimoine, il est désormais possible d'utiliser les nombreux acquis des sciences sociales pour donner à comprendre nos propres sociétés, considérées comme étant de plus en plus complexes [1]. » En fonction de ce projet intellectuel, Jean Guibal proposait une révision complète de la répartition de l'espace, limitant l'exposition permanente à 20 % des surfaces, pour en laisser 80 % à des expositions temporaires, renouvelées à un rythme variable. Le rapport se terminait sur la présentation de trois options.

Une réunification avec la maison mère, le musée de l'Homme (également en période de réflexion) était

---

1. *Ibid.*, p. 25.

envisagée : il s'agissait de refaire un grand musée national des Civilisations dans lequel les collections françaises auraient leur part au sein d'une réflexion générale sur l'homme en société. Quelle belle idée ! Certes, le musée de l'Homme dépendait d'une autre structure, le Muséum d'histoire naturelle, rattaché lui-même au ministère de l'Éducation nationale. Mais une occasion unique s'offrait en 1992, lorsque, au sein du gouvernement de Pierre Bérégovoy, sous l'autorité d'un même ministre d'État, les ministères de l'Éducation nationale, de la Culture et de la Communication étaient réunis. Conjoncture exceptionnellement favorable du politique, mais d'une durée trop courte pour mener à bien un projet aussi complexe. À supposer que les protagonistes eussent bien voulu travailler ensemble !

Une deuxième hypothèse consistait à rénover le musée *in situ*, notamment pour toute la partie accueil, et à développer des programmes avec le Jardin d'acclimatation dont les un million trois cent mille visiteurs faisaient bien des envieux ! Cela en présentant non seulement, comme le pensait Georges Henri Rivière initialement, des maisons rurales dans le Jardin, mais aussi une sorte d'écomusée de la nature, traitant du patrimoine végétal ou animal.

Enfin, une troisième solution passait par la délocalisation, mais une délocalisation bien pensée, par exemple en trois sites, un musée consacré aux patrimoines et sociétés ruraux, un autre aux sociétés urbaines, un troisième aux sociétés industrielles, à condition que soit maintenue une présentation des collections françaises, au musée de l'Homme par exemple, et que l'outil documentaire ne soit pas démantelé.

Si le projet était novateur, plus novatrices encore étaient les exigences d'ordre administratif. Guibal ne demandait rien de moins que l'autonomie administrative de l'établissement, l'autonomie quant à la gestion des budgets relatifs à la politique culturelle, ce qui revenait tout simplement à quitter la tutelle de la Réunion des musées nationaux. C'était une provocation évidente, alors même que le Louvre n'avait pas encore acquis son autonomie administrative. Outre les budgets dénoncés comme notoirement insuffisants, le rapport s'achevait sur ce qui avait été l'éternelle lamentation de Georges Henri Rivière et de son successeur, l'insuffisance du nombre des personnels, qu'il s'agisse des conservateurs ou des personnels techniques[1].

Pour restructurer le musée, plaidait Jean Guibal, il fallait assumer clairement ses choix et donc le fermer temporairement afin d'engager les transformations impliquées par le rapport. C'est alors que le soutien accordé par Jacques Sallois s'effrita, sous la pression des conservateurs. Il refusa cette option ; de son discours disparut le principe d'une rénovation spectaculaire, exprimée comme un espoir au début de la mission Guibal, au profit d'une « politique de petits pas ».

Le rapport qui offrait une vraie chance au redémarrage de l'établissement resta donc lettre morte. Jean Guibal n'ayant vu aucune de ses conditions acceptées par la Dmf retourna veiller aux destinées du Musée dauphinois : plutôt prince en Dauphiné que manant à Paris. Le funeste destin du musée était scellé et les prophéties d'Emmanuel de Roux allaient se réaliser : « Un gouvernement de gauche aura enterré la grande idée muséale du Front populaire[2]. »

Crise ouverte au sein de la maison

Dès septembre 1992, Martine Jaoul, conservatrice issue de la maison, pleine de bonne volonté, mais n'ayant

---

1. Guibal pouvait en connaissance de cause comparer le fonctionnement du Musée dauphinois au musée de Paris. À Grenoble il disposait d'une équipe technique de près de dix personnes, contre deux menuisiers à Paris qui refusaient la plupart du temps de travailler après 17 heures.

2. Emmanuel de Roux, « La chute de la Maison Rivière », *Le Monde*, 9 janvier 1992, p. 29.

obtenu de la Dmf aucun des allègements administratifs demandés par son prédécesseur, reprit les rênes de l'institution. Elle lança un programme de rencontres européennes des musées d'ethnologie afin de tenter de reconstituer un réseau des musées de société et d'en prendre la tête comme la Dmf le recommandait. Significativement, c'était la première fois qu'on tentait de sortir du cadre national pour penser les musées d'ethnologie à l'échelle européenne.

Des expositions temporaires de qualité, « Artisans de l'élégance » (1993) traitant des métiers de la mode, dans une présentation muséographique dynamique, ou, encore dans un tout autre genre, « Kaliña. Des Amérindiens à Paris » (1992) furent proposées au public. Cette dernière présentait les photographies que le prince Roland Bonaparte, en 1892, avait prises d'Amérindiens de Guyane exhibés au Palmarium ; puis elle proposait une réflexion sur la mémoire douloureuse des descendants de ces hommes, femmes et enfants dont beaucoup, décimés par la grippe, ne revinrent pas au pays [1]. Malgré ces réussites ponctuelles, les problèmes de fond demeuraient. Le public ne revenait toujours pas (soixante mille visiteurs dont vingt mille payants en 1994).

Le rapport Guibal avait suscité bien des espoirs, car quitte à réajuster leur place, les chercheurs et leurs programmes y trouvaient toute leur légitimité. Ces espoirs retombèrent rapidement et les conflits internes continuèrent de miner le moral. Mis en cause dans les années précédentes, les chercheurs s'efforçaient de rapprocher leurs préoccupations de celles du musée. Poursuivant dans leurs travaux un examen critique de la modernité, ils estimaient alors que le musée devait s'orienter vers les sociétés contemporaines. La place de la recherche au sein de l'établissement devenait cruciale pour l'avenir

---

1. Gérard Collomb, *Kaliña. Des Amérindiens à Paris*, Paris, éditions Créaphis, 1992.

du laboratoire[1] car les travaux du Cnrs étaient dévalorisés par l'association avec le musée – à tel point qu'en octobre 1994 les chercheurs interpellaient directement la direction des musées de France sur ses projets quant à leur place dans l'institution pour savoir s'il était souhaitable pour le Cef de continuer son association[2].

Le rapport Guibal avait envisagé l'option d'un rapprochement avec le musée de l'Homme[3], idée intellectuellement séduisante, d'autant plus que celui-ci disposait de collections européennes importantes. Mais lui aussi était en proie à une crise sévère et ses trois directeurs ne purent s'entendre pour proposer un projet de rénovation, ratant ainsi l'occasion d'un possible financement dans le cadre du secrétariat d'État chargé des Grands Travaux dirigé par Émile Biasini. Le projet présenté en 1987 par Henri de Lumley, à l'occasion du cinquantième anniversaire du musée de l'Homme, avait été jugé insuffisant et l'enveloppe budgétaire ouverte en 1992 se referma. L'État se désintéressa du musée de l'Homme et le laissa à ses convulsions internes, qui devinrent d'autant plus aiguës que se dessinait, dans un autre lieu, le projet d'un musée des Arts premiers appuyé sur les collections du Laboratoire d'ethnographie. Dans ces conditions, la coopération, voire le rapprochement entre Mnatp et musée de l'Homme n'était pas envisageable.

Le climat délétère qui régnait parmi les musées d'ethnologie, le Maao et le musée de l'Homme, retentissait sur la crise des Atp, à laquelle on ne voyait guère d'issue.

---

1. Celui-ci passait en 1994 devant les instances du Cnrs (Comité national) pour l'examen dit à « deux ans ».

2. Archives personnelles. « Cef. Chercheurs et ITA (ingénieurs et techniciens) du Cnrs : positions de principe », octobre 1994.

3. Jean Cuisinier déplore les méfaits de cette coupure institutionnelle, en termes de légitimité et de pouvoir : « Au sein du ministère de la Culture, les musées de l'Homme et de la Société n'ont ni l'ancienneté ni la respectabilité que donne au Muséum national d'histoire naturelle et au Conservatoire national des arts et métiers la noblesse d'une naissance aux temps révolutionnaires » et il plaide *in fine* pour un rapprochement administratif des deux institutions. « Des musées de l'homme et de la société : oui, mais lesquels ? », *Le Débat*, 70, mai-août 92, p. 184.

Ce qui découragea nombre de chercheurs de talent qui quittèrent le Cef pour rejoindre d'autres laboratoires de recherche afin de ne pas s'épuiser en une multitude de discussions qui, de plus en plus, apparaissaient stériles.

Changement de gouvernement, changement de proposition

À la suite de l'élection présidentielle de Jacques Chirac, le ministre de la Culture, Jacques Toubon, nomma en mai 1995 un nouveau chargé de mission, Marie-Claude Groshens, afin de conduire la restructuration du Mnatp, qui devrait être achevée pour l'an 2000. Celle-ci désigna un professeur de géographie, Jean-Robert Pitte, pour rédiger encore un rapport proposant des orientations au musée.

Si Jacques Sallois avait laissé carte blanche à Jean Guibal, les options, cette fois-ci, étaient clairement cadrées dans la lettre de mission du ministre : le champ muséographique du musée devait correspondre « au patrimoine national d'anthropologie dans le cadre de l'actuel territoire français et sur une période allant de la fin des Carolingiens au milieu du XXᵉ siècle. Il inclut les Dom-Tom [1] ».

Ainsi les tenants d'un musée d'histoire des sociétés rurales françaises avaient temporairement gagné. On voyait bien s'affronter deux conceptions politiques du musée : en simplifiant quelque peu, celle de Guibal, dynamique, tournée vers la compréhension des faits sociaux contemporains, était une conception de gauche et celle de Pitte (ou de ses inspirateurs), plus classique, était tournée vers les traditions de droite. Les affrontements au sein de la maison ne s'apaisèrent donc point, d'autant que la médiocrité du rapport du nouveau

---

1. Archives personnelles. Lettre de mission de Jacques Toubon à M. le professeur Jean-Robert Pitte le 10 mai 1995.

chargé de mission au ministère contrastait tristement avec la richesse du rapport Guibal. Le moral, au plus bas, ne risquait guère de remonter à la lecture du *Monde* : « Ce grand hall endormi, ces larges couloirs déserts sont-ils encore habités ? Il y a là des conservateurs qui se posent des questions, des chercheurs qui travaillent dans leur coin et même des visiteurs un peu égarés. Une petite centaine de milliers chaque année [...] Le bâtiment est toujours aussi renfrogné, les galeries d'exposition permanente sont autant de tunnels sombres où des gardiens traînent les pieds en attendant l'heure de la fermeture. Dans les vitrines s'accumulent des objets parfois beaux, souvent uniques [...] Le visiteur est immergé dans la Galerie culturelle du musée, en apnée dans un XIXᵉ siècle – avec ramifications jusqu'au Moyen Âge – qu'il comprend peu, privé des explications susceptibles de servir de fil conducteur dans cette plongée aveugle au cœur d'une société rurale et préindustrielle. Les seuls fils tolérés sont de nylon. Ils servent à maintenir les séries d'objets en apesanteur. Et l'on ne doit pas y toucher. »

Dans le même article, Jacques Sallois, interviewé alors qu'il quittait la Dmf, déclarait, accablant : « En dépit de la bonne volonté de son équipe actuelle, les Atp se sont révélés, à ce jour, incapables d'être le moteur d'une intervention forte et novatrice de l'État dans ce domaine[1]. »

Mais l'État fait-il jamais son autocritique ? N'a-t-il pas ballotté cet établissement entre des projets contradictoires, inspirés par des changements politiques, de deux ans en deux ans ? En tant que directeur du Centre d'ethnologie française depuis 1986, je méditais tristement sur les blocages institutionnels et le poids du politique dans les décisions relevant de la culture. Mon homologue à la tête du musée depuis 1992, Martine

---

1. Véronique Mortaigne et Emmanuel de Roux, « Les musées de société. Langueurs parisiennes, énergies régionales », *Le Monde*, 25 août 1994.

Jaoul, ressassait les mêmes pensées amères sur la conjugaison de nos impuissances, en dépit de notre « bonne volonté », comme disait charitablement la direction des musées de France.

Nouveau projet, nouveau nom,
nouveau lieu

La médiocrité du rapport Groshens incita la nouvelle directrice des musées de France, Françoise Cachin, à commander à la fin de l'année 1994 un troisième rapport à Michel Colardelle, archéologue connu notamment pour ses fouilles au lac de Paladru[1], qui avait travaillé au sein de plusieurs administrations du ministère de la Culture. Reprenant la formule du « retour aux collections », celui-ci proposait une analyse lucide des changements de la société française et des attentes du public face au patrimoine qui débouchait sur une tout autre solution[2] : prendre la société française « traditionnelle » dans l'ampleur de sa chronologie, de l'an mil à la fin de la Seconde Guerre mondiale ; présenter sa culture dans toutes ses dimensions, sans omettre les hiérarchies sociales, ni les mondes urbains et industriels. Telle était l'ambition d'un programme qui ne manquait pas de souffle et avait l'avantage de la cohérence. En outre, la compétence archéologique du nouveau conservateur pressenti était garante de la constitution des collections qui manquaient entre l'an mil et la seconde moitié du XIXe siècle (période à laquelle commençaient les collections du musée).

1. Rendues célèbres temporairement par la référence qu'y fit Alain Resnais dans le film *On connaît la chanson* comme sujet de thèse rébarbatif et qui n'intéresse personne. En réalité, ces fouilles eurent le grand intérêt de montrer l'existence de communautés de seigneurs-paysans aux alentours de l'an mil, à partir d'un chantier des fouilles subaquatiques d'un espace inondé par un lac.
2. Michel Colardelle, conservateur général du Patrimoine, *Rénovation du musée national des Arts et Traditions populaires. Propositions*, 13 mars 1995, rapport commandé par Françoise Cachin le 16 janvier 1995.

Son discours ne pouvait que rencontrer l'assentiment des tutelles : du côté de la Dmf, Michel Colardelle insistait sur la nécessité de rencontre entre le musée et son public, pour justifier les investissements demandés ; du côté du Cnrs, il tenait un propos radicalement différent de ses prédécesseurs, qui entretenaient une certaine suspicion à l'égard de la recherche, ou, à tout le moins, ne souhaitaient plus privilégier la mission scientifique du musée : Michel Colardelle, lui, en affirmait au contraire haut et fort la nécessité.

Le projet de politique culturelle reprenait les grandes lignes du rapport Guibal : une exposition permanente et des expositions temporaires de longue durée assorties d'expositions plus légères (selon la formule mise en place depuis longtemps dans ce que l'on appelait les « expositions dossiers ») ; des collaborations à reprendre avec les musées de région, comme avec les grandes institutions parisiennes. Enfin, à l'image de ce que faisait désormais le Musée dauphinois, des expositions étaient prévues sur les cultures immigrées en France.

Michel Colardelle estimait que les Atp, dont il suggérait qu'ils fussent rebaptisés « musée des Civilisations de la France », devaient être situés à Paris, mais pas à leur emplacement au bois de Boulogne : « Je suis aujourd'hui persuadé qu'il faudra changer de lieu si l'on veut ranimer les Atp [1]. » Il rappelait que la proximité avec le Jardin n'avait que des inconvénients, soulignant d'ailleurs le désintérêt des gestionnaires (la concession du Jardin appartenait alors au groupe LVMH) pour les projets du musée. La rénovation du bâtiment serait de plus particulièrement coûteuse, « tout cela pour un résultat peu spectaculaire : 10 600 m^2 dont 5 700 m^2 de présentation ».

La conjoncture institutionnelle fut soudain clémente. La direction scientifique du Cnrs était alors assurée par

---

1. *Ibid.*, p. 31.

Marie-Antoinette de Lumley, préhistorienne, collègue de longue date de Michel Colardelle. Fort des promesses de renouvellement du musée, le laboratoire de recherches, dont le sort avait semblé vaciller deux années auparavant, obtenait son renouvellement quadriennal. Pour ma part, épuisée par les dix années de conflits et d'amertumes, je remis mes responsabilités de directeur du Cef et m'en allai vers l'université. Martine Jaoul, de son côté, s'orienta vers la conservation des musées régionaux. Nous avions ensemble conclu que les deux fonctions devaient être jointes. La réunification de la direction de la recherche et de la conservation du musée était gage de cohésion pour le futur de l'établissement.

Michel Colardelle prit donc les doubles rênes de l'institution en janvier 1997, soutenu par ses deux tutelles, et par un article d'Emmanuel de Roux qui constatait que « le musée des Arts et Traditions populaires secouait sa poussière [1] ». La gauche revenait au pouvoir avec Lionel Jospin comme Premier ministre et Catherine Trautmann comme ministre de la Culture. La partie n'était pas gagnée, mais l'horizon politique était provisoirement dégagé et le choix programmatique clair. Symboliquement, la « baleine [2] » se couvrit d'un grand calicot affichant le futur programme du musée : « La vie quotidienne depuis l'an mil ». L'année 1997 fut marquée par deux expositions, de nature très différente : « Ils sont fous... d'Astérix » qui remporta un large succès public, surtout auprès des enfants, et « La Différence » [3], qui connut surtout un succès... d'estime. Elles eurent aussi l'effet bénéfique d'attirer enfin le regard bienveillant de

---

1. Emmanuel de Roux, *Le Monde*, 3 janvier 1997.

2. Ainsi désignait-on la vitrine placée à l'extérieur du bâtiment et qui initialement servait d'appel au passant en présentant quelques objets et documents.

3. Exposition originale qui visait à démontrer la relativité des expositions dans les musées de société. Trois conservateurs, trois musées traitent du thème de la différence et leurs trois expositions sont présentées ensemble au public qui peut ainsi juger de la relativité du propos muséal. (Musée des Civilisations du Québec, musée d'ethnographie de Neuchâtel, Musée dauphinois).

la presse. Il fallait cependant s'atteler à l'élaboration d'un nouveau projet, et trouver un nouveau bâtiment parisien pour l'héberger.

« Réinventer un musée »

Dans le colloque tenu en mars 1997, sous cet intitulé, Michel Colardelle offrait au débat le projet d'un musée dont le champ serait « la civilisation française non savante, depuis la naissance de l'État et de la société traditionnelle jusqu'à la mondialisaton de l'économie et des modèles socio-culturels[1] ».

Plus que sur le contenu intellectuel du futur musée, le nouveau responsable concentra ses efforts sur le choix d'une nouvelle implantation, parisienne et centrale. Un temps fut caressé l'espoir d'installer les Atp réinventés dans le palais de Tokyo alors vacant. C'était une idée fort séduisante qui aurait créé rive droite, non loin de la colline de Chaillot, un ensemble de musées voués aux cultures du monde ; culture et art savant d'Asie au musée Guimet, histoire de l'homme en société avec un musée de l'Homme rénové, cultures du monde au musée du quai Branly de l'autre côté de la Seine, et enfin nouveau musée des Atp au palais de Tokyo. Le ministre de la Culture Catherine Trautmann ayant refusé le site convoité, il ne restait plus à Michel Colardelle qu'à explorer la possibilité d'un accueil par une métropole régionale.

En 1999, la décision fut prise de déplacer le musée, la ville de Marseille ayant accepté de l'accueillir dans le cadre du pôle Euroméditerranée qui se développait à côté du fort Saint-Jean, propriété de l'État. Avec la délocalisation des Atp, ce dernier jouait sur deux tableaux : il faisait acte de décentralisation culturelle et il rendait aux Marseillais un de ses hauts lieux patrimoniaux,

---

1. Jean-Pierre Digard, « Quelques interrogations sur l'espace-temps d'un musée de société », in *Réinventer un musée*, Paris, École du Louvre, palais du Louvre, 1999, p. 32.

fermé depuis longtemps. L'orientation scientifique et le champ de l'établissement furent alors singulièrement infléchis. En 2002 parut le texte qui justifiait la nouvelle orientation du musée : « À l'heure où se construit l'Espace européen de la Recherche et où l'Europe de la culture tend à s'organiser, il est important d'apporter un signe fort à la fois vers l'Europe et vers l'ensemble du monde méditerranéen [...] Le choix de Marseille, grande ville sur la façade méditerranéenne de la France et de l'Europe, est, à cet égard emblématique[1]. »

Alors qu'était prise cette décision, se confirmait celle de créer un nouveau musée de l'Homme et des civilisations, dit musée du quai Branly. Ainsi la crise des deux frères jumeaux, le musée de l'Homme et le Mnatp, issus tous deux de la même mère, le musée d'ethnographie du Trocadéro, était-elle réglée sur la base d'options fondamentalement différentes et neuves pour chacun d'eux.

Le quai Branly entendait mettre davantage en avant le côté esthétique de ses présentations. Et, changement radical pour le nouveau musée des Atp si l'on se référait à la nature de ses collections, il ouvrait son champ à l'Europe et à la Méditerranée, oubliait l'an mil et se décidait à être un « musée citoyen » avec toutes les ambiguïtés de cette formule. Un nouveau nom, un nouveau lieu, un nouveau champ, de nouvelles collections – le vieux Mnatp avait vécu.

À l'ouverture du colloque de Mulhouse, en 1991, et pendant la conférence inaugurale que donnait Jacques Sallois, alors que celui-ci mentionnait le musée des Atp, quelqu'un, du fond de la salle, cria : « On ne tire pas sur une ambulance. »

Il aura donc fallu dix ans pour que le malade rende l'âme, soigné par une poignée de Diafoirus.

---

1. Ce texte est tiré d'une « préface » signée conjointement par les deux responsables de la Dmf et du Cnrs, Geneviève Berger et Francine Mariani Ducray, in Michel Colardelle (dir.), *Réinventer un musée. Le musée des Civilisations de l'Europe et la Méditerranée à Marseille*, Paris, éditions de la Rmn, 2002.

8

Qu'est-ce qu'un musée d'ethnologie ?

En ce début de XXIᵉ siècle, le paysage des musées d'ethnologie en France et en Europe est en train d'être sérieusement remodelé[1]. Des musées meurent, certains se régénèrent, d'autres naissent. Il y en a qui, débaptisés, voyagent avec ou sans leurs collections.

Nulle convergence vers une doctrine unique, les partis pris affirmés sont divers d'un établissement à l'autre. À la différence des musées de Beaux-Arts dans lesquels le critère esthétique continue de dominer, leurs collections s'offrent à interprétations variées, à regards changeants et à instrumentalisations multiples, autant de réponses à la question de la scénographie des cultures.

TROIS MUSÉES, TROIS PROJETS

Un espace muséal surtout voué à l'esthétique : le musée du quai Branly

Ce musée qui ouvrira ses portes en 2006 est issu de la volonté d'un président de la République désireux, à l'instar de ses prédécesseurs, de marquer de son empreinte le paysage muséal parisien. À Georges Pompidou revient

---

1. Bjarne Rogan, « Towards a Post-Colonial and a Post-National Museum. The Transformation of a French Museum Landscape », *Ethnologia Europaea*, 2003, 33, 1, p. 37-50.

le centre d'art qui porte son nom, à Valéry Giscard d'Estaing le musée d'Orsay, à François Mitterrand le Grand Louvre et d'autres créations culturelles ; à Jacques Chirac, donc, ce sera le musée du quai Branly, « rêve d'un chef d'État[1] ».

Sensible à ce qu'il nomme les « cultures matricielles », Jacques Chirac soutint le projet d'un collectionneur et marchand, Jacques Kerchache, de faire entrer des objets d'Afrique, d'Océanie et des Amériques au musée du Louvre. Non sans mal, d'ailleurs. D'un côté les conservateurs et chercheurs du musée de l'Homme comme du musée national des Arts d'Afrique et d'Océanie ne voulaient pas voir partir leurs trésors ; de l'autre, les conservateurs du Louvre ont résisté longtemps à ce que ces « objets-là » entrent dans leur palais. Pouvait-on leur conférer une légitimité et une noblesse identiques à celles de la *Joconde* ou de la *Victoire de Samothrace* ? La volonté politique l'emporta, et une cinquantaine d'œuvres puisées dans les galeries ou les réserves du laboratoire d'ethnologie du musée de l'Homme et du Maao furent installées dans le pavillon des Sessions, sis dans l'aile de Flore (ouvert en avril 2000). Ce pavillon se situe assez loin du cœur du musée du Louvre et, symboliquement, cette distance semble écarter tout risque de confusion ou de contamination entre des antiquités gréco-romaines ou égyptiennes considérées comme nobles et œuvres de haute civilisation, et des productions dont la qualité esthétique est plus discutable aux yeux de l'establishment des conservateurs d'art.

La muséographie, dépouillée à l'extrême – mais à l'opposé de celle de Rivière, puisqu'elle est toute de clarté –, n'offre qu'une lecture esthétique, d'ailleurs magnifique, au visiteur profane ; la culture dont l'objet

---

1. Maurice Godelier, « Créer de nouveaux musées des arts et cvilisations à l'aube du IIIe millénaire », in *Le Musée et les Cultures du monde. Actes de la table ronde des 9 et 10 décembre 1998*, coordonnées par Emilia Vaillant et Germain Viatte, Paris, Les Cahiers de l'École nationale du patrimoine, 1999, p. 301.

est extrait, les étapes de sa fabrication, ses usages techniques, sociaux ou symboliques, il faut les chercher sur une fiche placée dans une boîte fixée au mur, ou interroger un CD Rom dans une pièce au fond de la salle. Œuvres d'art, celles-ci sont cependant sans auteur ; seule figure la mention de l'ethnie à laquelle appartient la pièce, soit qu'elle fût trouvée sur le terrain, soit que le marchand la garantisse de telle ou telle origine.

Cette galerie préfigure ce que sera le musée du quai Branly, voué à des « arts » que l'on a dits « premiers », qualificatif que l'on emploie, faute de mieux, puisqu'on ne peut les qualifier d'« exotiques » ou de « modernes ». Ce terme qui succédait à « art nègre », « primitif », « sauvage » « primordial », voire « tribal »[1] est loin de faire l'unanimité. S'il y a des « arts premiers », y en aurait-il des seconds ? Le mot suggère une hiérarchie, alors même que le manifeste de Jacques Kerchache, à l'origine du projet, proclamait que « les chefs-d'œuvre du monde naissent libres et égaux » (1990). Significative est donc l'appellation du futur musée qui se réfère à sa localisation, en bordure de Seine, faute d'un consensus sur le sens de ses collections. Le musée du quai Branly est le fils adultérin du musée de l'Homme et du musée des Arts africains et océaniens, comme il en est le parricide. En effet, il accueille les collections complètes de ces deux musées[2], pour les présenter dans une muséographie totalement renouvelée qui fait débat.

L'établissement public du musée du quai Branly fut créé en 1997, et Jean Nouvel emporta le concours international de maîtrise d'œuvre pour la construction du futur établissement, placé sous la double tutelle du ministère de la Culture et de la Communication et du

1. Rolande Bonnain, *L'empire des masques. Les collectionneurs d'arts premiers aujourd'hui*, Paris, Stock, 2001, p. 57-61.
2. Deux cent cinquante mille objets du musée de l'Homme et vingt-cinq mille objets du Maao, dont quatre mille seulement seront présentées. Les chefs-d'œuvre réunis au pavillon des Sessions y demeureront.

ministère de l'Éducation nationale. Comme pour les Atp autrefois, architecture et programme muséographique marchent de pair.

Dans le magnifique bâtiment, dont l'architecture cherche à couper le visiteur de ses références urbaines, on accédera par une rampe (comme dans le premier projet de Dubuisson) au plateau des collections, immense espace ouvert d'exposition permanente comportant quelques « boîtes » consacrées à telle ou telle culture. De grandes expositions temporaires seront renouvelées régulièrement. Un outil multimédia sophistiqué permettra de replacer les objets dans leur contexte sociologique, une médiathèque ultramoderne sera ouverte aux chercheurs, des conférences, des projections, des événements sont d'ores et déjà programmés. Bref, un outil culturel de grande ampleur qui se veut, de la bouche de ses responsables, le Centre Georges-Pompidou des arts non occidentaux. Là, réside le désaccord majeur avec les ethnologues qui estiment que l'angle esthétique n'est pas le meilleur moyen de restaurer l'Autre dans toute la dignité de sa culture.

Le débat est complexe.

Le musée de l'Homme avait été conçu par Paul Rivet et Georges Henri Rivière pour se dégager du point de vue colonial comme de l'engouement des années 1930 pour l'« art nègre » : « Nous montrerons ces objets, dans nos futures salles du Trocadéro, avec le maximum de documentation. Ce vase, nous vous en expliquerons la construction, les procédés et le sens de son décor. Ce masque, un dessin tiré d'un vieux chroniqueur vous en fera voir le pareil à deux siècles de distance et une notice vous dira à quelle société secrète il doit être rattaché. Cet instrument de musique, une photographie vous le montrera en usage, une portée musicale vous en donnera l'étendue, un disque voisin vous en fera entendre le son », expliquait Rivière[1].

---

1. Cité par Christine Laurière, « Georges Henri Rivière au Trocadéro. Du magasin de bric-à-brac à la sécheresse de l'étiquette », *Gradhiva*, 2003, 33, p. 64.

Sans éliminer complètement le registre esthétique, les deux fondateurs du musée souhaitaient faire connaître les façons de vivre, de croire, de penser, de se représenter le monde, auxquelles renvoyaient des objets dont la présentation était appuyée sur des enquêtes de terrain. Ils rendaient tous deux hommage à l'universalité de l'Homme à travers la diversité des cultures.

Dans le futur musée du quai Branly, l'aspect esthétique prédominera à nouveau, semble-t-il. Ce sera, selon Jean Jamin, le retour de la « tyrannie du goût et des chefs-d'œuvre contre laquelle s'insurgeait Rivière [1] ». La future présentation des collections privilégiera comme dans les années 1930 la vision artistique, même si les promoteurs du projet s'en défendent et disent vouloir faire un musée de civilisation « ouvert à toute la diversité des approches possibles sur les collections, ethnologie, histoire, histoire de l'art [2] » et soulignent l'importance de l'outil multimédia consultable sur écran géant qui permettra de mieux connaître les fonctions sociales et symboliques des objets et les sociétés dont ils proviennent [3]. Du savoir virtuel sur les sociétés, en somme [4].

Même si le social n'est pas absent, le poids de l'esthétique ouvre un débat sur l'universalité des catégories du beau et de l'art, termes absents même de certaines langues. Dans ces conditions, au quai Branly ne privilégie-

---

1. Jean Jamin, « Faut-il brûler les musées d'ethnographie ? », *Gradhiva*, 24, 1998, p. 68.

2. *La Lettre du quai Branly*, janvier 2002, entretien avec Germain Viatte, directeur du programme muséographique.

3. C'est dans la mezzanine centrale que seront installés ces relais multimédias, l'un intitulé « Regarder l'Autre autrement » ; le second concernant les langues.

4. Un très important « chantier des collections » est aussi engagé : trois cent mille pièces provenant du Maao et du MH qui sont examinées, étudiées et reclassées, désinfectées et photographiées. L'État ne fait ici que rattraper un retard scandaleux dans la gestion des collections qui ont beaucoup plus souffert au musée de l'Homme qu'aux Atp car les crédits publics y étaient encore plus chiches. Ainsi sera constituée une banque de données en ligne, permettant d'accéder à l'objet directement. Plus besoin d'ouvrir les placards des réserves pour les admirer ou les consulter. À supposer que le virtuel remplace absolument l'usage des autres sens.

t-on pas plutôt l'interprétation européenne à celle qu'en donne l'indigène, recueillie par l'ethnologue ? Plutôt l'interprétation universaliste esthétisante que l'interprétation locale contextualisée, indiquant la fonctionnalité de l'objet ? Lorenzo Brutti, parlant pour de nombreux collègues, voit là le retour du regard colonial[1].

D'autres répliquent que le choix d'un parti pris à dominante esthétique n'est pas seulement issu du refoulement d'une mauvaise conscience de colonisateur. Comment pouvons-nous refuser à ces objets une qualification esthétique et ne voir en eux que le témoignage d'une culture matérielle ou des symboles rituels et religieux ? Les chefs-d'œuvre non occidentaux ont droit à la même reconnaissance que ceux de l'Occident. Il y a bien longtemps déjà, Michel Leiris, refusant d'opposer beauté plastique et usage social, a montré que l'émotion esthétique suscitée par les objets contribuait à l'efficacité de leurs fonctions rituelles : « Le fait est que la plupart des œuvres africaines étudiées jusqu'à ce jour répondent à des besoins étrangers au domaine de l'art comme tel et qu'elles doivent être tenues pour fonctionnelles, à des titres variés. Pourtant, cela ne signifie pas qu'elles ne comportent aucun élément de beauté pure, autrement dit : de beauté susceptible d'être goûtée pour elle-même [...] Ces œuvres, par-delà leur valeur d'utilité directe ou indirecte, peuvent être appréciées d'un point de vue proprement esthétique par les usagers[2]. »

Tout en reconnaissant que la sensibilité esthétique n'est pas uniquement du côté de l'Occident, d'autres détracteurs estiment qu'en mettant en avant la dimension artistique, nous imposons nos codes culturels. Plutôt

---

1. Lorenzo Brutti, « L'ethnologie est-elle soluble dans l'art premier ? Essai de lecture ethnographique du musée du quai Branly par le regard d'un observateur participant », in Yolaine Escande et Jean-Marie Schaeffer (dir.), *L'Esthétique : Europe, Chine et ailleurs*, Paris, éditions You-Feng, 2003, p. 31.

2. Jean Jamin et Jacques Mercier, *Michel Leiris - Miroir de l'Afrique*, Paris, Gallimard, 1996, p. 1366.

que les « artistes » de là-bas dont on ignore l'identité, n'est-ce pas nous-mêmes que nous célébrons à travers eux ? Et particulièrement le regard des collectionneurs, puisque le fait qu'un objet ait appartenu à un artiste célèbre comme André Breton, ou un anthropologue éminent comme Claude Lévi-Strauss, en augmente considérablement la valeur[1] ?

Mais aussi le regard sur les artistes de « là-bas » a changé : ils sont reconnus, appréciés, courtisés même par les galeries d'art, qu'il s'agisse des peintres aborigènes d'Australie ou des sculpteurs de la côte nord-ouest du Canada. « Pour présenter la diversité des cultures, l'art est une bonne porte d'entrée, dit un des responsables du projet. Aujourd'hui, dans notre propre culture, c'est une valeur appréciée par tous, autour de laquelle un consensus s'est établi. [...] Il permet de proposer une approche respectueuse, non discriminatoire, des cultures occidentales. Privilégier la présentation d'une production artistique va dans le sens des représentants de ces cultures qui y retrouvent leur dignité. Il y a donc une rencontre possible, dans le contexte actuel, autour de l'art, quand bien même demeure ouverte la question – fondamentale – de son universalité[2]. » Au vu de son expérience des musées de la côte ouest du Canada, James Clifford reconnaît aussi que traiter un objet comme un « objet d'art lui accorde une valeur morale et commerciale transculturelle (*moral and commercial cross-cultural value*)[3] ».

Au quai Branly, on dénie aux ethnologues la prééminence ou l'exclusivité du savoir scientifiquement

1. Jacques Hainard, « Regarder ses semblables pour se voir d'un autre œil », entretien avec Philippe Dagen, *Le Monde,* 12 août 2000.

2. « Le musée du quai Branly rejette Darwin », entretien avec Emmanuel Desveaux, par Emmanuel de Roux, *Le Monde,* 19 mars 2002.

3. James Clifford, « Four Northwest Coast Museums : Travel Reflections », in Ivan Karp et Steven D. Lavine (eds), *Exhibiting Cultures. The Poetics and Politics of Museum Display,* Washington and London, Smithsonian Institution Press, p. 241.

constitué sur les sociétés : un autre regard sert à la lecture des collections. Ceux-ci se sont donc retirés des groupes de programmation auxquels ils étaient conviés. Mais leur attitude n'est-elle pas ambiguë ? En prenant prétexte de l'orientation esthétique pour tourner une fois de plus le dos au musée, comme ils l'ont fait depuis quarante ans, ne le renvoyaient-ils pas par là même à la solitude de l'esthétique ? Certains n'avaient-ils pas une dette à l'égard de leur maison mère (le musée de l'Homme mère) et, tout comme aux Atp, leur retrait ne constituait-il pas une des raisons de l'échec de la rénovation interne qui avait été proposée par Émile Biasini en 1992 ? Après tout, on peut saluer le pragmatisme d'un des plus brillants ethnologues de sa génération, Maurice Godelier, qui s'est emparé du rêve présidentiel pour rénover le musée de l'Homme. Dans ce musée dont on ne doute pas qu'il sera magnifique, les objets ne seront-ils pourtant qu'un prétexte [1] pour attirer le visiteur, cette figure volatile qu'il s'agit de retenir à coup d'animations, de conférences, de présentations de spectacle vivant ?

Pédagogique et scientifique,
le futur nouveau musée de l'Homme

Le musée de l'Homme s'est durement battu pour conserver le capital symbolique de son nom et ne pas le voir partir avec des collections qui lui furent littéralement arrachées.

Comme celle des Atp, sa mutation a traîné en longueur, mais il revenait de plus loin encore. Ouvert en 1939, il sentait la poussière et semblait bien vieillot en dépit de quelques remodelages. Le début de la réflexion concernant sa rénovation alla de pair avec celle qui concernait son rejeton, les Atp. Probablement stimulée

---

1. *Objets prétextes, objets manipulés*, édité par Jacques Hainard et Roland Kaehr, Neuchâtel, musée d'Ethnographie, 1984, publié à l'occasion de l'exposition de même titre (2 juin-30 décembre 1984).

par l'exemple de la Dmf, une mission d'étude fut conduite en 1990 et 1991 par l'anthropologue Françoise Héritier, chargée d'évaluer les musées de l'Éducation nationale, secteur sinistré, abandonné sur tous les plans, matériel et moral[1]. Le projet de rénovation proposé par Henri de Lumley ayant été rejeté, la manne des « Grands Travaux » passa à côté du Trocadéro, pour profiter, notamment, à la Grande Galerie de l'Évolution du Muséum d'histoire naturelle, qui fut refaite de fond en comble.

Une fois les décisions prises concernant l'établissement du quai Branly, et après le départ des collections d'ethnologie (malgré la résistance du personnel), il fallait retrouver un nouveau projet à l'établissement. En préalable, des questions institutionnelles entravant le fonctionnement de la maison furent réglées. Car, depuis sa création à la Révolution, la structure n'avait pas changé et trois chaires dépendant du Muséum d'histoire naturelle, ethnologie, préhistoire et anthropologie, étaient tenues par trois professeurs différents, chacun étant responsable de ses collections. Leurs conflits chroniques étaient une des causes endémiques de la crise interne.

À la suite d'une restructuration institutionnelle intervenue en 2001, un seul directeur est désormais responsable des collections, ce qui permet d'envisager des projets communs. Bien que réduit à ses collections paléontologiques et préhistoriques, le musée de l'Homme propose un nouveau programme qui ne manque pas d'ambition : au confluent d'un musée de sciences, de préhistoire et d'anthropologie, il s'emparera aussi de questions relatives à l'évolution de l'homme en société[2]. Dans le prolongement d'une autre institution du Muséum d'histoire

---

1. Françoise Héritier, *Les Musées de l'Éducation nationale, mission d'étude et de réflexion*, Paris, La Documentation française, 1991.
2. Jean-Pierre Mohen (dir.), *Nouveau musée de l'Homme*, Paris, Odile Jacob, 2004.

naturelle, la Grande Galerie de l'Évolution rénovée, il traitera de l'homme dans son environnement, son adaptation aux écosystèmes, ses relations avec la nature et les espèces : « une histoire naturelle de l'homme et une histoire culturelle de la nature », selon l'expression de Serge Bahuchet[1]. Ainsi rénové et redéployé, il devrait ouvrir en 2008.

Dans le même esprit, le musée des « Confluences » à Lyon, qui verra le jour en 2007, est une nouvelle variante de musée de société puisqu'il se définit comme un « musée de sciences et de sociétés ». Son directeur Michel Côté, ancien membre du musée de la Civilisation à Québec, s'est fait connaître – on l'a vu – dans le cadre de la mission d'audit qu'il conduisit avec Roland Arpin aux Atp. Situé à la rencontre du Rhône et de la Saône, ce musée s'appuie sur plusieurs collections de sciences et de techniques, d'antiquités égyptiennes, d'archéologie et d'anthropologie. Au travers d'expositions de référence et d'expositions temporaires, l'offre culturelle sera démultipliée. Là aussi, l'homme sera considéré dans son environnement culturel et biologique, au-delà des cloisonnements traditionnels, afin de mieux traiter des enjeux de notre époque. Une architecture originale abritera ce projet ambitieux[2].

Adieu au musée des Arts d'Afrique et d'Océanie

Construit à l'occasion de l'Exposition coloniale de 1931, il fut fondé en 1935 comme le musée des Colonies et de la France extérieure avant de devenir musée de la France d'outre-mer. En 1960, quittant la tutelle d'un ministère qui disparaissait emporté par la faillite de la

---

1. Serge Bahuchet, « L'homme indigeste ? Mort et transfiguration d'un musée de l'Homme », in Marc-Olivier Gonseth, Jacques Hainard, Roland Kaer (dir.), *Le Musée cannibale*, Neuchâtel, musée d'Ethnographie, 2002, p. 78.
2. www.museum-lyon.org/museum_presentation/museum_confluences.htm

politique coloniale française, il passa sous l'aile du ministère de la Culture et devint musée des Arts d'Afrique et Océanie, avec le statut de musée national en 1971. Mais ses tribulations ne s'arrêtèrent pas là et l'image des colonies lui colle toujours à la peau, c'est-à-dire à la pierre du superbe bâtiment érigé porte Dorée.

Racontée dans un ouvrage issu d'une enquête auprès du personnel, l'histoire de ce musée est la lente chronique d'une mort annoncée, jalonnée de projets avortés, de déchirements internes, d'audits et de missions. En même temps que Jean Guibal aux Atp, Jacques Sallois nomma Cécil Guitart chargé d'une mission de rénovation. Un rapport de plus, sans suite. Au milieu des années 1990, à l'aide d'une politique d'expositions temporaires aussi inventives qu'efficaces, impulsées par Jean-Baptiste Martin, le public est revenu avec près de trois cent mille visiteurs par an. Le musée n'était pas sauvé pour autant car le projet d'un musée des Arts premiers, lorgnant ses collections, le menaçait directement. Le conservateur laissa la place à Germain Viatte qui organisa leur transfert vers l'ogre du quai Branly. Ainsi vidé de sa substance, le bâtiment, toujours en quête de son identité et ne pouvant se débarrasser de son lourd héritage [1], attendit que s'ouvre une nouvelle destinée.

Le parallèle entre le Maao et le musée des Atp est frappant. Certes, il ne fut jamais reproché au second de porter un regard dominateur et condescendant à l'égard de la culture populaire, bien au contraire, puisque sa vocation (première à tout le moins) était de la faire connaître et de la valoriser. Mais, dans les deux cas, le regard a changé sur les objets présentés, provoquant quiproquo ou malaise. Et bien plus que pour les Atp, l'architecture du Maao, ses fresques, ses sculptures, inscrivent sur ses murs les traces d'un passé impossible à

---

1. *Maao Mémoires.* Photographies de Bernard Plossu, textes par J. Eidelman, A. Monjaret et M. Roustan, Paris, Marval, 2002.

assumer et qui ne pouvait plus être regardé désormais qu'au second degré comme dans l'exposition « Kannibals et Vahinés[1] ». Bref, un bâtiment, qui a changé de nom quatre fois depuis sa création, bien difficile à reconvertir.

Finalement le musée a fermé ses portes le 31 janvier 2003. Il devrait rouvrir en 2007 comme « Cité nationale de l'histoire de l'immigration ». Significativement, on a refusé à l'établissement le titre de « musée » car il ne possède pas de collections (et pour cause, elles sont parties au quai Branly). Lieu de mémoire et d'éducation, le nouvel établissement devra mettre l'imagination muséographique au pouvoir, puisqu'il aura à montrer l'histoire des cultures immigrées. La légitimation que les Atp avaient voulu conférer à la culture paysanne, cette Cité devra l'apporter aux cultures étrangères qui ont enrichi notre culture nationale : « Il s'agit d'inclure l'histoire de l'immigration dans la culture légitime pour sortir du traitement social ou de la relégation[2] », précise le rapport de préfiguration dont Jacques Toubon, qui fut ministre de la Culture, préside la mission. Tous ceux qui sont venus vivre et travailler en France depuis un siècle, Polonais, Juifs d'Europe centrale, Portugais, Espagnols, Italiens, Maghrébins, Africains ou Turcs, sont en effet absents de nos musées, comme le furent longtemps les Afro-Américains oubliés des musées outre-Atlantique qui ne concédaient une place qu'aux peuples autochtones. Le fondateur du premier musée qui leur est dédié n'écrivait-il pas : « Il n'y a pas de Noirs aux États-Unis, je ne les ai pas vus dans les musées[3] ? »

---

1. « Kannibals et Vahinés », exposition au Maao en 2001 qui dénonçait avec beaucoup d'humour le regard stéréotypé jeté sur les populations des îles du Pacifique, où les hommes étaient tous des cannibales et les femmes des danseuses langoureuses.
2. Sylvia Zappi, *Le Monde*, 4 janvier 2005.
3. Élise Dubuc, « Entre l'art et l'autre. L'émergence du sujet », in Marc-Olivier Gonseth, Jacques Hainard, Roland Kaer (dir.), *Le Musée cannibale*, Neuchâtel, musée d'Ethnographie, 2002, p. 41.

Renvoyant dos à dos le débat entre culture et esthétique, les musées de sociétés et autres écomusées ont opté pour la mise en scène d'identités diverses. Or la plupart d'entre eux traversent une crise en 2005, la grande période du patrimoine ethnologique, qu'on peut situer entre 1985 et 1996, étant désormais refermée. Dès 1991, en pleine effervescence écomuséale, François Hubert remarquait que « le seul travail sur l'identité de populations ancrées sur leur territoire depuis plusieurs générations n'est plus tout à fait pertinent pour répondre aux questions qui se posent aujourd'hui à la société[1] ».

La remise en question de la politique du patrimoine

Alors que l'État-patrimoine, si vigoureusement fustigé par certains, semblait voué à un bel avenir, il s'est trouvé contesté, souvent de façon lucide et courageuse par ceux-là même qui en furent les agents. Il y avait là, comme ailleurs, bien des illusions muséales. Les présentations, partielles, voire partiales, pouvaient être trompeuses.

Noël Barbe, par exemple, a remis en cause la présentation d'un atelier de taillanderie dans le Jura (qui fabriquait des faux) où l'on a privilégié les activités de l'énergie hydraulique, au détriment du matériel de forge : ainsi le visiteur prenait pour « authentique » une atmosphère humide et froide, alors que le milieu sensible originel était au contraire très chaud[2].

Bref, il n'y a pas plus de vérité du patrimoine exposé

---

1. François Hubert, « Les musées de synthèse », in *Musées et Sociétés, actes du colloque Mulhouse Ungersheim, juin 1991. Répertoire analytique des musées. Bilans et projets 1983-1993*, ministère de l'Éducation et de la Culture, direction des musées de France, inspection générale des Musées, 1993, p. 78.

2. Noël Barbe et Anne Thierry, « Paradigme scientifique et muséographique. Ou comment d'une forge il ne reste qu'un feu », muséologie et mémoire, symposium, 19-20 juin 1997, *Icofom Study Series*, 27, p. 87-91.

que de la paysannerie française, telle qu'elle fut donnée à voir aux Atp. L'exemple franc-comtois est révélateur de la part de choix et de manipulations qui intervient, dès qu'il y a mise en musée. Aux illusions des présentations s'ajoutait la confusion des missions des praticiens du patrimoine auxquels on demandait d'être spécialistes et promoteurs du patrimoine, mais aussi agents du développement local, puisque le patrimoine était censé être « un gisement d'emploi et de richesses ». Les « années Patrimoine » sont loin derrière nous, et la disparition de la mission du Patrimoine ethnologique est significative de l'affaiblissement même du mouvement. Devenue « mission à l'Ethnologie », repliée dans un laboratoire de recherches qui associe le Cnrs et le ministère de la Culture, le Lahic (Laboratoire d'anthropologie et d'histoire sur l'institution de la culture), elle se consacre à l'étude ethnologique de l'institution patrimoniale. La mission nationale a fait long feu, il s'agit bien d'un « échec de la politisation par l'État du patrimoine ethnologique[1] ».

Trente ans après leur lancement, les écomusées, dont l'exemple glorieux a été si souvent opposé à la déroute des Atp, peinent à trouver un deuxième, voire un troisième souffle. Pour retrouver leur vigueur, il leur faudrait associer recherche fondamentale et recherche... des publics. Comme le dit Philippe Mairot, conservateur du Patrimoine au conseil régional de Franche-Comté et directeur des musées des techniques et cultures comtoises : « Il n'y a pas davantage de recherche sans problématique que de politique de conservation et de mise en valeur du patrimoine sans problématique culturelle pour aujourd'hui. Couper les pratiques patrimoniales d'une recherche problématisée et les couper d'une mise en culture, revient à séparer ce qui doit être relié en un

---

1. Jean-Louis Tornatore, « La difficile politisation du patrimoine ethnologique », *Terrain*, mars 2004, p. 149-160.

tout organique et à amputer ces pratiques de leur positivité [1]. »

De nouveaux choix pour les écomusées

Le cas d'un des premiers écomusées, celui de la Grande Lande à Marquèze, est significatif de ces difficultés. Après une période faste dans les années 1990, il a vu sa fréquentation baisser et pâtit de l'absence d'un programme de recherches, seul garant de renouvellement. Musée d'une identité qui a longtemps été contestée par les habitants du territoire, puis accepté par la génération suivante qui y voyait un facteur de développement local tant que les visiteurs affluaient, l'écomusée de la Grande Lande est contraint, après trente années d'existence, à redéfinir ses objectifs : il ne s'agit plus de parler seulement de la culture dans sa forme passée, mais bien des problèmes contemporains (agriculture industrielle, exploitation des ressources naturelles, etc.) [2]. L'écomusée tend à devenir un outil culturel qui, outre ses présentations, propose des activités diverses, qu'il s'agisse de l'accueil d'artistes en résidence ou de l'appel à des groupes de danseurs et musiciens pratiquant un répertoire « traditionnel ».

Des difficultés et des interrogations semblables taraudent l'écomusée de Fourmies-Trélon, consacré à l'univers de la production textile et verrière, en un lieu marqué par une forte culture ouvrière et emblématique de la lutte sociale, avec les événements tragiques du 1er mai 1891, au cours desquels la troupe tira sur les ouvriers en grève. La structure qui regroupe plusieurs sites répartis sur le territoire est installée dans le musée du Textile et de la Vie sociale, où sont présentées les machines industrielles de filature et de tissage de laine

---

1. Philippe Mairot, « Patrimoine, recherche et publics. Réflexions provisoires d'un praticien », *Culture et Recherche*, 49, octobre 1994, p. 6-7.
2. *Écomusée de la Grande Lande. Projet scientifique et culturel*, parc naturel régional des Landes de Gascogne, 2003-2007, document ronéoté.

peignée qui firent la renommée de la ville depuis les années 1850 jusqu'en 1970. Fourmies était en effet le premier lieu de filature de laine devant Roubaix. En 1900, on y comptait cent cinquante filatures employant quinze mille personnes, ouvriers de père en fils. Ce fut donc un drame social considérable lorsque Prouvost et Masurel fermèrent leurs portes en 1970, condamnant la population à un taux de chômage de 30 %.

En 1975, Marc Goujard, directeur du Centre culturel et social de Fourmies, eut l'idée de demander à plusieurs classes de conduire des enquêtes auprès de leurs grands-parents. Ils rapportèrent non seulement des histoires de vie, mais aussi des objets qui furent présentés dans diverses expositions montées dans les écoles. Lorsque l'usine ferma ses portes en 1977 et que la commune la racheta en tant que friche industrielle, ce dynamique acteur social fonda son écomusée, à l'image de celui du Creusot, en donnant une image positive du passé, aidant ainsi la population à faire son deuil de sa vie passée.

Mieux que dans les Landes, la structure répondait à la formule de Rivière. Un mouvement associatif était porteur du projet qui, après avoir essuyé deux refus de la direction des musées de France, trouva les financements locaux nécessaires grâce au soutien du sous-préfet[1]. La population s'y reconnut et participa activement à sa mise en œuvre. Cet écomusée vivant qui présente toutes ses collections en état de marche a dynamisé l'activité touristique sur le territoire. Mais, ici comme ailleurs, c'est le reflux. Après un démarrage en flèche, trente-quatre mille mille visiteurs en 1986, soixante-quinze mille en 1994, la chute du public est sensible depuis 1998 ; avec une affluence de seulement quarante-cinq mille visiteurs en 2002[2], il est plus que temps de développer un nouveau

---

1. Claude Erignac, assassiné en Corse, était sous-préfet d'Avesnes entre 1978 et 1981.
2. « Écomusée de la région de Fourmies. Trélon-en-Avesnois », ronéoté, sans lieu ni date.

projet ; or l'État se désengage des budgets. Quelle nouvelle voie pour le réseau ? Une réfection des programmes muséaux pour les rendre plus interactifs par l'usage du multimédia ? Un repositionnement par rapport à un territoire élargi, celui de l'Avesnois ? Toutes ces interrogations sur le devenir des musées sont pain bénit pour les cabinets de conseil en matière culturelle qui élaborent à grands frais des enquêtes et produisent des « préconisations »...

L'histoire de l'écomusée du Creusot est exemplaire du destin de l'utopie muséale que fut le musée communautaire. Il s'agissait de garder vivante la mémoire ouvrière en la libérant du joug patronal. Ce fut, en ses débuts, un musée militant, riche de son agitation culturelle. Un temps, au moment de la grande crise industrielle, il associa les anciens ouvriers à son projet. Puis il dut, en raison de graves dysfonctionnements internes, s'orienter vers une forme plus classique de collections et d'expositions. Selon Octave Debary, l'écomusée du Creusot n'expose plus que les « restes de l'histoire » et, sous couvert de faire connaître un passé, serait devenu le lieu de l'oubli[1].

Il continue cependant son action, développant son rôle d'acteur social dans une région en crise, ce qui est une bonne façon de rester fidèle à l'esprit du projet. L'écomusée du Creusot a ainsi passé un accord avec un chantier-école pour la formation professionnelle des adultes. Ceux-ci restaurent la friche industrielle d'une usine de céramique spécialisée dans la brique, qui a fermé ses portes en 1967. Il ne participe pas à la formation des stagiaires, mais leur offre une occasion, jouant par là un rôle social non négligeable dans un environnement économique déprimé. Ici comme ailleurs, on attend de ce type d'établissement qu'il joue un rôle économique au niveau régional ; il est donc poussé vers l'élargissement et la multiplication de ses sites patrimo-

---

1. Octave Debary, *La Fin du Creusot ou l'art d'accommoder les restes*, Paris, éditions du Comité des travaux historiques et scientifiques, 2002.

niaux. Ces nouvelles actions n'ont toutefois pas réussi à enrayer la chute du nombre des visiteurs, ce qui entraîne une baisse du budget de l'établissement et ouvre une crise à l'égard de son développement futur[1].

Les projets utopiques des débuts qui s'appuyaient sur l'idée généreuse de la participation de la population à titre bénévole sont aujourd'hui en berne. Sous les apparences d'une participation locale, « la professionnalisation a conduit à faire disparaître la population locale et, par là même, la vocation de l'écomusée comme lieu d'expression démocratique[2] ». Cette professionnalisation s'accompagne d'une reprise en main par les bailleurs de fonds, avec l'imposition d'une mise aux normes de fonctionnement administratif. Les collectivités locales et régionales sont aujourd'hui moins généreuses qu'il y a vingt ans, touchées comme tout le pays par la crise économique. L'engouement pour le culturel est par ailleurs en train de faiblir. L'utopie muséale se heurte aux dures réalités économiques et il lui faut élargir ses horizons culturels. Car les visiteurs, qu'il s'agisse de la population locale ou des touristes, se fatiguent de ces présentations centrées sur l'identité.

Dans certains cas, la transformation a été complète. La « communauté d'agglomérations » de Saint-Quentin-en-Yvelines s'était dotée d'une structure muséale en 1977 qui devait conserver les indices du passé sur le territoire, recueillir les traces de la mémoire de la vie rurale et cheminote. Celle-ci connut nombre de vicissitudes, consécutives aux changements des politiques urbaines[3]. Lors de sa troisième rénovation, en 1990, et avec sa

---

1. Emmanuel de Roux, « Les écomusées, une utopie en crise », *Le Monde*, 19 novembre 2004.

2. Serge Chaumier, *Des musées en quête d'identité. Écomusée versus technomusée*, Paris, L'Harmattan, 2003, p. 209 ; cf. aussi le numéro spécial « L'écomusée : rêve ou réalité », *Publics et musées*, 17-18, janvier-juin 2000, juillet-décembre 2000.

3. Julie Guyot-Corteville, « L'écomusée de Saint-Quentin-en-Yvelines, acteur ou témoin de la ville nouvelle ? », *Ethnologie française*, XXXII, 2003, 1, p. 75.

reprise en main par le San (Syndicat d'agglomération nouvelle), le nom même d'« écomusée », trop associé, semblait-il, à des musées traitant d'activités rurales ou industrielles en déclin, fut abandonné au profit du seul titre de musée, qui apparaissait plus moderne ! Ce changement correspondait effectivement à un revirement du projet, désormais moins axé sur l'histoire de la communauté ancienne que sur les modes de vie contemporains et les usages sociaux de la ville, notamment la genèse d'un urbanisme particulier dans une « ville nouvelle ». Outre les expositions qui traitent, par exemple, du design des années 1970, de nombreux ateliers sont proposés : il s'agit ainsi de définir peu à peu les contours de la ville, le musée conduisant une action volontariste de construction identitaire.

Le terme d'« écomusée », *nec plus ultra* de la muséologie des années 1980 et dont nombre de pseudo-musées s'étaient emparés, s'est trouvé à son tour rangé au rayon des accessoires démodés, renvoyant à la célébration d'identités disparues.

Les sociétés changent, les musées de société doivent suivre, et pour ne pas sombrer, passer de la conservation à l'invention.

LES MUSÉES, ACTEURS DE LA SOCIÉTÉ

Point étouffés par le poids de collections qui leur ont imposé une fois pour toutes une identité (et dont le coût d'entretien annihile toute perspective de développement), à l'étranger, des musées proposent des voies alternatives, dépassant l'opposition entre savoir ethnologique et plaisir esthétique, entre identité singulière et dynamisme du divers. Ils se positionnent comme acteurs dans le monde contemporain pour agir sur le social ou être des agitateurs d'idées. Tel est le cas du musée de la Civilisation à Québec, et du musée d'Ethnographie de

Neuchâtel, dont les modèles inventifs ont influencé les décideurs français. Même si les contextes administratifs et politiques qui les voient vivre et évoluer sont bien différents du contexte français, peuvent-ils faire figure d'exemple pour le futur musée de Marseille ? Ouvrent-ils de nouvelles voies au traitement des cultures ?

Témoin permanent de la culture

Institution publique, le musée ne saurait réserver ses présentations aux seules classes aisées disposant d'un capital social et culturel qui leur permettent d'en jouir. Il a, selon Roland Arpin, « le devoir de favoriser le rassemblement de la population et la cohésion sociale[1] ».

Le musée de la Civilisation, ouvert en 1988, est né d'une conjoncture politique favorable, propice à l'innovation, cette « révolution tranquille », caractérisée par le changement socio-économique amorcé en 1960 et accompagné d'une rapide modernisation des mœurs sur laquelle a pris appui le fort sentiment nationaliste québécois[2].

Il aurait pu choisir le repli, s'enfermer dans la présentation nostalgique de « québécoiseries », documentées ethnographiquement et historiquement. Affichant sa vocation universelle, il s'affirme musée de l'Homme contemporain. Situé dans un vieux quartier de Québec qu'il a contribué à réhabiliter et à revitaliser, il occupe un édifice qui associe à de vieux bâtiments restaurés des bâtiments modernes.

Le projet de musée a été longuement préparé par des études de publics potentiels, distinguant ainsi entre publics locaux, touristes... Cinq secteurs thématiques furent dégagés : le corps-mécanisme d'adaptation ; la matière-

1. Roland Arpin, « Plaidoyer pour des musées au service de la société », allocution prononcée au colloque Muséologie et Environnement, 6 décembre 1990, Lyon, ronéo, p. 4.
2. Roland Arpin, *Le Musée de la civilisation, concepts et pratiques*, Québec, Éditions multimondes et musée de la Civilisation, 1992.

ressources physiques ; la société-le milieu humain ; le langage-la communication ; la pensée-l'imaginaire, à partir desquels ont été déclinées chaque année plus d'une dizaine d'expositions.

Sur le plan administratif, la loi canadienne sur les musées nationaux adoptée en 1983 accorde à ce musée un « statut de corporation autonome ». Comme dans une société privée, le directeur du musée est soumis à la tutelle de son conseil d'administration qui détermine la politique générale, approuve les comptes et fixe le budget du musée. Il nomme également le directeur général[1]. L'ambition du projet fut servie par un soutien politique et budgétaire, dans le cadre d'une autonomie de gestion dont pourraient rêver les musées français. Sur le plan interne, la qualité de l'équipe assure le dynamisme dont fait preuve ce musée, quinze années après sa fondation. Son succès fut immédiat et ne s'est pas démenti. Dès sa fondation, il attirait huit cent mille visiteurs par an, grâce à des expositions temporaires transculturelles et interdisciplinaires souvent renouvelées. « Libéré de l'obsession du passé jusqu'à considérer le passage du temps et même le présent comme des objets "muséables"[2] », c'est aussi un musée où « les visiteurs sont intégrés à la démarche muséale jusqu'à devenir des témoins actifs et être partie liée à la réflexion thématique[3] ». Roland Arpin reprend à son compte la réflexion de Bernard Deloche : « Le musée est l'outil majeur non du souvenir mais de la mémoire prospective[4]. »

Au bout de quinze années d'existence, le bilan est impressionnant. En 2004, il reste conforme à sa vocation d'origine, se définissant « comme un musée thématique.

---

1. *Musée de la Civilisation, mission, concept et orientations*, Québec, août 1987 ; *Musée de la Civilisation, organisation, principes et pratiques de gestion*, février 1988.

2. *Ibid.*, p. 12.

3. *Ibid.*, p. 13.

4. Bernard Deloche, *Nouvelles muséologies*, 1984, p. 33, cité par Roland Arpin, *ibid.*, p. 24.

Ses sujets font le lien entre le passé, le présent et l'avenir ; son approche constitue un regard nouveau et dynamique sur l'expérience humaine, sur les civilisations d'ici et d'ailleurs[1] ». Initialement circonscrit dans les vastes bâtiments érigés en bordure du fleuve, il a depuis assumé la responsabilité d'institutions apparentées, le musée de l'Amérique française et le site historique de Place-Royale qui est doté d'un Centre d'interprétation. Fidèle à sa démarche initiale, il propose plusieurs expositions temporaires simultanées (environ six) qui ont des calendriers différents et des thématiques contrastées, de sorte que chacun peut y trouver sujet à son goût. Deux expositions sont dites permanentes, mais elles sont régulièrement renouvelées : l'une traite de l'histoire du Québec, l'autre des « premières nations » au Québec, autrement dit des peuples autochtones. Le rapport du musée, avec son « Autre », si proche – l'Amérindien – est d'ailleurs exemplaire d'une démarche associant les peuples eux-mêmes et les muséologues amérindiens à la réflexion muséale[2].

Le pari initial est donc pleinement gagné. Il s'agissait de parler de l'identité québécoise sans s'y enfermer. Et la meilleure façon d'en célébrer l'intelligence, c'est l'ouverture de ces expositions qui parlent de cultures et de temps autres. Le dynamisme d'une telle entreprise ne peut être assuré qu'au prix d'un soutien institutionnel sans faille. Le musée de la Civilisation est évidemment une extraordinaire vitrine pour le pouvoir politique québécois.

Lieu de narration, lieu de dénonciation

Depuis 1981, un iconoclaste, Jacques Hainard, a été nommé à la tête du musée de Neuchâtel et propose des

---

1. Site internet : www.mcq.org/
2. Marie-Pierre Bousquet, « Visions croisées. Les Amérindiens du Québec entre le musée de la Civilisation et les musées autochtones », *Ethnologie française*, XXXVI, 1996, 3, p. 520-539 ; Élise Dubuc et Laurier Turgeon (dir.) « Musées et premières Nations », *Anthropologie et Sociétés*, 2004, 28-2.

expositions qui font passer le visiteur derrière le miroir [1]. Souvent de façon provocante, à travers la désacralisation les objets ethnographiques, le visiteur se voit invité à réfléchir sur ce qu'est l'Autre et soi-même. Le travail de Jacques Hainard, salué par tous, est l'exemple même du déconstructionnisme. La muséographie fait de chaque exposition non pas la présentation d'une recherche issue des travaux d'un conservateur, mais une sorte de déclaration, portée par un auteur.

Non seulement l'objet n'y est plus signe ou témoin, comme le disait le prédécesseur de Hainard, Jean Gabus, mais il n'est qu'illusion, illusion que les ethnologues ont entretenue sur les Autres et sur nous-mêmes. Les premières expositions « Collections passion » (1982), « Objets prétextes, objets manipulés » (1984), « Le Salon de l'ethnographie » (1989) proposaient une réflexion sur la constitution et le statut des collections d'ethnologie ; d'autres questionnèrent les thèmes de la mémoire et de la temporalité, « Temps perdu, temps retrouvé » (1985), « Les ancêtres sont parmi nous » (1988) ; et d'autres furent plus iconoclastes encore comme « Le Trou » (1990). Chacune à sa manière est un manifeste de ce credo dénonciateur de l'illusion ethnographique et scientifique.

Plus le musée se rapprochait de son centenaire fêté en 2004 [2], et plus ses positions devenaient radicales, et provocantes. Selon la doctrine du « docteur Hainard [3] », ce sont les objets qui finissent par conserver les conservateurs, lesquels se bercent de l'illusion de la vérité de leurs collections. Les expositions d'ethnographie ne

---

1. Jacques Hainard, « Quels musées d'ethnographie pour demain ? », in *Actes des premières rencontres européennes des musées d'ethnographie*, 1993, Paris, musée national des Arts et Traditions populaires/École du Louvre, 1996, p. 321-326.

2. *Cent ans d'ethnographie sur la colline de Saint-Nicolas*, Neuchâtel, musée d'Ethnographie, 2004.

3. Selon le titre que lui accorde dans une interview Philippe Dagen, « La leçon d'anatomie du docteur Hainard », *Le Monde*, 12 août 2000.

devraient avoir d'autre but – professe-t-il – que de donner à penser en bousculant les idées toutes faites. Ces propos radicaux tranchent sur ceux des plus avant-gardistes de la profession.

Pour ce savant-romancier qui porte bien mal son titre de « conservateur » puisqu'il en bouscule toutes les habitudes, une exposition dans un musée de société n'a qu'un but : « convaincre les gens de regarder leurs semblables et de se regarder eux-mêmes d'un autre œil [1] ». Mettre en valeur un fonds de collection n'a aucun sens ; les fonds ne guident pas la politique d'exposition (position identique à celle du Musée dauphinois ou du musée de Québec). Les objets sont exclusivement au service d'un discours, et il ne faut pas craindre de rapprocher dans les mêmes vitrines des objets provenant de différentes époques ou cultures, autant objets de « collection » que « choses minables » du quotidien, comme disait Claude Lévi-Strauss.

Ses expositions qui ne sont ni évidemment nostalgiques, ni « bon chic », ni commémoratives, se veulent provocations de l'intelligence. Ainsi une des plus brillantes s'intitulait *Le Musée cannibale*, chef-d'œuvre de satire auto-destructrice qui répondait bien à la doctrine hainardienne : être un lieu de « déstabilisation de la culture [2] ». Avec une muséographie efficace et ironique, elle montrait que les hommes et les femmes de musée se nourrissent toujours de la substance des autres hommes. Colonial et condescendant, ou élogieux en reconnaissant à « leur » ethnie le droit à l'« art », le discours muséal ne sert d'autre dessein que de se mieux mettre en valeur. Il ne reste aucun espoir d'échapper au « cannibalisme culturel [3] ». Position extrême qui, au-delà des illusions des collections, disqualifie aussi toute construction muséale. Non seule-

---

1. Jacques Hainard, « Regarder ses semblables pour se voir d'un autre œil », entretien avec Philippe Dagen, *Le Monde*, 12 août 2000.

2. *Ibid.*, p. 326

3. Philippe Dagen, « L'insatiable appétit de l'Occident civilisé pour les cultures sauvages », *Le Monde*, 20 août 2002.

ment il faudrait brûler les objets, comme le suggère Jean Jamin, mais aussi les conservateurs et les chercheurs travaillant dans les établissements muséaux...

Le travail de Jacques Hainard, qu'il serait impossible de répliquer dans un musée national français, est un aiguillon planté en permanence dans la conscience des conservateurs et décideurs d'établissements muséaux.

Ce type d'expositions, à Québec comme à Neuchâtel, pose la question du degré d'autonomie de l'institution et de son rapport avec son autorité de tutelle. La liberté d'exposer et de collecter, laissée à la discrétion du directeur, est payée de l'exigence d'un franc succès public. Car comme le réaffirme clairement Jacques Hainard, musées et politique sont intimement liés : on peut « négocier la relation pouvoir politique/musée - musée/pouvoir politique. Les politiques aiment bien les musées, les vernissages, les inaugurations, les discours officiels, les bouteilles de vin : entre les deux partenaires une nécessaire réflexion doit s'amorcer[1] ». Tel est exactement le cas du futur musée national des Civilisations de l'Europe et de la Méditerranée (Mcem).

DES MUSÉES POUR L'EUROPE

Alors que s'affaiblit, en tout cas en Europe de l'Ouest, le sentiment national, voici que se préparent plusieurs projets de musées de l'Homme, au périmètre géographique élargi à l'Europe et qui s'assignent pour fonction de lui créer un espace de référence identitaire. Un musée européen peut être « un outil de prise de conscience des conditions qui ont donné à l'Europe ses formes sociales et culturelles », disait Michel Colardelle[2] lorsqu'il

1. Jacques Hainard, « Regarder ses semblables pour se voir d'un autre œil », entretien avec Philippe Dagen, *Le Monde,* 12 août 2000, p. 322.
2. Michel Colardelle interviewé par Emmanuel de Roux, « Berlin, Bruxelles et Paris ont des projets de musées pour l'Europe », *Le Monde,* 29 novembre 1999.

entreprit d'« européaniser » les Atp. À l'échelle du continent, les musées se voient assigner le rôle qu'ils devaient jouer au niveau national. L'institution qui prend le relais des Atp s'inscrit dans cette problématique, mais elle n'est pas la seule ; d'autres musées se préparent pour l'Europe[1]. La culture est en effet appelée au secours de la construction de l'Europe qui se targue d'être une « communauté », mais ne dispose d'aucun élément symbolique, à l'exception de son drapeau et de sa monnaie. Cette pseudo-communauté offre comme une image en creux de ce qui fait, pour le meilleur ou le pire, l'État-nation : absence de patrimoine et de langue commune, de passé collectif réinventé ou en tout cas réapproprié[2]. Les musées d'ethnologie de l'Europe ont certainement un rôle à jouer pour combler ce vide.

Des institutions au rôle symbolique

Mais pour quelle Europe, ou plus exactement quelles Europes ? Krzysztof Pomian souligne les enjeux d'une mise en musée[3] : l'Europe est tout à la fois synonyme de diversité (de langues, de religions, de paysages, etc.), mais elle est aussi travaillée par de puissantes tendances uniformisatrices (innovations techniques, style international de l'architecture et du décor urbain, modes de consommation) désormais inscrites dans des régimes partout démocratiques (ou en tout cas prétendant l'être) et l'adoption d'une économie de marché. Comment se situe le musée européen d'ethnographie dans un tel contexte ? Doit-il servir, demande Pomian, le vieux rêve

---

1. Bjarne Rogan, « The Emerging Museums of Europe », *Ethnologia Europaea*, 2003, 33, 1, p. 51-59.

2. Marc Abélès, « La communauté européenne : une perspective anthropologique », *Social Anthropology*, 1996, 4, p. 40-44.

3. Krzysztof Pomian, « Les musées d'ethnographie dans l'Europe d'aujourd'hui », in *Actes des premières rencontres européennes des musées d'ethnographie*, 1993, Paris, musée national des Arts et Traditions populaires/École du Louvre, 1996, p. 37-48.

technocratique relayant la doctrine jacobine, mais au niveau de l'Europe, à savoir encourager l'émergence d'une seule culture sans frontières ? Ou bien doit-il servir à conserver une vision, nostalgique au mieux, au pire xénophobe, des différences culturelles ? Pomian observe enfin que toute vague d'unification a eu pour corollaire la génération de nouvelles différenciations culturelles, « une uniformisation et une unification s'accompagnent toujours d'une différenciation dont elles créent elles-mêmes les conditions de possibilité [1] ». Et de conclure : « Le musée d'ethnographie ne saurait se limiter à conserver pieusement les traces des différences culturelles en voie de disparition ou disparues déjà à tout jamais. Autant dire que son rôle ne saurait être seulement celui du haut lieu de la nostalgie, d'un temple du souvenir, voire celui d'un cimetière où l'on pleure la diversité perdue. Il doit aussi explorer le présent pour y lire les possibles qu'il contient. Il doit se charger de repérer et d'identifier les différences culturelles en train de poindre. Il doit nous faire prendre conscience à la fois de ce que nous avons perdu et de ce que nous gagnons. Du vieux et du neuf. Du passé et de l'avenir [2]. »

À ces propositions, trois musées offrent trois réponses différentes, Berlin, Bruxelles, Marseille : trois lieux certes européens, mais chacun à leur manière. Le Museum Europaïschen Kulturen (Mek) sera installé au cœur de l'Europe, et incarne la conception la plus large de cet espace, entre l'Ouest et l'Est. Il est le plus anthropologique avec ses collections traitant de cultures non européennes et européennes. Une exposition de préfiguration a été présentée dès juin 1999 : le projet est de mettre en valeur tout à la fois « des phénomènes culturels communs à l'Europe, d'une part, et des parti-

1. *Ibid.*, p. 47.
2. *Ibid.*, p. 48.

cularités ethniques, régionales et nationales, d'autre part[1] ». Le musée de l'Europe à Bruxelles, qui, pour sa part, ne dispose pas de collections permanentes, est un geste volontariste de l'Union européenne ; appelant la culture à la rescousse dans le processus de « construction » d'une identité européenne, il se centre sur les points de rencontre de l'histoire de l'Europe. Une exposition de préfiguration fut montrée en 2001, traitant de la Belle Époque, et des expositions internationales de 1851 à 1913, un court moment où l'Europe s'est identifiée, toutes nations confondues, à l'idée de progrès, alors que les forces intégratives semblaient plus puissantes que les forces centrifuges, illusion qui fut brutalement brisée en 1914[2].

Le musée des Civilisations de l'Europe et de la Méditerranée, Mcem, est ainsi le troisième larron d'un paysage muséal aujourd'hui remodelé à l'échelle de la nouvelle entité politique en train de se former.

L'ambitieux programme du Mcem [3]

Cependant à la dimension européenne, le Mcem en ajoute une autre, celle de la Méditerranée, des deux côtés de ses rivages. L'emplacement du musée à Marseille ne pouvait être mieux choisi, dans le magnifique fort Saint-Jean, qui appartient à l'État, sis à la proue de la ville, à la charnière du Vieux-Port et de la Joliette.

À propos des cultures du pourtour du bassin méditerranéen, se repèrent les mêmes tensions entre identité de traits culturels et différences fondamentales. Un

---

1. Entretien d'Emmanuel de Roux avec E. Karaseek et E. Titamayer, organisatrices de l'exposition de 1999, « Berlin, Bruxelles et Paris ont des projets de musées pour l'Europe », *Le Monde*, 29 novembre 1999. En ces moments-là, la délocalisation du Mnatp était encore à l'étude.

2. Bjarne Rogan, « The Emerging Museums of Europe », *Ethnologia Europaea*, 33, 1, p. 52.

3. *Réinventer un musée, le musée de l'Europe et de la Méditerranée à Marseille.* Projet scientifique et culturel sous la direction de Michel Colardelle, Paris, Réunion des musées nationaux, 2002.

grand colloque a récemment revisité le champ de l'ethnologie méditerranéenne, qui fut longtemps tenue pour paradigmatique de l'« aire culturelle » cohérente, caractérisée par les traits « de l'honneur et de la honte », du clientélisme, etc. Cependant, on estime aujourd'hui que, du point de vue de la recherche, comme du point de vue muséal, « si la Méditerranée offre un cadre pertinent à l'exercice du comparatisme, ce n'est pas tant en raison des affinités entre les sociétés qui en occupent le pourtour que des différences qui paradoxalement les unissent[1] ».

Contrairement au « musée du quai Branly », terme qui représente le plus petit dénominateur commun sur lequel les concepteurs purent s'accorder, faute d'entente sur celui de « cultures » ou « arts », le musée des Civilisations de l'Europe et de la Méditerranée a fait rapidement consensus, après une brève hésitation sur le nom de « musée des Passages ». Il est sans ambiguïtés.

Champ géographique très étendu, champ chronologique élargi, comme c'en était le projet aux Atp dès 1998, le nouveau musée s'inscrira résolument dans les nouvelles démarches muséales dont un rapide panorama a été ici brossé. « Le musée dit de société n'est pas un lieu de monstration de la vérité comme son confrère des beaux-arts. Il présente des éléments de questionnement. Il ne donne pas un modèle, mais des schémas interprétatifs », dit encore Michel Colardelle[2].

Se posant comme un témoin de son temps, un acteur social débarrassé des illusions de scientificité des collections ethnographiques, le projet du Mcem se veut être tout à la fois un forum, centre d'action culturelle autant que musée. Sa vocation sociale est très prononcée dans

---

1. Christian Bromberger, « Aux trois sources de l'ethnologie du monde méditerranéen dans la tradition française », in Dionigi Albera, Anton Blok, Christian Bromberger (dir.), *L'Anthropologie de la Méditerranée*, Paris, Maisonneuve et Larose, et Aix, Maison méditerranéenne des sciences de l'homme, 2001, p. 75.
2. Interview par Emmanuel de Roux, *Le Monde*, 29 novembre 1999.

un souci de démocratisation. L'argumentaire mis en avant par le ministre de la Culture au moment où fut désigné le jury du concours du nouvel établissement est explicite : « Au-delà de sa fonction patrimoniale et de conservation de la mémoire populaire [le musée est] un véritable outil social [...] C'est donc par des thèmes d'exposition et d'activités culturelles adaptés aux questionnements contemporains, appuyés en amont sur une politique efficace de communication et en aval sur une médiation perfectionnée que l'on compte, comme certains musées de société ailleurs dans le monde en ont montré la voie, faire de ce musée un véritable outil de démocratisation culturelle [1]. » Ici se retrouvent les références aux exemples de Québec et de Neuchâtel.

Le nouveau projet implique évidemment un élargissement des collections dans le temps et dans l'espace, puisque celles des Atp ne concernent que la France rurale, entre le milieu du XIXe siècle et la fin de la seconde après-guerre : collections à acquérir ou à emprunter dans les musées partenaires. Cependant, contrairement aux objurgations du directeur des musées de France en 1992, celles-ci ne seront plus le guide des présentations.

Instrumentalisées lorsque nécessaires, elles serviront un discours muséal, mais n'en seront point la finalité. Significative de la baisse d'intérêt pour les fonds si riches des Atp, leur installation est prévue non au cœur du nouvel édifice, mais dans un bâtiment spécial dépendant de l'ancienne caserne du Muy, près de la célèbre friche culturelle marseillaise nommée La Belle de Mai. Il s'agira d'en faire des réserves visitables, comme l'avait été sur une petite échelle l'antenne de Saint-Riquier des Atp et comme cela se fait pour d'autres grands musées. Les collections, fonds du musée des Atp enrichis et élargis,

---

1. Dossier de presse, *Concours international d'architecture du musée national des Civilisations de l'Europe et de la Méditerranée. Annonce du lauréat par Jean-Jacques Aillagon, ministre de la Culture et de la Communication*, 19 février 2004, Paris, ministère de la Culture, fiche n° 1.

dépendront d'un centre de conservation. Ainsi, suivant les préceptes du bon docteur Hainard, l'équipe responsable du musée ne sera plus « esclave » de ses collections.

Le Musée sera un musée de synthèse, fondé, à l'instar des institutions qui rencontrent régulièrement leur public, sur des expositions évolutives de référence – dites permanentes, mais réajustées régulièrement –, et sur des expositions temporaires, afin de renouveler régulièrement les présentations. En somme, ce que Rivière avait espéré faire et n'avait jamais pu réaliser.

Cinq thèmes, donnant à voir les traits majeurs des sociétés de l'espace euro-méditerranéen, ont été retenus pour les expositions dites de référence – le paradis, l'eau, la cité, le chemin, masculin/féminin –, thèmes qui seront réactualisés régulièrement. Des expositions temporaires aborderont des sujets d'actualité « tels que les nouvelles violences, les cultures urbaines, les formes interculturelles, interethniques, la place des différentes immigrations[1] », etc. Le métissage culturel est pleinement pris en compte dans le nouveau regard porté sur les cultures populaires. L'élargissement politique de l'Europe et la mondialisation imposent en effet de réfléchir sur ce que sont « nos » patrimoines, de plus en plus hybrides. Le Mcem témoignera de la « créolisation des cultures », selon le terme forgé par l'anthropologue suédois Ulf Hannerz, il y a plus de vingt ans, qu'il s'agisse de nourriture, costume, ou musique[2]...

L'ambition scientifique et culturelle est servie par l'ambition politique du projet. Ce soutien semble sérieux dans la mesure où la tutelle va lui accorder ce qu'elle a refusé aux vieux Atp, le statut d'établissement public

---

1. *Ibid.*
2. Cf. par exemple Laurier Turgeon, *Patrimoines métissés. Contextes coloniaux et postcoloniaux*, Paris, éditions de la Maison des sciences de l'homme, et Laval, Les Presses de l'Université Laval, 2003 ; ou encore « L'expérience métisse », colloque international du musée du quai Branly, 2 et 3 avril 2004, sous la direction de Serge Gruzinski.

(Epa), maître de ses choix et de ses moyens, comme les autres grands musées nationaux.

Le musée des Atp avait été le premier musée national construit après la guerre, le Mcem incarne la volonté de déconcentration et de décentralisation de la politique culturelle de l'État. Celui-ci partage avec différentes collectivités territoriales le coût d'un projet qui s'inscrit dans la réhabilitation de certains quartiers de la ville de Marseille. En effet, le Mcem s'installera dans le cadre de la Cité de la Méditerranée, dont le maître d'œuvre est Yves Lion. Il occupera le magnifique et antique site du fort Saint-Jean, édifié à l'entrée du Vieux-Port, ainsi qu'un bâtiment neuf confié à l'architecte Rudy Ricciotti[1]. Comme pour les Atp et le quai Branly, programme architectural et programmation scientifique iront de pair.

LES PARIS MUSÉAUX DU FUTUR

Ces quelques exemples d'expériences muséales – mais il y en aurait bien d'autres à citer, notamment en Amérique du Nord – montrent à quel point le paysage muséal est remanié. Et d'abord du point de vue du regard sur les objets et les collections. Les discours tenus montrent leur polysémie : objet de curiosité, objet spécimen, objet témoin ou objet social total, œuvre d'art, objet poème. Mais « pour que les muséographes puissent jouer avec ces idées d'objet et que les visiteurs puissent jouer avec ces objets dans l'exposition, qu'elle soit rébus ou calligramme, il faut qu'il y ait une certaine connivence entre

---

1. Emmanuel de Roux et Michel Samson, « Rudy Ricciotti va édifier le fleuron de la Cité de la Méditerranée à Marseille », *Le Monde*, 21 février 2004. *Le Figaro* du 20 février 2004 titre pour sa part « Un musée passerelle », faisant référence au fait que le fort Saint-Jean sera séparé par une darse du bâtiment édifié sur le môle voisin, et en même temps relié à lui par une passerelle. Les visiteurs circuleront donc au-dessus de l'eau, depuis le vieux fort rénové jusqu'au bâtiment neuf.

les deux groupes[1] ». La prise en compte du public, de ses réactions, de ses désirs est un paramètre neuf qui bouleverse l'univers des musées. Tardive dans les musées de France, l'évaluation des expositions passe désormais au premier plan des projets qui, pour la plupart, prévoient, outre des forums d'idées et d'images, des cycles de conférences et de films, des débats d'actualité, des interventions d'artistes. La vocation pédagogique prend d'autres formes : il s'agit de distraire, faire participer, en étant sans cesse attentif à la réception de toutes ces activités. « Ce n'est plus l'authenticité de l'objet qui compte, c'est l'authenticité de l'expérience du visiteur[2] ». Avec pour corollaire le retour en force du scénographe-muséographe auquel on souhaite bien du talent, car les « magiciens des vitrines » ne courent pas les rues.

Au début du XXIᵉ siècle, les musées d'ethnologie, pour lesquels rien n'est jamais acquis, sont plus que jamais sur le qui-vive. De puissants remaniements muséaux sont engagés qui font écho aux changements très rapides de sensibilités à l'égard des cultures et des identités. L'ère des certitudes patrimoniales se referme. Au fur et à mesure que l'on récuse la célébration d'identités stables, le projet du musée d'ethnologie devient plus flou.

L'histoire du musée des Atp, ouverte sur des certitudes, s'achève sur des questionnements. Aux enthousiasmes de 1937 et 1955, aux doctrines muséales des années 1960 ont succédé désillusions et dénonciations. Un musée n'est plus fondé par ses collections ; il n'a pas à glorifier une culture ou une société et, quoi qu'il fasse, toute exposition est une construction. L'autorité du discours est contestée, il n'est qu'une série de « préjugés sur les

---

1. Élise Dubuc, « Entre l'art et l'autre. L'émergence du sujet », in Marc-Olivier Gonseth, Jacques Hainard, Roland Kaer (dir.), *Le Musée cannibale*, Neuchâtel, musée d'Ethnographie, 2002, p. 47.
2. Élise Dubuc, *ibid.*, p. 32.

autres et nous-mêmes [1] ». Nul modèle donc, mais de nouveaux paris.

Alliance avec des centres d'art et de culture contemporains, avec des musées de sciences naturelles, forums et banques de données virtuelles – toutes les options semblent actuellement ouvertes aux musées d'ethnographie qui composeront le nouveau paysage muséal français et européen dans les années 2010.

1. GHK, « Le musée cannibale », in Marc-Olivier Gonseth, Jacques Hainard, Roland Kaer (dir.), *Le Musée cannibale*, Neuchâtel, musée d'Ethnographie, 2002, p. 9.

Conclusion

Avec son musée-laboratoire, Rivière a fondé l'ethnologie française et légitimé la notion de patrimoine populaire. Loin des débats entre objet d'art et objet en
contexte, son action, affinée dès la fin des années 1950,
a donné ses lettres de noblesse à une branche de la
discipline qui cherchait un corps de doctrine et de
méthodes. En développant la recherche et en récusant
une mise en scène fleurant bon la paille et la sciure de
bois, il a fondé scientifiquement la muséographie ethnologique. Le musée a servi à cela. Une fois l'ethnologie
du soi légitime, on a pu trouver les vitrines trop sèches,
trop noires, trop désincarnées, les présentations trop
rigides, et de surcroît, les collections d'objets inutiles.

En orientant le regard sur les cultures de terroir et de
territoire, les Atp ont aussi été à l'origine du mouvement
du Patrimoine qui s'est parfois retourné contre lui, le
considérant comme un receleur jacobin de trésors
appartenant aux cultures locales. Le nouveau régionalisme, développé sous les auspices du Patrimoine, y a
puisé sa source et son inspiration. Tel le pélican qui
nourrit ses enfants de ses propres entrailles, le musée fut
vidé de sa substance.

Rivière a donc atteint son double objectif et le musée
est mort d'avoir accompli ses missions.

« Que faire des Atp ? » se demandait-on dans les
années 1990. Un constat on établit, puis un remède on pro-

posa. Constat d'une double asphyxie : le musée des Atp, appartenant à ce type d'institutions que Roland Arpin qualifie de « musées obèses », était étouffé par l'ampleur de ses collections et les contraintes financières imposées par leur conservation. Il a aussi pâti du poids d'une recherche[1] devenue trop importante, trop distante, et incapable (ou peu soucieuse) de transcrire sur le plan muséal les travaux qu'elle menait sur la société contemporaine.

Face à ces désastres, que le musée partage avec d'autres établissements homologues, certains détracteurs prônèrent une solution radicale : brûler les objets en une sorte de sacrifice pour refuser le musée mausolée. Sans aller aussi loin, le choix du Mcem consiste à reléguer à distance les collections : les milliers d'objets hérités des Atp ne serviront point de palimpseste à la réécriture muséographique de la culture rurale. Quelques-uns seront utilisés pour servir tel ou tel propos d'exposition. Quant à la recherche, elle devra être au service du rôle social que le Mcem s'est assigné. Ainsi, la mutation des Atp illustre-t-elle ce que disait Jacques Hainard[2] : « Les musées effacent autant qu'ils permettent de conserver. Ce sont des assassins de la mémoire. » Bien qu'affirmant sa fidélité à l'œuvre de Georges Henri Rivière, le Mcem sera aussi l'assassin de sa mémoire.

Cette mutation ne s'est pas accomplie sans protestation au sein de l'institution, mais celle-ci ne trouva guère de relais dans les médias. En 1991, fut créé un comité intitulé « Patrimoine et résistance », contre la « destruction du

---

1. Dans le dossier de presse, *Concours international d'architecture du musée national des Civilisations de l'Europe et de la Méditerranée (février 2004)*, Paris, ministère de la Culture, fiche n° 1, est établi un « double constat d'échec » du musée dont on ne peut accepter le second argument ; en effet « la chute régulière et durable de la fréquentation » est indéniable, mais « la marginalisation de la recherche » ne se rapporte qu'aux collections, et non au courant général de la recherche, comme en témoignent les rapports réguliers du Cef au Cnrs.

2. Jacques Hainard, « Quels musées d'ethnologie pour demain ? », in *Rencontres européennes des musées d'ethnographie. Actes des premières rencontres européennes des musées d'ethnographie 1993*, Paris, musée national des Arts et Traditions populaires/École du Louvre, 1996, p. 323.

patrimoine et des musées nationaux », réassociant le musée de l'Homme et le musée des Atp dans un même combat, soutenu par d'éminents anthropologues tels Jean Rouch, Daniel de Coppet ou André Langaney, et qui multiplia les manifestations à la fin de la décennie. Le projet du quai Branly et celui de Marseille étant déjà bien engagés, la presse donna peu d'écho à ces revendications assez confuses il est vrai, tendant vers le *statu quo*. La grève du musée de l'Homme, organisée en décembre 2001 contre le déplacement des collections à Branly, fut signalée dans *Le Monde*[1], mais on avait le sentiment d'assister à un combat d'arrière-garde. Quant au musée des Atp, abandonné par la plupart de ses chercheurs lassés des querelles intestines et dépourvu de conservateurs écoutés, personne n'envisageait de voler à son secours.

Alors que le Maao fermait ses portes, une enquête originale fut conduite auprès de ses personnels qui voyaient leurs collections partir et leur institution voguer vers de nouveaux rivages sans savoir où elle accosterait. Dans la préface à l'ouvrage qui en rend compte, Germain Viatte s'interroge sur la raison du mal-être qui touche toutes les catégories de personnels, gardiens, restaurateurs, chercheurs, conservateurs confrontés à de telles perspectives. On peut se poser la même question à propos des Atp. Dans les deux lieux, le sentiment prévalait d'avoir participé à la création d'une œuvre d'importance. La voir tomber si vite de son piédestal avait quelque chose de profondément injuste. Au Maao, le personnel portait toujours peu ou prou l'opprobre du passé colonial auquel le musée était attaché. Aux Atp, à l'amertume de constater que l'œuvre était désormais dépassée, s'ajoutait la tristesse (ou la rage) de n'avoir pas su réaliser un redressement de l'intérieur.

Quelles qu'en fussent les formes ou les causes, le

---

1. Emmanuel de Roux, « Le musée de l'Homme est en crise, sur fond de "guerre civile" », *Le Monde*, 13 décembre 2001.

personnel était dépossédé de « son » musée. Bien que le chômage ne menace pas, le corps social d'un musée se défait avec autant de douleur que celui d'une usine qui ferme. On ne travaille pas là comme dans une quelconque institution du savoir ; le chercheur d'un centre de recherches peut passer d'un bureau à l'autre, l'universitaire d'une salle de cours à l'autre. Dans un musée, le travail implique une forme de contact avec le sacré. Il renferme les œuvres et le patrimoine de la nation, qu'il s'agisse du beau buffet briard ou des épingles de pacotille vendues dans les pardons bretons, des montagnes de plumes multicolores que portaient les commis des plumassiers dans le Paris du XIXᵉ siècle ou de l'araire chambige à reille[1]. Cette présence des objets est telle que, même vides de leurs fidèles, ces temples de la société et de l'histoire restent des espaces sacrés. Des espaces sous haut contrôle politique également, l'emprise de l'État français sur la culture étant la seule explication de ces coups de tonnerre dans le paysage muséal. En ce début de XXIᵉ siècle, deux musées nationaux ferment. Ce sont là des décisions lourdes en matière de politique culturelle et il est hautement significatif que ce soient les cultures autrefois colonisées ou dominées qui en fassent les frais.

Depuis Malraux, en passant par Jack Lang, l'État a toujours été très interventionniste, et d'autant plus pour « ses » institutions propres que la culture trouvait des soutiens forts dans le cadre des politiques de décentralisation. Rénover intégralement le musée dans le site du bois de Boulogne, en suivant les recommandations de Roland Arpin, Michel Côté et Jean Guibal eût coûté infiniment moins cher à l'État et ses citoyens que le

---

1. Outil de labour attelé dont les pièces symétriques rejettent la terre également de chaque côté ; le timon, appelé chambige est soit coudé, soit rigide ; la reille est la barre de fer emmanchée sur le sep se terminant par une pointe pour ouvrir le sol. Mariel Jean-Brunhes Delamarre, *La Vie agricole et pastorale dans le monde*, Paris, Cuénot, 1985, p. 34-35.

Mcem à Marseille. C'était sans doute politiquement moins valorisant.

Un musée des Atp 2010 entièrement refait n'aurait-il pu avoir un nouveau rôle à jouer dans la société de notre temps ? Ainsi, par exemple, face à la virulence des débats concernant la loi sur le port du voile islamique, il aurait pu montrer, grâce à ses immenses collections de coiffes, la continuité entre celles-ci et le *hijab*, sous toutes ses formes, car les coiffes « traditionnelles », avant de marquer l'identité d'une région, servaient à cacher les cheveux féminins, attraits à nuls autres pareils, qui apparaissent toujours dans les mentalités populaires comme la tentation offerte aux hommes par le diable. De même, si une culture européenne se développe fondée non sur les nations, mais sur les régions, dans une Europe des « petites patries[1] », des Atp remis à neuf auraient pu présenter, aux côtés des cultures régionales, ces cultures « autres » qui sont aujourd'hui les nôtres. Le dragon que les Chinois de Paris font danser devant les Galeries Lafayette lors des cérémonies du nouvel an est entré depuis longtemps dans les collections du musée. Il dansera peut-être à Marseille.

Faire comprendre l'Autre, ou cet autre du passé qui fut le nôtre, sans le trahir, sans utiliser la domination de la parole légitime, mettre à distance les cultures et les faire dialoguer, telle est la nouvelle doctrine du Mcem et d'autres musées de France et d'Europe. La doctrine Rivière, elle, a fait long feu. Muséographie obsolète, discours élitiste et brouillé, on a recensé ici toutes les critiques dont elle a été la cible. Mais l'échec des Atp peut être lu aussi comme un exemple significatif des errements de l'État, au même titre que les abattoirs de la Villette ou les Halles du centre de Paris.

---

1. Anne-Marie Thiesse, « Petite et grande patrie », in *Patrimoines et passions identitaires. Entretiens du Patrimoine, Paris, 6, 7 et 8 janvier 1997*, sous la présidence de Jacques Le Goff, Paris, Fayard, 1998, p. 71-86.

À moins que l'on ne préfère une autre explication, en forme de malédiction, celle des mânes des Nubiens et des Galibis, exhibés autrefois au Palmarium, qui auraient chassé le musée pour se venger d'y avoir laissé tant de plumes.

Annexes

ANNEXE I
(Source : Archives Atp Mus His)

Liste du personnel au 29 octobre 1937

(Rapport sommaire sur l'activité du département et du musée national des Arts et Traditions populaires)

Personnel scientifique :
Conservateur : Georges Henri Rivière, ancien sous-directeur du musée d'Ethnographie du Trocadéro
Conservateur adjoint : André Varagnac, professeur d'enseignement secondaire en congé, diplômé d'études supérieures de philosophie
Attachée : Mme Agnès Humbert, diplômée de l'École du Louvre

Sept chargés de mission des musées nationaux (sans traitement) collaborent dans le département :
Mlle Louise Alcan, licencée ès lettres, diplômée d'études supérieures d'histoire et de géographie, diplômée de l'Institut d'art et d'archéologie
Mlle Denise Sussfeld, licenciée ès lettres, diplômée d'études supérieures de philosophie
M. Pierre-Louis Duchartre, folkloriste
M. René Laporte, écrivain
M. Marc Leproux, instituteur

M. Guy Pison, architecte Dplg, ancien pensionnaire de la Casa Velasquez à Madrid.

En outre, l'assemblée permanente des présidents des chambres d'agriculture a institué, par décision en date du 22 octobre 1937, un chargé de mission auprès du département des Arts et Traditions populaires, à charge qu'il poursuive des études de métayage considérées sous leur aspect folklorique. Ce poste a été confié à M. Marcel Maget, diplômé d'études supérieures de philosophie.

(À cette liste des premiers collaborateurs, il faut ajouter les noms de Louis Dumont qui viendra rejoindre l'équipe du musée en 1938 et Suzanne Tardieu en 1941.)

ANNEXE II
(Source : Archives Atp Mus His)

Le musée national des Arts et Traditions populaires, communiqué en date du 28 juin 1938 (feuille dactylographiée comportant un feuillet de corrections manuscrites de Georges Henri Rivière) :

« Non loin du musée de l'Homme, aux côtés du musée des Monuments français, une galerie s'étendant sur toute la longueur du palais de Chaillot (aile gauche) est consacrée aux arts et traditions populaires de la France.

Ainsi le plus jeune de nos musées nationaux se situe harmonieusement entre la synthèse des races et des cultures humaines et le répertoire de la France historique et monumentale.

Comme il s'agissait d'une création nouvelle – depuis si longtemps désirée par les folkloristes français – nous n'avons eu que plus de facilité, mes collaborateurs et moi, à concevoir un plan nouveau dont la réalisation, dès à présent entreprise, fera de notre établissement un MUSÉE VIVANT, une invitation au voyage pour le Parisien et pour l'étranger autant qu'un hommage à notre vieille civilisation artisanale et paysanne.

Descendons par la pensée l'escalier qui s'ouvre sur le clair vestibule de l'aile de Paris. Nous sommes accueillis par les images, taillées dans le bois ou la pierre, de quelques-uns des saints qui protègent les travaux des champs et des ateliers, comme saint Blaise et sa charrue, saint Éloi et son enclume, saint Vincent et sa serpette.

Une carte en relief de la France nous amène dans une salle d'introduction, qui à l'aide de plans et d'objets tend à tracer, de la préhistoire à nos jours, le cadre du folklore français, à en mettre en lumière les principaux caractères et à en expliquer l'évolution. Ainsi, pour ne donner que cet exemple, le paroir du sabotier d'aujourd'hui sera rapproché du paroir – semblable en tous points – employé par le sabotier gallo-romain.

Nous entrons ensuite dans le musée proprement dit avec la *salle des Forêts*, où sont rassemblés les ustensiles de cueillette et de chasse, l'outillage du chêne-liège et gemmage et aussi ce qui a trait à l'arrachage, à l'abattage et au façonnage du bois. Dans une vitrine isolée, scintille un de ces verres de la MARGE-RIDE, à la matière pailletée et rosée : il nous rappelle les verreries de jadis, établies dans la plupart de nos forêts.

Vient la *salle des Champs*. Après quelques notions générales sur l'écobuage, l'habitat, la structure agraire, l'assolement, voici les nobles outils du labour et des semailles, ceux de la moisson, du battage et de la fenaison, puis ce qui a trait à l'élevage, à la basse-cour, au rucher, au potager, aux arbres fruitiers. Un vaste pressoir, amené du Mâconnais, représente, complété d'échalas, de serpettes, de houes l'antique industrie de la vigne. La salle s'achève avec les cultures textiles et les travaux de la ferme : filage, tissage, dentelle, laiterie et fromagerie.

La transhumance nous achemine vers la *salle de la Montagne*. Des colliers et des cloches de bétail, des costumes de fête, des outils primitifs, des quenouilles, des bois sculptés par les bergers et bien d'autres objets dépeignent la vie en alpage, la culture dans les vallées, le travail au cours des longues veillées d'hiver.

Voici la *salle des Rivières*, évocation de la vie des mariniers, des industries riveraines, de la pêche et de la chasse en rivière, puis la *salle de la Mer* : pêche le long des grèves, pêche au large,

329

pêche à la baleine, islandais et terre-neuvas, longs courriers, marine de guerre. Quelques vitrines pittoresques seront consacrées aux beaux-arts du matelot.

Après la mer, les *Communications*, figurées par les bâts, les selles, les bagages, les besaces, etc., et une importante iconographie sur les routes et les véhicules qui jadis les parcouraient.

Cela nous amène aux *Villes*, à leurs boutiques, aux enseignes, aux cabarets, aux objets qu'on trouve dans les foires, aux marionnettes et costumes des spectacles populaires, au folklore ouvrier et corporatif.

Nous sommes maintenant dans une salle particulièrement riche en outillage : celle des vieux Métiers, avec les outils des mineurs, des carriers, tourbiers, charpentiers, menuisiers, tourneurs, forgerons, serruriers, ferronniers, chaudronniers, fondeurs, orfèvres, horlogers, boulangers, pâtissiers, charcutiers, coiffeurs, tailleurs, cordonniers, chapeliers, bonnetières, tanneurs, tisserands, cordiers, etc. pour finir par ceux des métiers itinérants et sans oublier les insignes enrubannés des Compagnons du Tour de France.

Les artisans nous conduisent au *Village*, à ses foires, ses fêtes patronales, ses danses, ses chants, ses confréries, ses arts populaires religieux.

Du village à la *Maison*. Des maquettes minutieuses et précises représentent les différents genres de maisons rurales françaises, dont la construction, les matériaux et les rites sont par ailleurs analysés. Vient ensuite l'intérieur de la maison : meubles, luminaires, foyer, ustensiles pour manger et boire, lessiver, récurer, coudre, objets de piété et de parure.

Maintenant une salle de conception plus traditionnelle, mais renouvelée dans sa présentation, celle des *Costumes*, présentés soit par ensembles (mais sans mannequins), soit en élément, de manière à souligner l'évolution et la morphologie.

Des trois dernières salles du musée, l'une est consacrée aux *Âges de la vie* humaine (nourrissons, enfants, adolescents, fiancés, mariés, veufs, défunts), l'autre au *Savoir populaire* (médecine, magie et sorcellerie), et la troisième au *Calendrier* : santons de Noël, poêles de la Chandeleur, masque du Carnaval, œufs de Pâques, rameaux de mai, feux de Saint-Jean, bouquet de fenaison, de moisson et de vendange, innombrables objets en rapport avec les fêtes artisanales.

Sur ce tableau émouvant s'achève le musée proprement dit, que prolonge une SALLE D'EXPOSITION TEMPORAIRE, où nos provinces seront successivement évoquées.

[Paragraphe manuscrit de Georges Henri Rivière : « On espère que le musée sera ouvert au public dans quelques mois. Les collections sont rassemblées, les plans, on l'a vu plus haut, sont au point. L'exécution n'est retardée que par l'attente des crédits nécessaires.

« Une vaste *réserve des collections* est dès à présent aménagée et utilisée, ainsi que des salles de travail et des bureaux.

« Le nouvel organisme est déjà en contact avec le public grâce à un *Office de documentation folklorique* créé de toutes pièces depuis l'année dernière et doté de 2 000 volumes, de nombreuses monographies manuscrites, d'images anciennes et de 6 000 clichés sur les arts et traditions populaires de la France. »]

Après quelques mois d'existence, notre jeune institution est devenue, dans le domaine qui lui est assigné, un centre d'activité scientifique, d'éducation populaire et d'animation du folklore dans tout le pays.

ANNEXE III
(Source : Archives Atp Mus.
Exposition Corporation paysanne)

Ce dossier contient des correspondances relatives au statut des responsables du musée.

4 octobre 1941. Lettre de R. Goussault, délégué général de l'Organisation syndicale corporative (Corporation nationale paysanne) à Rivière l'informant que « la décision a été prise d'incorporer à dater du 1er octobre notre ami Maget dans les cadres de la Corporation paysanne de la manière que vous souhaitiez et aux conditions dont nous avons parlé ».

11 octobre 1941. Lettre de Rivière à Monsieur le Directeur des musées nationaux qui l'informe de l'emploi créé pour Maget :

« Les fonctions qui lui sont assignées seront exercées, conformément à ma demande, dans le cadre même du musée des Atp où il assurera, sous mon autorité, la direction de toutes les activités en rapport avec le folklore paysan : photothèque, dossiers folkloriques, publication d'une revue continuant *Folklore paysan*, missions sur le terrain, etc. Ainsi l'œuvre entreprise avant la guerre, en collaboration avec le musée des Arts et Traditions populaires, par l'assemblée permanente des présidents de chambres d'agriculture sera continuée et amplifiée.

Les accords que nous prenons d'autre part avec le service de l'artisanat, sous vos bienveillants auspices, nous permettent de développer de ce côté-ci également une activité des plus profitables à notre Maison. Artisanat traditionnel et paysannerie devant aller de concert dans nos préoccupations essentielles. »

Circulaire adressée à ses délégués par la Corporation nationale paysanne (11 *bis*, rue Scribe) et retransmise par Rivière à la direction des musées nationaux : « L'appui donné par ce puissant organisme aux enquêtes des 2 chantiers 1425 et 909 ne laissera pas d'influer sur les résultats dont notre musée est appelé à bénéficier. »)

25 novembre 1942. Lettre de Georges Henri Rivière au directeur des musées nationaux : « Je vous ai rendu compte en temps utile des créations de postes qui ont été opérées par le ministère de l'Agriculture et la Corporation nationale paysanne en faveur de MM. Marcel Maget et Guy Pison, chargés de mission des musées nationaux.

« Par une disposition particulièrement bienveillante de ces deux organismes amis, ces deux chercheurs, quoique rétribués au titre du budget du ministère de l'Agriculture, sont placés à la disposition du musée national des Atp.

« Une troisième décision qui nous est également favorable vient de faire de l'un de nos équipiers du chantier 1425, M. Grandjean, architecte Dplg, le chef du service de l'équipement rural de la Corporation paysanne [...]

« Le nouveau service vient déjà d'obtenir que la plupart de nos enquêteurs du 1425 deviennent conseillers techniques du Comité corporatif de l'équipement rural. "Un groupe rural des architectes" est constitué entre nos quarante enquêteurs, qui resserre entre eux les liens de solidarité, sous les auspices du musée des atp.

« J'ai l'honneur de vous communiquer, sans plus attendre, ces bonnes nouvelles, qui vous témoignent des relations sans cesse plus confiantes et fructueuses qui s'établissent entre les musées nationaux et leur centre d'ethnographie folklorique, d'une part et les forces vives du monde rural d'autre part. »

ANNEXE IV
(Source : Archives Atp Mus His)

Liste du personnel scientifique au 22 janvier 1944

1. Personnel musées nationaux
Conservateur : Georges Henri Rivière, professeur à l'École du Louvre, vice-président de la Société du folklore français, membre de la commission des Monuments historiques, secrétaire général permanent du bureau du Congrès international de folklore.

Conservateur-adjoint : André Varagnac, secrétaire général de la Société du folklore français

Chargés de mission : La fonction de chargé de mission des musées nationaux est honorifique. Comme on le verra plus loin, quatre chargés de mission sur six perçoivent à titre divers des traitements de la Recherche scientifique, du service de l'Artisanat, de la Corporation paysanne et du ministère de l'Agriculture. Une autre chargée de mission est temporairement rétribuée par le service des Chantiers intellectuels.

Mlle Claudie Marcel-Dubois, chargée de recherche du Centre national de la recherche scientifique : recherches sur le folklore musical, chef du Service de Documentation, chef-adjoint du groupe d'études des Arts et Traditions populaires à l'École du Louvre.

M. Pierre-Louis Duchartre, chargé de recherche du Centre national de la recherche scientifique : recherches sur la poterie et l'imagerie, liaison avec le service de l'Artisanat.

Mme Germaine Lesecq, ancienne élève de l'École du Louvre, chef-adjoint au service de documentation[1].

M. Marcel Maget, chef du service de Recherche et du service de Civilisation paysanne (Corporation nationale paysanne), chef du groupe d'étude des arts et traditions populaires à l'École du Louvre[2].

Mlle Suzanne Tardieu, ancienne élève de l'École du Louvre : chef du service des Collections, recherches sur le folklore des objets domestiques, chef-adjoint du groupe d'étude des Arts et Traditions populaires à l'École du Louvre[3].

Auxiliaires
Les six agents accordés au musée n'appartiennent pas en principe au personnel scientifique. L'un d'eux, toutefois, déroge à la règle : M. Louis Dumont, lequel a participé dès 1937, comme ethnographe, aux recherches du musée. Prisonnier en Allemagne depuis 1940, il effectue dans la mesure du possible des traductions d'ouvrages romanistes allemands, qu'il fait parvenir au musée.

2. Personnels Cnrs
Claudie Marcel-Dubois, Pierre-Louis Duchartre (mais pas de traitement au titre du Cnrs pour Pierre-Louis Duchartre).

Deux aides techniques
Mlle Ariane de Félice : service de Recherche (répertoire des contes populaires, enquêtes de littérature orale sur le terrain, enquêtes par questionnaire).
Le deuxième poste, précédemment occupé par M. Guy

---

1. Secrétaire de Georges Henri Rivière.
2. Employé par les chambres d'agriculture, fait prisonnier, il fut libéré en tant qu'agriculteur. Information Suzanne Tardieu.
3. Simone Tardieu fut d'abord aide technique, puis attachée de recherches au Cnrs à partir de 1945.

Pison, ne l'est plus depuis le 1ᵉʳ novembre, l'intéressé étant désormais rétribué par le ministère de l'Agriculture.

Une demande a été présentée en faveur de Mlle Suzanne Tardieu, dont le traitement actuel est assuré par un organisme temporaire (chantier 1187).

3. Corporation nationale paysanne
M. Marcel Maget.

4. Ministère de l'Agriculture
M. Guy Pison.

5. Service de l'Artisanat
Pierre-Louis Duchartre.

6. Chantier 1187
Le musée ne pourrait fonctionner avec un effectif aussi réduit. Certes, les galeries d'exposition sont fermées du fait de la guerre. Mais les acquisitions sont de plus en plus nombreuses, cela d'autant plus que trois « chantiers » extérieurs au musée, par suite d'accords avec le ministère de l'Agriculture et la délégation générale à l'Équipement national, versent au musée la totalité de leur production scientifique, chantier 909 (mobilier et objets domestiques), 1425 (architecture rurale) et 1810 (techniques traditionnelles). De même le service de Civilisation paysanne et la Société de folklore français.

Aussi M. le directeur des musées nationaux a-t-il autorisé en 1941 l'ouverture du chantier 1187, comportant huit postes, dont la plupart permettent d'assurer des tâches d'ordre administratif ou technique (enregistrement et numérotage des collections, catalogue de la bibliothèque, enregistrement et montage de la photothèque, dactylographie, etc.), mais dont les deux suivants, néanmoins, sont d'ordre scientifique :

– Mlle Suzanne Tardieu ;

– Mlle Édith Mauriange, secrétaire générale adjointe de la société de folklore français : répertoire des contes folkloriques, préparation d'une thèse sur l'ethnographie folklorique en Mâconnais.

Il convient de rappeler que le chantier 1187 est un organisme temporaire. Cela dicte au conservateur le devoir non seulement de s'efforcer de maintenir les positions acquises, mais d'étendre autant que possible ces postes permanents dont il dispose. Cela sous peine de se trouver dans un proche avenir en présence d'une situation d'une extrême gravité.

ANNEXE V
(Source : Archives Atp Mus. His.)

L'épisode de la mise à l'écart de Georges Henri Rivière

Rapport du mois d'août daté du 29 septembre 1944 présenté à Monsieur le Directeur des musées nationaux :

Conjoncture générale
« Le présent rapport est établi a) pour la période du 1ᵉʳ au 21 août sous la responsabilité de droit de M. Georges Henri Rivière ; b) pour la période du 22 au 28 août 9h 30 sous la responsabilité de fait de Georges Henri Rivière, suspendu de ses fonctions par arrêté en date du 22 août, notifié à l'intéressé le 28 août à 9h 15 ; c) depuis ce moment, jusqu'au 31 août sous la responsabilité des chargés de mission : M. Maget, chargé de la conservation par intérim et G.S. Pison, chargé du service d'étude de l'architecture rurale et du mobilier traditionnel. »

Ce rapport détaille les épisodes marquant la libération de Paris.

« Dans l'après-midi du 21 août, le musée des Atp et le musée de l'Homme sont occupés par les membres du groupe Lewitsky-Vildé (Front national) composé de membres du personnel de ces deux musées et fondé à la mémoire de leurs camarades tombés parmi les premiers sous les balles allemandes. Cette occupation se poursuivra jusqu'au départ du conservateur (28 août) en accord et collaboration avec celui-ci, la présidence des deux groupes étant assurée au musée des Atp par Guy Pison et au musée de l'Homme par André Schaeffner.

Le groupe a gardé les musées de jour et de nuit du 21 août au 2 septembre. »

Le rapport détaille ensuite le désir du groupe d'écarter un certain nombre d'ouvriers du musée ; le 22 août on apporte à Rivière deux brassards FFI.

« Le vendredi 25 août, le conservateur est invité par le groupe à assister à la réunion intime au cours de laquelle est fêtée la victoire de l'insurrection parisienne. » Le rapport relate la rentrée du 28 août : « Très satisfaisante. Le conservateur, avisé par un téléphone familial de la décision qui le frappe au moment où s'ouvre le rapport des chefs de service, expédie les affaires courantes de ce rapport et se retire aussitôt à son domicile, remettant à M. Maget les clefs dont il est le détenteur. Le lendemain, vers 17 heures, M. le directeur des musées nationaux demande à M. André Varagnac, conservateur adjoint, de ne plus se présenter au musée jusqu'à nouvel ordre. Il charge MM. Maget et Pison d'assurer l'intérim de la conservation et la direction des chantiers travaillant en liaison avec le musée national des Arts et Traditions populaires (mesure confirmée par ordre de service en date du 29 août 1944). »

ANNEXE VI
(Source : Archives Atp Mus. His.)

Liste du personnel en 1957

Personnels Musées de France : Marcel Maget, Pierre-Louis Duchartre, et Michèle Richet et Helène Tremaud (Marcel Maget démissionnera de ses fonctions le 1er février 1962).

Personnels Cnrs : Mlle Suzanne Tardieu, attachée, chef du service des Collections ; Claudie Marcel-Dubois, maître de recherches (thèse d'université annoncée sur les instruments de musique populaire) ; Marguerite Pichonnet-Andral, attachée ; Louis Alcan, attachée ; Marie-Louise Tenèze attachée ; Isac Chiva, attaché de recherches, assistant de Maget ; Clémence Duprat, collaborateur technique, comme Pierre Soulier.

Selon l'ancien système qui s'était incarné dans les chantiers intellectuels, on trouve des personnels rémunérés au titre des chômeurs intellectuels, Mlles Gracy, Demoinet, Duclaux, Château.

Enfin d'autres « agents » sont rétribués à titre privé : Mlle Clavé (bibliothèque) ; Mariel Jean-Brunhes Delamarre, vacataire depuis le 25 juin, « spécialiste de l'outillage agricole et pastoral traditionnels » (« en espérant un recrutement par le Cnrs »).

Deux chargés de mission : Jacques Barré et André Lagrange.

(André Desvallées est nommé assistant conservateur en 1959. C'est lui qui va suivre la programmation du Nouveau Siège.)

ANNEXE VII
(Source : Rapport d'activité
du Centre d'ethnologie française au Cnrs)

Liste des personnels au 30 juin 1981

Chercheurs et collaborateurs de recherche Cnrs-Dmf et assimilés : Guy Barbichon (Cnrs), Marion Boudignon-Hamon (Cnrs), Yvonne Broutin (Cnrs), Jacques Cheyronnaud (Dmf), Élizabeth Claverie (Cnrs), Gérard Collomb (Cnrs), Jean Cuisenier (Cnrs), Geneviève Delbos (Cnrs), Jacqueline Demoinet (Dmf), Jean-François Depelsenaire (Cnrs), Marie-Thérèse Duflos(Cnrs), Sylvie Forestier (Dmf), Aliette Geistdoerfer (Cnrs), Denise Gluck (Cnrs), Jean-François Gossiaux (Ehess), Marie-France Gueusquin (Cnrs), Alain Guey (Cnrs), Jean Guibal (Dmf), Martine Jaoul (Dmf), Pierre Labat (Cnrs), Donatien Laurent (Cnrs), Françoise Lautman (Cnrs), Thérèse Léon (Cnrs), Françoise Loux (Cnrs), Claudie Marcel-Dubois (Cnrs), Élizabeth Margerie (Dmf), Chantal Martinet (Dmf), Claude Michelat (Cnrs), Alain Monestier (Dmf), Jacques Nicourt (Dmf), Jacques Pasquet (Cnrs), André Pelle (Cnrs), Gisèle Perez-Borie (Cnrs), Aline Petit (Cnrs), Marie-Marguerite Pichonnet-Andral (Cnrs), Philippe Pigelet (Cnrs), Marie-Christine Pouchelle (Cnrs), Patrick Prado (Cnrs), Henri Raulin (Cnrs), Philippe Richard (MSH), Aline Ripert (Cnrs), Claude Royer (Cnrs), Michèle Salitot (Cnrs), Arlette Schweitz (Cnrs), Martine Segalen (Cnrs), Colette Sluys (Cnrs), Suzanne Tardieu-Dumont (Cnrs), Marie-Louise Tenèze (Cnrs), Henriette Touillier-Feyrabend (Cnrs), Tran Quang Hai (Cnrs), Suzanne Vachette (Cnrs), Geneviève Vayssière (Cnrs), Thierry Voinier (Cnrs).

6 doctorants ; auxquels s'ajoutent 33 personnes de statut divers répertoriés comme « personnel Dmf, Ehess et assimilé concourant aux opérations de recherche ».

Et encore 8 personnels Cnrs de l'« antenne de Marseille ».

(André Desvallées a quitté le musée en 1977.)

Bibliographie

ABÉLÈS, Marc, « La communauté européenne : une perspective anthropologique », *Social Anthropology*, 1996, 4, p. 40-44.

AGULHON, Maurice, « La fabrication de la France, problèmes et controverses », in SEGALEN, Martine (dir.), *L'Autre et le Semblable*, Paris, Presses du Cnrs, 1989, p. 109-120.

APPADURAI, Arjun, « The Past as a Scarce Resource », *Man*, 1981, 16, p. 201-219.

Autrement, « Avec nos sabots », juin 1978, n° 14.

ARPIN, Roland, *Le musée de la civilisation, concepts et pratiques*, Québec, éditions Multimondes et musée de la Civilisation, 1992.

BAHUCHET, Serge, « L'homme indigeste ? Mort et transfiguration d'un musée de l'Homme », in GONSETH, Marc-Olivier, HAINARD, Jacques et KAER, Roland (dir.), *Le Musée cannibale*, Neuchâtel, musée d'ethnographie, 2002, p. 59-84.

BANCEL, Nicolas, BLANCHARD, Pascal, BOESTSCH, Gilles, DEROO, Éric et LEMAIRE, Sandrine (dir.), *Zoos humains. De la Vénus hottentote aux reality shows*, Paris, La Découverte, 2002.

BARBE, Noël et THIERRY, Anne, « Paradigme scientifique et muséographique. Ou comment d'une forge il ne reste qu'un feu », Muséologie et mémoire ; Symposium 19-20 juin 1997, *Icofom Study Series*, 27, p. 87-91.

BELMONT, Nicole, *Arnold Van Gennep, le créateur de l'ethnographie française*, Paris, Payot, 1974.

« Bergers de France », catalogue établi par Mariel Jean-Brunhes Delamarre, aidée d'un groupe de chercheurs, *Arts et Traditions populaires*, X, 1962.

BERNOT, Lucien et BLANCART, René, *Nouville, un village français,*

Paris, 1953, republié aux Éditions des Archives contemporaines, 1995.

BONNAIN, Rolande, *L'Empire des Masques. Les collectionneurs d'arts premiers aujourd'hui*, Paris, Stock, 2001.

BOUSQUET, Marie-Pierre, « Visions croisées. Les Amérindiens du Québec entre le musée de la Civilisation et les musées autochtones », *Ethnologie française*, XXXVI, 1996, 3, p. 520-539.

BRAUDEL, Fernand, *L'Identité de la France*, Paris, Flammarion, 1990.

BROMBERGER, Christian, « Du grand au petit. Variations des échelles et des objets d'analyse dans l'histoire récente de l'ethnologie de la France », in CHIVA, Isac et JEGGLE, Utz (dir.), *Ethnologies en miroir. La France et les pays de langue allemande*, Paris, éditions de la Maison des sciences de l'homme, 1987, p. 67-94.

BROMBERGER, Christian, « Aux trois sources de l'ethnologie du monde méditerranéen dans la tradition française », in ALBERA, Dionigi, BLOK, Anton et BROMBERGER, Christian (dir.), *L'Anthropologie de la Méditerranée*, Paris, Maisonneuve et Larose, et Aix, Maison méditerranéenne des sciences de l'homme, 2001, p. 65-83.

BRUTTI, Lorenzo, « L'ethnologie est-elle soluble dans l'art premier ? Essai de lecture ethnographique du musée du quai Branly par le regard d'un observateur participant », in ESCANDE, Yolaine et SCHAEFFER, Jean-Marie (dir.), *L'Esthétique : Europe, Chine et ailleurs*, Paris, éditions You-Feng, 2003, p. 13-36.

BURGUIÈRE, André, *Bretons de Plozévet*, Paris, Flammarion, 1975.

CASTEIGNAU, Marc et DUPUY, Francis « L'écomusée de la Grande Lande », *Géographie et cultures*, 16, 1995, p. 31-44.

Cent ans d'ethnographie sur la colline de Saint-Nicolas, Neuchâtel, musée d'Ethnographie, 2004.

CHAUMIER, Serge, *Des musées en quête d'identité. Écomusée versus technomusée*, Paris, L'Harmattan, 2003.

CHIVA, Isac, « Propositions pour un programme », bulletin de la Société d'Ethnologie française, 1978, *Ethnologie française*, 8, 4, octobre-décembre 1978, p. 372-378.

CHIVA, Isac, « Le patrimoine ethnologique : l'exemple de la

France », *Encyclopaedia Universalis*, Symposium 1990, p. 229-241.

CHOAY, Françoise, *L'Allégorie du patrimoine*, Paris, Le Seuil, 1992.

CHODKIEWICZ, Jean-Luc, « L'Aubrac à Paris. Écologie d'une migration culturelle », in *L'Aubrac*, tome IV, Paris, Éditions du Cnrs, 1973, p. 203-274.

CHRISTOPHE, Jacqueline, « Le département des Arts et Traditions populaires entre folklore scientifique, folklore appliqué et action folklorique », in *Du folklore à l'ethnologie. Institutions, musées, idées en France et en Europe de 1936 à 1945. Colloque international du musée Atp-Centre d'ethnologie française, 20-21 mars 2003*, Paris, éditions de la Maison des sciences de l'homme, à paraître.

CLIFFORD, James, « Four Northwest Coast Museums : Travel Reflections », in KARP, Ivan et LAVINE, Steven D. (eds), *Exhibiting Cultures. The Poetics and Politics of Museum Display*, Washington and London, Smithsonian Institution Press, 1991, p. 212-254.

COLARDELLE, Michel (dir.), *Réinventer un musée, le musée de l'Europe et de la Méditerranée à Marseille. Projet scientifique et culturel*, Paris, Réunion des musées nationaux, 2002.

COLLOMB, Gérard, *Kaliña. Des Amérindiens à Paris*, photographies du prince Roland Bonaparte présentées par Gérard Collomb, Paris, Créaphis, 1992

COUTANCIER, Benoît et BARTHE, Christine, « Exhibition et médiatisation de l'Autre : le Jardin zoologique d'acclimatation (1877-1890) », in BANCEL, Nicolas, BLANCHARD, Pascal, BOESTSCH, Gilles, DEROO, Éric et LEMAIRE, Sandrine (dir.), *Zoos humains. De la Vénus hottentote aux reality shows*, Paris, La Découverte, 2002, p. 306-314.

CUISENIER, Jean (dir.), « Économie et société, sociologie économique », *L'Aubrac*, tome I, Paris, Éditions du Cnrs, 1970, p. 229-285.

CUISENIER, Jean, « Des musées de l'homme et de la société : oui, mais lesquels ? », *Le Débat*, 70, mai-août 1992, p. 178-187.

CUISENIER, Jean (dir.), *L'Architecture rurale française : corpus des genres, des types et des variantes*, 24 volumes publiés chez Berger-Levrault, La Manufacture, A. Die entre 1977 et 2001.

CUISENIER, Jean (dir.), *Le Mobilier régional français*, 5 volumes publiés chez Berger-Levrault entre 1980 et 1984.

DAUPHINÉ, Jacques, *Canaques de la Nouvelle-Calédonie à Paris en 1931. De la case au zoo*, Paris, L'Harmattan, 1997.

DEBARY, Octave, *La Fin du Creusot ou l'art d'accommoder les restes*, Paris, éditions du Cths, 2002.

DELAMARRE, Mariel Jean-Brunhes, *La Vie agricole et pastorale dans le monde*, Paris, Joël Cuénot, 1985.

DELAMARRE, Mariel Jean-Brunhes, « Conclusion générale de la Rcp Aubrac et en hommage à Georges Henri Rivière », *L'Aubrac*, tome VII, 1986, p. 16-17.

DESVALLÉES, André, « La notion de programme muséographique », *Ethnologie française*, hommage de la Société d'ethnologie française à Georges Henri Rivière, 17, 1, 1987, p. 65-66.

DESVALLÉES, André, « Émergence et cheminements du mot patrimoine », *Musées et collections publiques de France*, 1995, n° 208, 3, p. 6-29.

DESVALLÉES, André, « Konvergenzen und Divergenzen am Ursprung der französichen Museen », *Wien, Verlag Turia und Kant, Museum zum Quadrat*, 6, 1996, « Die Erfindung des Museums », p. 65-130 (« Convergences et divergences à l'origine des musées français »).

DESVALLÉES, André, « La muséographie des musées dits "de société" : raccourci historique », in *Musées et Sociétés. Actes du colloque Mulhouse Ungersheim, juin 1991. Répertoire analytique des musées. Bilans et projets 1983-1993*, ministère de l'Éducation et de la Culture, direction des musées de France, inspection générale des Musées, 1993, p. 130-136.

DIGARD, Jean-Pierre, « Quelques interrogations sur l'espace-temps d'un musée de société », in *Réinventer un musée*, Paris, École du Louvre, palais du Louvre, 1999, p. 32-34.

DUBUC, Élise, « Le futur antérieur du musée de l'Homme », *Gradhiva*, 24, 1998, p. 71-92.

DUBUC, Élise, « Entre l'art et l'autre. L'émergence du sujet », in GONSETH, Marc-Olivier, HAINARD, Jacques et KAER, Roland (dir.), *Le Musée cannibale*, Neuchâtel, musée d'Ethnographie, 2002, p. 31-58.

DUBUC, Élise et TURGEON, Laurier (dir.), « Musées et premières nations », *Anthropologie et Sociétés*, 2004, 28-2.

DUMONT, Louis, *La Tarasque. Essai de description d'un fait local d'un point de vue ethnographique*, Paris, Gallimard, 1951 (rééd. 1987).

DUNCAN, Carol, « Art Museums and the Ritual of Citizenship », in KARP, Ivan et LAVINE, Steven D. (eds), *Exhibiting Cultures. The Poetics and Politics of Museum Display*, Washington and London, Smithsonian Institution Press, 1991, p. 88-120.

DUPUY, Francis, *Le Pin de la discorde*, Paris, éditions de la Maison des sciences de l'homme, 1996.

Ethnologie française, « Hommage à Georges Henri Rivière », 1986, 16, 2.

FABRE, Daniel, « Le Manuel de folklore français d'Arnold Van Gennep », in NORA, Pierre (dir.), *Les Lieux de mémoire. Les France. 2. Traditions*, Paris, Gallimard, Quarto, 1997, p. 3583-3614.

FABRE, Daniel, « L'ethnologie française à la croisée des engagements (1940-1945) », in BOURSIER, Jean-Yves (coord.), *Résistants et Résistance*, Paris, L'Harmattan, 1998, p. 319-400.

FAURE, Christian, *Le Projet culturel de Vichy*, Presses Universitaires de Lyon et Éditions du Cnrs, 1989.

FAVRET-SAADA, Jeanne, *Les Mots, la Mort, les Sorts*, Paris, Gallimard, 1977.

FEBVRE, Lucien, « Que la France se nomme diversité. À propos de quelques études jurassiennes », *Annales Esc*, 1946, p. 271-274.

FLORISOONE, Michel, « Musées régionaux de la France », *Museum*, 1958, XI, 3, p. 165.

FOURNIER, Laurent-Sébastien, « La mission du musée national des Arts et Traditions populaires à Barbentane (Bouches-du-Rhône) en novembre 1938, in *Du folklore à l'ethnologie. Institutions, musées, idées en France et en Europe de 1936 à 1945, Colloque international du musée Atp-Centre d'ethnologie française, 20-21 mars 2003*, Paris, éditions de la Maison des sciences de l'homme, à paraître.

GABUS, Jean, « L'objet témoin », *Museum*, 1965, XVIII.

GHK, « Le musée cannibale », in GONSETH, Marc-Olivier, HAINARD, Jacques et KAER, Roland (dir.), *Le Musée cannibale*, Neuchâtel, musée d'Ethnographie, 2002, p. 9-14.

GLEVAREC, Hervé et SAEZ, Guy, *Le Patrimoine saisi par les associations*, Paris, La Documentation française, 2002.

GODELIER, Maurice, « Créer de nouveaux musées des arts et

civilisations à l'aube du IIIe millénaire », in *Le Musée et les cultures du monde. Actes de la table ronde des 9 et 10 décembre 1998,* coordonnés par Emilia Vaillant et Germain Viatte, Paris, Cahiers de l'École nationale du Patrimoine, 1999.

GORGUS, Nina, *Le Magicien des vitrines. Le muséologue Georges Henri Rivière,* Paris, éditions de la Maison des sciences de l'homme, 2003.

GUIBAL, Jean, « Quel avenir pour le musée des Atp ? Entretien avec Jean Guibal », *Le Débat,* mai-août 1992, n° 70, p. 158-164.

GUIBAL, Jean, « Pour un musée régional de l'Homme : à propos du Musée dauphinois de Grenoble », in *Musées et sociétés. Actes du colloque Mulhouse Ungersheim, juin 1991. Répertoire analytique des musées. Bilans et projets 1983-1993,* ministère de l'Éducation et de la Culture, direction des musées de France, inspection générale des Musées, 1993, p. 81-83.

GUIBAL, Jean, « La diversité des cultures au Musée dauphinois de Grenoble », in *Le Musée et les Cultures du monde. Actes de la table ronde des 9 et 10 décembre 1998,* coordonnés par Emilia Vaillant et Germain Viatte, Paris, Cahiers de l'École nationale du Patrimoine, 1999.

GUILLAUME, Marc, *La Politique du patrimoine,* Paris, Galilée, 1980.

GUYOT-CORTEVILLE, Julie, « L'écomusée de Saint-Quentin-en-Yvelines, acteur ou témoin de la ville nouvelle ? », *Ethnologie française,* XXXII, 2003, 1, p. 69-80.

HAINARD, Jacques, « Quels musées d'ethnographie pour demain ? », in *Actes des premières rencontres européennes des musées d'ethnographie,* 1993, Paris, musée national des Arts et Traditions populaires/École du Louvre, 1996, p. 321-326.

HAINARD, Jacques et KAEHR, Roland (dir.), *Objets prétextes, objets manipulés,* Neuchâtel, musée d'Ethnographie, 1984.

HÉLIAS, Per Jakez, *Le Cheval d'orgueil,* Paris, Plon, 1975.

HÉRITIER, Françoise, *Les Musées de l'Éducation nationale. Mission d'étude et de réflexion,* Paris, La Documentation française, 1991.

Hier pour demain : arts, traditions et patrimoine. Exposition, Galeries nationales du Grand Palais, juin-septembre 1980, Paris, Réunion des musées nationaux.

HINSLEY, Curtis M., « The World as Marketplace : Commodification of the Exotic at the World's Columbian Exposition,

Chicago, 1893 », in KARP, Ivan et LAVINE, Steven D. (eds), *Exhibiting Cultures. The Poetics and Politics of Museum Display*, Washington and London, Smithsonian Institution Press, 1991, p. 344-365.

HUBERT, François, « Les musées de synthèse », in *Musées et Sociétés. Actes du colloque Mulhouse Ungersheim, juin 1991. Répertoire analytique des musées. Bilans et projets 1983-1993*, ministère de l'Éducation et de la Culture, direction des musées de France, inspection générale des Musées, 1993, p. 77-79.

HUDSON, Kenneth, *Museums of Influence*, Cambridge, Cambridge University Press, 1987.

HUMBERT, Agnès, *Notre guerre, Souvenirs de Résistance - Paris 1940-1941*, Paris, Tallandier, 1946 ; nouvelle édition, 2004.

JAMIN, Jean, « Les musées d'anthropologie sont-ils dépassés ? », in *Le Futur antérieur des musées*, Paris, Ministère de la Culture, Éditions du Renard, 1991, p. 111-115.

JAMIN, Jean, « Faut-il brûler les musées d'ethnographie ? », *Gradhiva*, 24, 1998, p. 65-69.

JAMIN, Jean et MERCIER, Jacques, *Michel Leiris-Miroir de l'Afrique*, Paris, Gallimard, 1996.

JAOUL, Martine, « Un héritage ou une rupture ? Les collections du musée national des Arts et Traditions populaires aujourd'hui », *Hommes et Société, Revue des musées d'anthropologie*, octobre 1990, n° 2.

JEST, Corneille, *L'Aubrac, dix ans d'évolution, 1964-1973*, Paris, Éditions du Cnrs, 1974.

JOLAS, Tina, PINGAUD, Marie-Claude, VERDIER, Yvonne, et ZONABEND, Françoise, *Une campagne voisine. Minot, un village bourguignon*, Paris, Éditions de la Maison des sciences de l'homme, 1990.

LAMY, Yvon, « Patrimoine et culture : l'institutionnalisation », in POIRRIER, Philippe et VADELORGE, Loïc (dir.), *Pour une histoire des politiques du patrimoine*, Paris, comité d'Histoire du ministère de la Culture, Fondation de la Maison des sciences de l'homme, 2003, p. 45-63.

LANDAIS, Hubert, « La direction des Musées de France de 1939 à 1989 », in *André Malraux ministre*, Paris, La Documentation française, 1996, p. 201-213.

LAURENT, Jean-Pierre, in « Tables rondes du 1er salon de la muséologie », juin 1986, *Mnes*, octobre 1988.

LAURIÈRE, Christine, « Georges Henri Rivière au Trocadéro. Du magasin de bric-à-brac à la sécheresse de l'étiquette », *Gradhiva*, 33, 2003, p. 57-66.

LAVALOU, Armelle, « Voyage en terres d'exposition. Filiations ou changements de perspectives », in *La Muséologie selon Georges Henri Rivière*, Paris, Dunod, 1989.

LENCLUD, Gérard, « L'usine au musée, ou le passé consommé », *Critique*, 2003, LIX, 679, p. 899-916.

LENIAUD, Jean-Michel, *L'Utopie française. Essai sur le patrimoine*, Paris, Éditions Mengès, 1992.

LENIAUD, Jean-Michel, « L'État, les sociétés savantes et les associations de défense du patrimoine : l'exception française », *Revue administrative*, 295, avril 1997, p. 13.

LEROI-GOURHAN, André, *L'Homme et la matière*, Paris, Albin Michel, 1943.

LE ROY LADURIE, Emmanuel, *Montaillou, village occitan*, Paris, Gallimard, 1975.

LEROUX-DHUYS, Jean-François, « Georges Henri Rivière et le musée des Atp », in *Les Bâtisseurs de la modernité*, Amo (Architecture et maîtrise d'ouvrage), Paris, Le Moniteur, 2000, p. 173-180.

LESTOILE, Benoît de, « From the Colonial Exhibition to the Museum of Man. An Alternative Genealogy of French Anthropology », *Social Anthropology*, 2003, 11, p. 352.

LÉVI-STRAUSS, Claude, « Allocution, hommage à Georges Henri Rivière », *Ethnologie française*, 16, 2, 1986, p. 127-130.

LÉVI-STRAUSS, Claude, « Qu'est-ce qu'un musée des Arts et Traditions populaires ? », entretien avec Isac Chiva, *Le Débat*, mai-août 1992, n° 70, p. 165-173.

LOFGREN, Orvar, « Le retour des objets ? L'étude de la culture matérielle dans l'ethnologie suédoise », in BROMBERGER, Christian et SEGALEN, Martine (dir.), « Culture matérielle et modernité », *Ethnologie française*, 1996, 1, XXVI, p. 140-150.

Maao Mémoires, photographies de Bernard Plossu, textes par J. Eidelman, A. Monjaret et M. Roustan, Paris, Marval, 2002.

MAGET, Marcel, *Ethnographie métropolitaine. Guide d'étude directe des comportements culturels*, Paris, Civilisations du Sud, 1953.

MAGET, Marcel, « À propos du musée des Atp, de sa création à la Libération (1935-1944) », *Genèses Sciences sociales et Histoire*, n° 10, janvier 1993, p. 90-107.

Mairot, Philippe, « Patrimoine, recherche et publics Réflexions provisoires d'un praticien », *Culture et Recherche*, 49, octobre 1994, p. 6-7.

Martin, Jean-Hubert, « La modernité comme obstacle à une appréciation égalitaire des cultures », in Taffin, Dominique (dir.), *Du musée colonial au musée des Cultures du monde*, Paris, Maisonneuve et Larose, 2000, p. 149-161.

Mendras, Henri, *La Seconde Révolution française, 1965-1984*, Paris, Gallimard, 1988.

Mendras, Henri, *Comment devenir sociologue. Souvenirs d'un vieux mandarin*, Actes Sud, 1995.

Métraux, Alfred, *Itinéraires 1 (1935-1953). Carnets de notes et journaux de voyage*, Paris, Payot, 1978.

Monjaret, Anne, *La Sainte-Catherine. Culture festive dans l'entreprise*, Paris, Éditions du Cths, 1997.

Mohen, Jean-Pierre (dir.), *Nouveau musée de l'Homme*, Paris, Odile Jacob, 2004.

Morin, Edgar, *Commune en France : la métamorphose de Plodémet*, Paris, Fayard, 1967.

Musées et sociétés. Actes du colloque Mulhouse Ungersheim, juin 1991. Répertoire analytique des musées. Bilans et projets 1983-1993, ministère de l'Éducation et de la Culture, direction des musées de France, inspection générale des Musées, 1993.

Muséologie selon Georges Henri Rivière (La), Paris, Dunod, 1989.

Noël, Marie-France, « Du musée d'Ethnographie du Trocadéro au musée national des Arts et Traditions populaires », in Cuisenier, Jean (dir.), *Muséologie et ethnologie*, Paris, éditions de la Réunion des musées nationaux, 1987, p. 144-145.

Ory, Pascal, « Georges Henri Rivière, militant culturel du Front populaire ? », *Ethnologie française*, 17, 1, 1987, p. 23-28.

Ory, Pascal, « Georges Henri Rivière, fondateur du musée national des Arts et Traditions populaires », in *La Muséologie selon Georges Henri Rivière*, Paris, Dunod, 1989, p. 59-60.

Ory, Pascal, *La Belle Illusion. Culture et politiques sous le signe du Front populaire, 1935-1938*, Paris, Plon, 1994.

Pétonnet, Colette, *On est tous dans le brouillard. Ethnologie des banlieues*, Paris, Galilée, 1980.

Pierre, Arnauld, *Fernand Léger. Peindre la vie moderne*, Paris, Gallimard Découvertes, 1997.

POMIAN, Krzysztof, « Musée et patrimoine », in JEUDY, Henri-Pierre (dir.), *Patrimoines en folie*, Paris, éditions de la Maison des sciences de l'homme, 1990, p. 177-198.

POMIAN, Krzysztof, « Musée, nation, musée national », *Le Débat*, mai-août 1991, p. 166-175.

POMIAN, Krzysztof, « Les musées d'ethnographie dans l'Europe d'aujourd'hui », *Actes des premières rencontres européennes des musées d'ethnographie, 1993*, Paris, musée national des Arts et Traditions populaires/École du Louvre, 1996, p. 37-48.

POMIAN, Krzysztof, « Conclusion à la journée du 6 janvier », *Patrimoines et Passions identitaires. Entretiens du Patrimoine, Paris, 6, 7 et 8 janvier 1997*, sous la présidence de Jacques Le Goff, Paris, Fayard, 1998, p. 112.

POMMIER, Édouard, « Prolifération du musée », *Le Débat*, 65, mai-août 1991, p. 144-149.

POUCHELLE, Marie-Christine, « Sentiments religieux et *show-business :* Claude François, objet de dévotion populaire » in SCHMITT, Jean-Claude (dir.), *Les Saints et les Stars. Le texte hagiographique dans la culture populaire*, Paris, Beauchesne, 1983, p. 277-297.

POULOT, Dominique (dir.), *Patrimoine et modernité*, Paris, L'Harmattan, 1998.

PRICE, Sally, *Arts primitifs : regards civilisés*, Paris, École nationale des Beaux-Arts, 1995.

QUERRIEN, Max, *Pour une nouvelle politique du patrimoine*, Paris, La Documentation française, 1982.

RÉMOND, René, in BOUSSARD, I., *Vichy et la Corporation paysanne*, Paris, Presses de la Fondation nationale des sciences politiques, 1980, p. 11.

RIOUX, Jean-Pierre, *La France de la IV* République*. 2. Paris, Éditions du Seuil, 1990.

RIVIÈRE, Georges Henri, « Les musées de folklore à l'étranger et le futur Musée français des Arts et Traditions populaires », *Revue de folklore français et colonial*, 1936, p. 58-71.

RIVIÈRE, Georges Henri, « Le folklore paysan. Notes de doctrine et d'action », *Études agricoles d'économie corporative*, n° 4, octobre-novembre-décembre 1942, p. 291-316.

RIVIÈRE, Georges Henri, « Vers l'étude d'un présent étendu à la société industrielle », « Musée et autres collections publiques d'ethnographie », in POIRIER, Jean (dir.),

Ethnologie générale, Paris, Encyclopédie de la Pléiade, 1968, p. 472-493.

RIVIÈRE, Georges Henri, « Débat-conférence de Detref-Hoffmann-Maison des sciences de l'homme, Paris, 1977 », in Hourmat, H., *Les Musées. Histoire critique des arts*, 3 et 4ᵉ trimestres 1978, Paris, Éditions de l'Histoire critique des arts.

ROGAN, Bjarne, « Towards a Post-colonial and a Post-national Museum. The Transformation of a French Museum landscape », *Ethnologia Europaea*, 2003, 33, 1, p. 37-50.

ROGAN, Bjarne, « The Emerging Museums of Europe », *Ethnologia Europaea*, 2003, 33, 1, p. 51-59.

SALLOIS, Jacques, *Les Musées de France*, Paris, PUF, Que sais-je, 1998.

SALLOIS, Jacques, « Une politique nationale des musées de société », in *Musées et sociétés. Actes du colloque Mulhouse Ungersheim, juin 1991. Répertoire analytique des musées. Bilans et projets 1983-1993*, ministère de l'Éducation et de la Culture, direction des musées de France, inspection générale des Musées, 1993, p. 46-47.

SCHÖTTLER, Peter, « Marc Bloch et Lucien Febvre face à l'Allemagne nazie », *Genèses Sciences sociales et histoire*, 21, décembre 1995, « Le nazisme et les savants », p. 95.

SCHNEIDER, William, « Les expositions ethnographiques du Jardin zoologique d'acclimatation », in BANCEL, Nicolas, BLANCHARD, Pascal, BOESTSCH, Gilles, DEROO, Éric et LEMAIRE, Sandrine (dir.), *Zoos humains. De la Vénus hottentote aux reality shows*, Paris, La Découverte, 2002, p. 72-80.

SEGALEN, Martine, *Les Confréries de Charité dans la France contemporaine*, Paris, Flammarion, 1975.

SEGALEN, Martine, « L'Aubrac, bientôt trente ans », *Ethnologie française*, XVIII, 4, 1988, p. 390-395.

SEGALEN, Martine (textes rassemblés et introduits par), *L'Autre et le Semblable. Regards sur l'ethnologie des sociétés contemporaines*, Paris, Presses du Cnrs, 1989.

SEGALEN, Martine (dir.), *Anthropologie sociale et ethnologie de la France*, Louvain, Peeters, 1989.

SEGALEN, Martine, « Mariel Jean-Brunhes Delamarre, une œuvre entre ethnologie et géographie », *Ethnologie française*, XXXII, 2002, 3, p. 529-539.

SEGALEN, Martine, « Le premier programme muséographique du musée national des Arts et Traditions populaires (1937-1941) », in *Du folklore à l'ethnologie, Institutions, idées en France et en Europe de 1936 à 1945. Colloque international du musée Atp-Centre d'ethnologie française, 20-21 mars 2003*, Paris, éditions de la Maison des sciences de l'homme, à paraître.

SEGALEN, Martine et LE WITA, Béatrix, « Les vertus de l'intérieur », in SEGALEN, Martine et LE WITA, Béatrix (dir.), *Chez soi. Objets et décors : des créations familiales ?*, Autrement, 1993, série « Mutations » n° 137, p. 30-50.

STOKLUND, Bjarne, « Between Scenography and Science. Early Folkmuseums and their Pioneers », *Ethnologia Europaea*, 2003, 33, 1, p. 21-36.

STURTEVANT, William, « Does Anthropology Need Museums ? », *Proceedings of the Biological Society of Washington*, 1969, 82, p. 619-650.

TARDIEU, Suzanne et RUDELLE, Alain, « Abattage et dépeçage du porc », in *L'Aubrac*, tome VI. 2, 1982, p. 155-184.

THIESSE, Anne-Marie, « Régionalisme et ambiguïtés vichystes. La revue *Terre natale* », *La Revue des revues*, 24, 1997, « Les revues sous l'Occupation », p. 121-129.

THIESSE, Anne-Marie, « Petite et grande patrie », *Patrimoines et Passions identitaires. Entretiens du Patrimoine, Paris, 6, 7 et 8 janvier 1997*, sous la présidence de Jacques Le Goff, Paris, Fayard, 1998, p. 71-86.

TORNATORE, Jean-Louis, « La difficile politisation du patrimoine ethnologique », *Terrain*, mars 2004, p. 149-160.

TURGEON, Laurier, *Patrimoines métissés. Contextes coloniaux et post-coloniaux*, Paris, Éditions de la Maison des sciences de l'homme, et Laval, Les Presses de l'Université Laval, 2003.

Vagues, une anthologie de la nouvelle muséologie, Mâcon, éditions W. Mnes, 1992, 1994.

VAILLANT, Emilia, « Les musées de société en France. Chronologie et définition », *Musées et sociétés. Actes du colloque Mulhouse Ungersheim, juin 1991. Répertoire analytique des musées. Bilans et projets 1983-1993*, ministère de l'Éducation et de la Culture, direction des musées de France, inspection générale des Musées, 1993, p. 16-38.

VAN GENNEP, Arnold, *Manuel de folklore français contemporain*, Paris, Picard, 1938-1958.

VARINE, Hugues de, « Un musée "éclaté" : le musée de l'Homme et de l'Industrie, Le Creusot-Montceau-les-Mines », *Museum*, 1973, 25.

VELAY VALLANTIN, Catherine, « Le congrès international de Folklore de 1937 », *Annales Histoire et Sciences sociales*, mars-avril 1999, p. 481-506.

VERDIER, Yvonne, 1979, « Façons de dire, façon de faire. La laveuse, la couturière, la cuisinière », Paris, Gallimard, 1979.

WEBER, Florence, « Le folklore, l'histoire et l'État en France (1937-1945). Note sur quelques publications récentes », *Revue de synthèse*, juillet-décembre 2000, 3-4, p. 453-467.

WEBER, Florence, « Politiques du folklore en France (1930-1960) », in POIRRIER, Philippe et VADELORGE, Loïc (dir.), *Pour une histoire des politiques du Patrimoine*, Paris, comité d'Histoire du ministère de la Culture, fondation Maison des sciences de l'homme, 2003, p. 268-300.

WEBER, Florence, « Marcel Maget et le service du Folklore paysan de la Corporation paysanne (1937-1944) », in *Du folklore à l'ethnologie. Institutions, idées en France et en Europe de 1936 à 1945. Colloque international du musée Atp-Centre d'ethnologie française, 20-21 mars 2003*, Paris, éditions de la Maison des sciences de l'homme, à paraître.

WYLIE, Lawrence, *Village in the Vaucluse. An Account of Life in a French Village*, Cambridge, Harvard University Press, 1957, trad. française : *Un village du Vaucluse*, Paris, Gallimard, 1981.

Table des matières

DANS LA MÊME COLLECTION

BAUSSANT, Michèle, *Pieds-noirs mémoires d'exils*, 2002.

BENSAÏD, Daniel, *Une lente impatience*, 2004.

BONNAIN, Rolande, *L'Empire des masques*, 2001.

BOUJOT, Corinne, *Le Venin*, 2001.

BROUGÈRE, Gilles, *Jouets et compagnie*, 2003.

HEYMANN, Florence, *Le Crépuscule des lieux*, 2003. *Un Juif pour l'islam*, 2005.

JULLIEN, Vincent, *Sciences agents doubles*, 2002.

JULLIER, Laurent, *Hollywood et la difficulté d'aimer*, 2004.

LAÉ, Jean-François, *L'Ogre du jugement*, 2001.

LAPIERRE, Nicole, *Pensons ailleurs*, 2004.

LÖWY, Michael, *Franz Kafka rêveur insoumis*, 2004.

PLENEL, Edwy, *La Découverte du monde*, 2002.

ROBIN, Régine, *Berlin chantiers*, 2001. *La Mémoire saturée*, 2003.

STORA, Benjamin, *La Dernière Génération d'octobre*, 2003.

WARSCHAWSKI, Michel, *Sur la frontière*, 2002.

www.ingramcontent.com/pod-product-compliance
Lightning Source LLC
Chambersburg PA
CBHW071832270326
41929CB00013B/1974